文物保护修复与鉴赏

张孜江 著

四川大学出版社

项目策划：李天燕　唐　飞
责任编辑：荆　菁　欧风偃
责任校对：宋彦博
封面设计：墨创文化
责任印制：王　炜

图书在版编目（CIP）数据

文物保护修复与鉴赏 / 张孜江著. — 成都：四川大学出版社，2021.9
ISBN 978-7-5690-4713-4

Ⅰ．①文… Ⅱ．①张… Ⅲ．①文物保护②文物修整③文物—鉴赏 Ⅳ．①G26②K87

中国版本图书馆CIP数据核字（2021）第089158号

书　名	文物保护修复与鉴赏
著　者	张孜江
出　版	四川大学出版社
地　址	成都市一环路南一段24号（610065）
发　行	四川大学出版社
书　号	ISBN 978-7-5690-4713-4
印前制作	成都墨之创文化传播有限公司
印　刷	成都市金雅迪彩色印刷有限公司
成品尺寸	210mm×285mm
插　页	1
印　张	18.5
字　数	471千字
版　次	2021年9月第1版
印　次	2021年9月第1次印刷
定　价	180.00元

◆ 版权所有 ◆ 侵权必究

◆ 读者邮购本书，请与本社发行科联系。
　 电话：(028)85408408/(028)85401670/
　 (028)86408023　邮政编码：610065
◆ 本社图书如有印装质量问题，请寄回出版社调换。
◆ 网址：http://press.scu.edu.cn

四川大学出版社
微信公众号

序 言

坚定地守望、保护、修复、鉴赏传统文化精神家园

张孜江学棣请我为其撰写的《文物保护修复与鉴赏》作序，读罢那一篇篇对传统文化遗产的真实记录，我油然感受到一种久违了的学术精神，心中不由地升腾起温暖，体会到一个青年知识分子对四川文物的那份挚爱和真心眷恋，似乎能触摸到这方土地所特有的文化积淀。

1990 年，张孜江从复旦大学文博系毕业后，被分配到四川雕塑艺术院工作，后调入四川省博物馆（现四川博物院，简称"川博"）。近 30 年来从事过多方面的管理和研究工作。初任四川雕塑艺术院雕塑部主任时，诸多雕塑项目有的正在设计，有的已经开工，他凭借较为扎实的文博知识，常与雕塑专业人员一起下工地，相互切磋，共同探讨。经过一年多的实践，不断摸索提高，张孜江所参与设计、制作、安装的各类雕塑工程，如都江堰《李冰父子铸铁像》、深圳《锦绣中华》、仪陇朱德故居《朱德汉白玉像》、成都武侯祠三义庙《刘、关、张泥塑》均获得好评或奖项。张孜江同时兼任雕塑院办公室主任，在一缺人员、二缺资金的情况下，超负荷、超常规地工作，仅用一年多的时间，于 1999 年主持完成了"四川雕塑展览馆综合楼"的建设。四川省文化厅的领导了解到张孜江主持省雕塑院的基建工程既快又省又好，便于 2001 年将张孜江调任为四川省博物馆基建办主任，负责新馆的筹备建设。他主持编制了《四川博物馆建筑方案设计招标任务书》和《四川博物馆新馆建设管理办法》，只用了 9 个月的时间便完成了新馆前期 400 余户土地征收、拆迁，以及设计指标，地质和文物勘探，总平规划，"六通一平"等动工前的各项准备工作，于当年顺利举行新馆奠基。

难能可贵的是，张孜江干一行、爱一行，钻一行、行行干出成绩。2003 年，他调任四川省博物馆文物保管部主任，负责组织、实施建馆以来最大规模的文物搬迁（旧馆文物全部搬迁到新馆）。同时，还要马不停蹄地组织文物保管部的保管人员，分组分类，提前完成馆内一级文物（国宝）的建档工作。他所领导的团队后因出色表现获国家文物局先进集体奖。

川博文物保管部负责保护省博所藏价值连城、不可再生的宝物，使其不受损坏，既要防贼防盗，又要预防自然损害，还要进行学术研究，把国宝通俗易懂、深入浅出地向广大群众宣传。作为文物保管部主任的张孜江，小心翼翼，坚守岗位，将保管好文物、宣传好文物、修复好文物当作自己的崇高职责，不断地学习，不断地探索，积累了丰富的经验，也因此成为四川省出类拔萃的文物鉴赏、文物保护修复的专家。在近 20 年的时间里，他独立或参与编著大型图书 5 部，其中《中国汉阙全集》

获中国建筑工业出版社2018年度优秀图书奖，《中国画像石棺全集》获2011年度中国文化遗产优秀图书奖；发表论文30余篇；主持编制各类可移动文物保护修复方案130余个，其中有50多个方案获国家文物局批准，已获得数亿元国家专项资金。在文物保护修复方面，他为四川博物院修复珍贵文物上百件，为四川合江汉代画像石棺博物馆修复画像石棺6具（已在该馆陈列展出）。

近30年来，张孜江对文物孜孜不倦的守望、保护、修复、鉴赏，是他对中国传统文化从挚爱到研究再到全身心投入的具体体现。这些业绩中融注了一个文物工作者和青年知识分子的无限热情、正大气概、坚韧精神、赤子情怀。我诚恳地期望张孜江学棣在文物保护、研究和对中国传统文化的继承中，进一步深入，再接再厉，为四川文物事业的大发展、大繁荣，再创辉煌！

2019年8月于成都汉风堂

前 言

人类历史的发展，是人类不断探索发现自然的结果，人类今天的文明，是站在历史这个巨人的肩膀上所取得的成就，而文物就是一个民族历史的见证，是不可再生的文化资源。在历史的长河中遗留下来的这些文物，包含着特定历史时期的政治、经济、文化、军事、艺术、民俗、科学技术等诸多方面的信息，这些信息为人类的文明发展提供了有益的借鉴。

因时间、自然环境的影响，以及文物材质本身的化学性能、物理性能的影响的交互作用，使文物出现不同程度的损坏病变，甚至灭失，从这个意义上说，文物是有生命的。

文物的保护修复是一门跨学科多门类相互渗透交叉的边缘学科，其不仅涉及政治、历史、文化、艺术等社会科学，还涉及物理、化学、生物、材料、环境保护等自然科学，同时涉及铸造、钣金、翻制等加工技术，甚至涉及控制技术、数字化技术等新兴技术。

文物保护主要是通过研究文物的保存环境对文物的影响，控制环境因素，防止环境因素对文物造成的伤害，进而采用新的、性能良好的保护材料和新的保护技术方法来提高文物抗老化劣变的能力，使已遭到病害侵蚀的文物得以保护处理，使文物的病害得到清除，强度增强，重新变得稳定。这种预防为主、防治结合的方针是做好文物保护工作的关键。防是主动防治，即尽可能减少外界因素对文物的侵蚀和破坏，防患于未然；防的本质就是延缓文物材料老化的进程，尽量延长文物的寿命。而治，就是抑制文物已经出现的病变，恢复文物材料的稳定性和文物的艺术观赏性，尽最大可能地保留文物的所有信息。

文物的鉴赏，是鉴赏者在自身对历史、文化、艺术等认知的基础上，对文化艺术进行的一种自我反馈。如同"一千个读者中心，就有一千个哈姆雷特"一样，对同一文物，不同的鉴赏者从不同的角度出发，会得出不同的解读。但对美的追求是一致的，艺术不分国界。

文物是由不同的材质所组成的，种类繁多。在文物保护上，不同质地的文物对环境的要求是不一样的。因此，若将不同质地、要求不同保存环境的文物放在一起，很难同时保护好。比如对潮湿环境敏感的铜、铁等金属文物，与需要保持一定湿度的竹、木、漆器放在一起时，就很难同时保护好。湿度小有利于铜、铁等金属文物的保存，避免了湿度过大时发生的锈蚀，但干燥的环境可能会造成竹、木、漆器类文物发生脱水、起翘、干裂等病变。因此，不同质地的文物应分门别类地保存在适宜的环境中。

在对文物进行保护修复时，所使用的材料和方法，也会因文物的材质差异、保存的环境要求不同而不同。因此，应对文物进行科学分类，这有利于保护与修复文物以及确保文物的安全，同时亦便于文物的日常管理，方便对文物的查找、整理、研究和合理利用。

按照文物的社会属性和自然属性，文物分类方法大体上有博物馆藏品分类和文物保护研究分类两种。根据2013年8月颁布的《馆藏文物登录规范标准》，文物的类别包括：玉石器、宝石；陶器；瓷器；铜器；金银器；铁器、其他金属器；漆器；雕塑、造像；石器、石刻、砖瓦；书法、绘画；文具；甲骨；玺印符牌；钱币；牙骨角器；竹木雕；家具；珐琅器；织绣；古籍善本；碑帖拓本；武器；邮品；文件、宣传品；档案文书；名人遗物；玻璃器；乐器、法器；皮革；音像制品；票据；交通、运输工具；度量衡器；标本、化石；其他。根据这个标准可以看出，博物馆藏品分类是一种混合式分类，分类标准既包括材质，又有用途，还有使用性质，甚至是社会属性，如交通等。在实践中，每个博物馆的藏品分类比较复杂，主要出发点是日常的管理，藏品的数量、来源、性质，以及藏品的特点、是否方便快速查找等因素，同时兼顾文物保护。因此，每个博物馆并不一定严格按照这个规范进行分类。比如，有的博物馆可能是按照藏品的年代、属性、制造工艺、文物等级等进行分类管理。所以，藏品的分类是否科学合理，需要每个博物馆结合自身的藏品特点进行判断。

而文物保护修复，基本上是按照文物的材质分类，特别是文物修复。从研究角度来看，文物保护修复的研究内容主要有：不同文物的组成材质的结构、性质，文物损害的原因及机理，文物保存环境对文物的影响，文物保护和文物修复的技术与工艺，文物保护的新材料、新方法等。因此，在文物保护中，我们主要依据文物的材质和保存环境进行分类。

不同材质的文物，在相同的环境下，受病害侵蚀的情况和要求的保护方法不同；相同材质的文物，在不同环境下劣变的情况也不一样。文物的材质对文物的性质、寿命影响很大，因此，根据文物材质对文物保护材料、保护方法、保存环境的不同要求，可将文物分为有机质文物和无机质文物两大类。

有机质文物主要指：古籍书画、档案文书之类的纸制品，棉、麻、丝、毛等服饰类纺织品，以及皮革、骨角之类的文物。

无机质文物主要指：金、银、铜、铁等金属类和石材（玉）、陶瓷、砖瓦、壁画等文物。这之中，壁画材料中有一部分属有机质材料，如地仗层中的稻草、棉麻、毛发等属于有机质。

文物保存环境的分类，基本上也是按照文物的材质进行的，只是更加细化和有针对性。

通过研究文物劣变的原因和锈蚀霉变的机理可知，文物状况主要受自身材质因素、环境因素、人为因素和自然因素等4个方面的影响。

人类有意识或无意识地破坏文物的现象是普遍存在的，且十分严重。如城市建设、工业排放、不科学的文物保存方式、盗墓、措施不当的考古发掘及保护、管理不善，以及日积月累的工业振动等，都可能给文物带来无法避免或无法挽回的损失。而自然环境的影响，如气候变化、紫外光照、空气污染物，以及地震、洪水、台风等自然灾害同样会给文物造成损伤，甚至将其毁灭。

同样，有害生物和微生物对文物的破坏也不容忽视。鼠类、有害昆虫的啃噬，微生物的繁殖，隐蔽性强且破坏力巨大，一旦发展到可视程度时，可能已经造成无可挽回的损失。

文物材料的劣化受人为因素、自然环境的影响较大，在相同的自然环境和人为因素的影响下，文物经过一定的时间，呈现出不同的老化劣变，这与文物自身材料有关。如在湿度较大的环境中，金属文物劣变总体比纸质文物劣变所花的时间要长，这是由它们的材料性质所决定的。同样，在金属文物中，金器与青铜器相比，金的稳定性决定了金器抵抗环境影响的能力较强，而青铜器容易发生锈蚀。纸质文物受潮湿环境的影响较大，可能在短时间内霉变腐烂。因此，研究不同环境对不同材质文物的影响，是文物保护的重要课题之一，只有通过研究文物劣变的机理，搞清文物材料损坏劣变的原因与规律，才能真正做到"对症下药"，科学合理地选择文物保护材料、保护技术和具体的施工工艺，最大限度地延长文物的寿命。

文物保护所使用的保护材料是有特殊要求的，这些保护材料应技术成熟、性能良好、经济耐用。保护材料包括文物清洗剂、除锈剂、防腐防霉杀菌剂、消毒剂、杀虫剂、黏接剂、加固剂、修补剂、缓蚀剂、脱水定形剂及表面封护剂等。由于文物是不可再生的，且文物具有独特的历史价值、艺术价值和文化价值，因此，用于文物保护和修复的材料，必须能保持文物原貌，修旧如旧，使文物在保护前后的外貌基本一致或使已损文物的原貌得以恢复，特别是不能影响文物的历史标记。

用于保护文物的材料，应具有文物病害的治理与预防两个方面的功能，既能消除影响文物寿命的病变，又能防止或延缓各种有害因素对文物的损害。同时，保护材料的性质及保护效果应具有长时间的稳定性。

保护修复技术来源于保护修复实践和不断的经验总结，由于保护修复技术水平的差异，文物保护的效果可能差别很大，我们所有的认知和研究成果，最终都要通过实践来检验。实践中的具体操作人员，不但要具备一定的理论知识，还应具备相关美术知识和技能。

一次完整的文物保护实践，主要包括文物藏品保存环境及病害的检测分析、保护修复材料的筛选和技术方案的拟定、保护修复、保护修复档案建立等几个方面。保护修复是最终成果的具体体现，保护修复的操作步骤包括：文物清洗，对附着在文物上的污染物进行清洗，根据不同质地的文物和污染物及污染程度，选用合适的清洗剂及清洗方法；清除文物病害，选用适当的材料、工具和技术方法，清除如金属文物上的有害锈，纸质文物上的霉斑等。消毒杀菌指选用合适的消毒杀菌剂和技术方法，杀灭有害生物或微生物，如书画、纺织品、木器类文物上的有害害虫和霉菌等。文物拼接、黏接和补配，就是把那些破碎的文物拼接起来黏接成器以及对缺损部分进行有依据的补配；缓蚀、加固的主要目的是减缓文物的锈蚀或腐蚀，加固时要选用符合文物保护要求、性能良好、使用方便、经济、加固效果最佳的加固材料，以提高文物的强度。文物表面封护是文物保护修复一项极为重要的工作，其目的是防止空气中的有害气体，酸、碱、盐和氨、硫氧化物或金属氧化物作用生成的次生污染物，尘埃夹带的有害微生物等，对文物表面的侵蚀。

文物保护修复要关注的另一个问题是，修复后的文物的可识别性。在这一点上，文物保护界有不同的认识。目前，文物修复行业内把文物修复划分为三种修复，即考古修复、博物馆修复和艺术修复。前两种均为"可识别修复"，后一种也称商业修复，这种修复的痕迹一般肉眼很难看出。有的人认为修复的痕迹应保留，让后人知道哪些地方是修复过的，哪些地方是"原件"，也就是修复应让人看得见修复的痕迹。更有个别极端的说法指出不能识别的修复是不道德的，这已经上升到道德层面了。现在我们在博物馆参观时，所看见的大多数文物修复基本都是"可识别"，特别是陶瓷、石刻类的文物。主张"可识别修复"的大多是保护和研究人员，另外一部分修复人员则认为，最完美、难度最大的修复就是肉眼基本看不见痕迹的修复。至于这类修复是否道德，那要看修复的目的：

如果是为了蒙骗他人，套取商业利益，那可能就是不道德的修复；如果是为了展现文物的艺术美感，就应该另当别论，不能不加区分地一棍子打死。

说到修复的目的，不得不提到文物修复中的考古修复。从修复的目的来看，考古修复的目的是还原考古现场、还原文物器型、撰写发掘报告。因此，我们在文物修复实践中，发现以往大量经考古修复的文物拼接不到位，黏接材料五花八门，缺损严重。按道理，这些破碎的陶瓷、石刻在发掘前应该是完整的，但很多时候，经过考古修复后，有的文物的小"零配件"没有了，取而代之的是石膏模。很多时候，考古现场的修复人员并不是专业的，这类考古修复为再次修复埋下了隐患。现在文物考古发掘已经开始认识到这个问题，有的地方在考古发掘时，已经让文物保护修复人员介入，而对现场难以保护的文物，则整体打包运回实验室处理。

博物馆修复是目前文物保护修复中的主流方法，也是今后很长一段时间将采用的方式。为什么这么说呢？这要从文物修复行业的特殊性来看。文物修复是一个非常小众的行业，也是一个依赖动手技能的职业，修复人员的培养大多采用师承制，修复人员成才需要长期实践的技术积累，没有十年八年难以独当一面。个人的技术修养在很大程度上决定了修复的高度，特别是传统修复中的书画修复和青铜器修复更是如此。制约文物修复的因素很多，除了上述个人素质外，修复的时间、资金也是重要因素，很多时候因展览需要，修复工作要求赶时间，也有时候资金会不到位或不充裕。据一些调查统计，国内馆藏文物中有一半以上需要保护修复，一方面是大量的文物需要修复保护，另一方面是修复从业人员少得可怜，据说全国只有不到2000人，而能独当一面的修复人员又有多少呢？不言而喻，两方面的矛盾非常突出，这就决定了博物馆修复是目前最合适的方式，因为这种修复对精力、时间和修复技术的要求都没有那么高，还满足"可识别"的要求，所需要的资金也不是最多，修复后的效果也能满足展陈和保存的要求，何乐不为呢？所以，博物馆修复是现在采取的最多的一种修复方式。

追求完美是人类的天性，艺术修复应是文物修复的最高境界。这里所说的艺术修复，并不是没有原则和底线的修复，更不是臆造修复，在艺术修复中，同样要坚守再处理、修旧如旧等原则。至于可识别性，本身就没有一个可以量化的标准，看不见不等于仔细看看不见，不等于在不同光线下看不见，更不等于仪器设备"看"不见。博物馆中有很多国宝级文物其实都是经过艺术修复的，特别是书画和青铜器基本上都采用艺术修复的方式来修复。所以，不应为没有艺术修复能力而寻找说辞或借口，应尊重这些追求完美的修复人员。

很多时候，我们把文物鉴赏和文物鉴定混为一谈，其实这两者是有很大区别的。鉴定是根据相关的证据或数据，以及相应的经验，通过分析、论证给出针对某一件文物的客观、公正的意见，其中以判别真伪最重要。而鉴赏，虽包括一定的文物真伪鉴定活动，但更多的是依据个人的认知水平、习惯喜好，对某件文物的艺术形象进行感受、理解和评判的思维活动过程，是一种个人的感受和体验活动，会随着认知水平及喜好的变化而发生改变。

文物既然是人类活动过程的遗留物，必然烙下历史的痕迹，是一段历史的见证。对历史的详细了解，会有助于我们更好地理解和认识它。历史是有其发展规律的，不同的历史阶段，人类受当时不同生产力及科技水平的发展限制，创造出特有的文明。比如从陶器到瓷器的发展历程，就与人们在对火的使用中不断探索，不断提高火的燃烧温度有关。

去疑存真，是文物鉴定须遵守的法则之一。一件文物的真伪，需从各个方面去印证，当所有的疑问都解释清楚之后，答案自然就出来了。记得有一次在鉴定一件青釉瓷瓶的真伪时，某个收藏行业内较为知名的瓷器鉴定专家，在上手看了这件青釉瓷瓶以后，得出了其是真品的结论。这时，有人问了他三个问题：第一，据收藏者说这件瓷瓶是出土的，瓷瓶里的陶泥咋是原始泥土，不是以往所见的污泥？而且是硬塞进去的；第二，瓷瓶上附着的结晶物，由于是常年埋藏在地下经不断积累形成的，应该是很坚硬牢固的，咋用小手指甲轻轻一挑就掉，而且遇水就化了？第三，既然是出土的文物，应该早就退火了，无釉的圈足咋滴一滴水就马上被吸收了？这个专家认为提问的人不是搞瓷器的，就说："你又不搞瓷器，你不懂，是这个样子的，我到窑址都下去过，没问题的。"答非所问，没有正面回答。谁知道，提问的人紧追不放："你看过窑址，与这件瓷器有啥关系呢？"

还有一次，我受朋友之邀帮忙看一件汉代抚琴陶俑。这件陶俑用报纸包着，我打开报纸，看见陶俑浑身上下都是泥土，陶俑的下半部分破损了一块，破损块也放在旁边，没有黏连，如果拼接起来应是一件完整的陶俑，陶俑的底部空腔塞满了泥土，土里可见大量的草根物，使陶俑看上去好像是刚出土的。就看了这么一眼，我就说："这是赝品。"朋友说："不可能吧，总价也就几千块，没必要费这么大的劲作假。"我反问他："你见过汉墓里的陶俑长草吗？"一旁的收藏者急了，说："如果是假的，我把脑壳给你。"我笑了笑："我拿你的脑壳干啥子呢？"过了两天，朋友告诉我收藏者后来承认陶俑是赝品，两百元卖给了他当艺术品欣赏。其实这件陶俑还有一些疑点，只是我当时没有说出来，因为草根就已经可以说明问题了。

讲以上事例，只是想告诉大家，鉴定其实并不神秘，有时候并不一定要依照常规的做法，如看造型、纹饰、工艺、色泽等是否符合时代风格，甚至是锈蚀、老旧程度是否匹配等，也许一个与这些都没有关系的不起眼的现象，就揭示了隐藏在文物背后的故事。当然，也不是说造型、纹饰这些不重要，这些也非常重要，是鉴定的基础。

就鉴赏而言，其实人人都是鉴赏家，认识不一样，感受就不一样。小朋友喜欢看动画片，是因为他们的世界是一个多彩的世界，充满了好奇与想象，不像成人的世界，更多了一点灰色调。很多时候，从鉴赏的角度看一件东西，更多的是从艺术的角度去理解平衡、对称、协调，一句话，顺眼呗。这种审美是大多数人的一种审美情趣，即人们对美的东西是有共鸣的。有时候我们可能看不懂一件文物，但这并不影响我们欣赏它，真也好，假也罢，对于鉴赏来说有多大关系呢？赏心悦目就行了。我们看见很多人买了大堆的仿制品摆放在家里，他们买这些东西并不是为了升值，而是为了愉悦自己。

这又使我想起一件事，有一次我路过已故雕塑大师赵树桐老师的工作室，因为我们以前是一个单位的，比较熟悉，他便热情地招呼我参观他的收藏。我知道赵老师收藏了很多东西，以皮影和家具最多，杂件也有不少，由于他很早就有这个意识，加上他本身也是一个大艺术家，很有眼光，所以收的东西确实不错。我的注意力被他收藏的雕花大床和文房四宝等杂件所吸引，但赵老师却非常热情地给我介绍他收藏的名家书画的早期印刷品，并告诉我他把中国所有的名画都收藏了，兴奋之情溢于言表，根本就不提周围的其他东西。我说："赵老师，你收的这些都是假的，是印刷品。"没想到，我这样说一点都没影响他的心情，他反而不厌其烦地给我讲这些东西的好。他随便拿起一本，就给我介绍："你看你看这是什么，吴道子的画，八十七神仙图，吴带当风呀，漂亮。"而我又回了一句："假的。"赵老师一点都不生气："唉，你不要看是印刷的，这是 20 世纪 20 年代珂罗版印刷的，现在根本就找不着了，这个与原作没有多大区别。其实是不是原作对我没有多大意义，我看重的是内容，我们搞雕塑的，有时候想不出来那个时候的线条是如何表现的。"赵老师是在欣赏一件作品，而我却纠缠这件东西的真伪，我们两人根本就不在一个频道上。从那个时候我明白了一件事，鉴赏和鉴定不是一回事：鉴定可以是一个人的事，而鉴赏要与人分享才有意义。

目录
Contents

第一篇　保护修复篇 ... 01

第一章　可移动文物的预防性保护 ... 02
- 一、文物预防性保护概念的提出 ... 02
- 二、馆藏文物病害的主要成因 ... 03
- 三、文物预防性保护的举措及现实意义 ... 10
- 四、结　语 ... 15

第二章　文物预防性保护实践与展望——以四川为例 ... 16
- 一、缘　起 ... 16
- 二、历　程 ... 17
- 三、预防性保护的内容与涵盖范围 ... 21
- 四、实践中出现的问题与教训 ... 22
- 五、思考与展望 ... 26

第三章　汉阙画像艺术及保护研究 ... 30
- 一、汉阙的建筑形式及雕刻技法 ... 31
- 二、汉阙的画像内容 ... 31
- 三、汉阙的画像艺术 ... 38
- 四、汉阙的分类及建筑材料 ... 39
- 五、汉阙的保存现状 ... 41
- 六、汉阙的主要病害特征 ... 44
- 七、汉阙的保护研究 ... 47

第四章　宋辽金器的修复与初步研究 ... 51
- 一、金器的修复 ... 51
- 二、对金冠及配饰的初步研究 ... 54

第五章　宋代金菊花碗修复及铭文初探 ... 61

第六章　张大千临摹敦煌壁画修复及其艺术　　64
　　一、临摹壁画的修复　　64
　　二、临摹壁画的内容及艺术技法　　65

第七章　一件四神青铜镜的修复与辨识　　74
　　一、铜镜的修复　　74
　　二、铜镜的检测分析与鉴定　　75
　　三、辨识后的思索　　77

第八章　竹雕笔筒的雕刻技法及养护　　79
　　一、竹雕笔筒的雕刻技法　　79
　　二、竹雕笔筒的雕刻步骤　　84
　　三、竹雕笔筒的日常维护　　84

第九章　西周饕餮纹青铜罍的修复与研究　　85
　　一、概　述　　85
　　二、青铜器病害机理研究及检测分析　　86
　　三、铜罍的修复　　88

第十章　一件宋代武士石刻的保护与修复　　91
　　一、概　述　　91
　　二、武士石刻表面风化机理分析　　91
　　三、病害检测与分析　　92
　　四、前期保护研究　　94
　　五、技术路线及修复步骤　　96

第十一章　合江汉代画像石棺的保护修复　　100
　　一、概　述　　100
　　二、文物基本信息　　100
　　三、保护修复原则　　101
　　四、石棺病害检测及保护修复的材料筛选　　101
　　五、保护修复步骤　　108

第十二章　三件陶瓷文物的修复　　112
　　一、概　述　　112
　　二、需修复的陶器和瓷器基本情况　　112
　　三、部分样品的检测分析和修复材料筛选　　113
　　四、修复的技术路线和步骤　　119

　　　　五、讨 论 　　　　　　　　　　　　　　　124
第十三章　文物的数字化保护　　　　　　　　**126**
　　　　一、概 述 　　　　　　　　　　　　　　126
　　　　二、3D 数据中的低模与高模 　　　　　　127
　　　　三、多模态影像融合技术 　　　　　　　　129
　　　　四、文物修复中的有限元分析技术 　　　　132
　　　　五、文物的虚拟修复与复制 　　　　　　　134
　　　　六、结 语 　　　　　　　　　　　　　　136

第二篇　鉴赏篇　　　　　　　　　　　　　　139

第一章　历代画像石棺石椁艺术赏析　　　　　**140**
　　　　一、汉代画像石棺石椁艺术 　　　　　　　140
　　　　二、魏晋至隋唐时期的画像石棺艺术 　　　149
　　　　三、宋辽金元时期的画像石棺艺术 　　　　155
第二章　汉至隋唐时期的青铜镜赏析　　　　　**160**
　　　　一、汉代的青铜镜 　　　　　　　　　　　161
　　　　二、隋至初唐时期的青铜镜 　　　　　　　163
　　　　三、唐中期的青铜镜 　　　　　　　　　　166
　　　　四、晚唐时期的青铜镜 　　　　　　　　　168
第三章　四川古钱范刍议　　　　　　　　　　**170**
第四章　数字花钱　　　　　　　　　　　　　**184**
第五章　梅兰竹菊诗文花钱　　　　　　　　　**192**
第六章　象牙雕刻艺术及鉴赏　　　　　　　　**197**
　　　　一、象牙的雕刻艺术 　　　　　　　　　　199
　　　　二、象牙文物的鉴赏 　　　　　　　　　　203
第七章　馆藏明清犀角杯赏析　　　　　　　　**204**
第八章　石中之王田黄石　　　　　　　　　　**210**
第九章　名家鼻烟壶鉴赏　　　　　　　　　　**213**
　　　　一、馆藏名家内画鼻烟壶 　　　　　　　　213
　　　　二、馆藏其他材质的鼻烟壶 　　　　　　　216

第十章　巴蜀精品文物鉴赏　　220
一、在中国科技博物馆展览中的巴蜀文物　　221
二、在首都博物馆展览中的巴蜀文物　　223

第十一章　龙桥与龙文化　　237

第十二章　康熙十二月花卉杯研究　　242
一、十二月花卉杯的排序和纹饰、题诗　　243
二、花卉杯的烧制工艺　　248
三、后世仿制的十二月花卉杯　　250

第十三章　五代龙纹玉大带　　251

第十四章　文房四宝之名砚鉴赏　　253
一、端　砚　　253
二、歙　砚　　260
三、洮河砚　　262
四、澄泥砚　　263
五、其　他　　265

第十五章　最后的云彩——蜀锦　　269
一、概　述　　269
二、蜀锦的图案　　269
三、历代蜀锦纹样及织造技术　　270

后记　　279

第一篇

保护修复篇

第一章
可移动文物的预防性保护

文物，伴随人类的出现而产生，是人类活动的遗留物，与人类的社会活动有着密不可分的联系，是人类历史的实物见证，是不可再生的资源。文物从出现的那一刻起，就开始走向衰老灭失，这是不以人的意志为转移的自然规律。怎样延缓文物的衰老，尽可能延长文物的生命，是摆在我们每一个文物保护工作者面前的课题。

可移动文物是相对于不可移动文物而言的，习惯上，可移动文物也被称为馆藏文物。文物是有生命的，既然它有"生命"，就必然会遭遇各种病害。这些病害因人为的或自然的因素而产生，包括破损、老化、腐蚀、虫蛀、风化等各种状况。有些病害可能是突发性的自然灾害如地震、洪涝等所造成的损伤；有些是不易察觉的缓慢侵蚀，如青铜器的锈蚀，书画老化、褪色、虫蛀，石刻的风化等；还有一部分病害是因文物的取放搬运过程、存放环境的安全、陈列展示的技术等人为因素造成的。因而，如果不注重对文物平时的维护保养，不注重对文物存放环境的有效控制，不注重对提升陈列展示的安保技术手段，馆藏文物有可能加快灭失。因此，文物的日常保管显得尤为重要。按照"预防为主、抢救第一"的原则，对文物进行预防性保护，是做好或防止馆藏文物继续出现各种病害的有效途径。

一、文物预防性保护概念的提出

在保护学科的定义中，保护和修复有显著区别。这个特殊领域中的文物保护有两个方面的含义：第一，控制环境，使其对文物的损害减到最小；第二，抑制对文物的损害，并使文物处于稳定状态，以防止文物受到进一步损害。修复是第二个步骤的延续，毫无疑问，当保护处理显得不足时，修复就是最后的手段，旨在使藏品达到能够继续保存和陈列的状态。

1930年，在意大利罗马召开的关于艺术品保护的国际研讨会上，有学者第一次提出了预防性保护的概念，即对博物馆藏品保存环境实现有效监控，这次会议使国际上达成了文物科学保护的共识。

在2008年7月召开的中国博物馆学会藏品保护专业委员会成立大会和预防性保护学术讨论会上，有部分专家根据自己多年的研究，进行了探索性的发言，认为我国部分地区年温度和湿度变化幅度大，要实现恒温恒湿的文物保存环境会造成单位财政负担过重以及设备负荷超载等，由此建议建立与室外气候季节变化相适应的环境控制标准，或者改变博物馆环境的温度从而保证相对湿度的稳定等。这无疑为我们提供了一些可以选择的方向。

博物馆建筑是博物馆文化的一个载体，馆舍是博物馆的必备条件，是一种特殊的专用建筑。它不仅要具有防盗窃、防抢劫、防洪涝、防地震、防雷击等应对突发性灾害的作用，还要杜绝因气候变化、空气污染、光线辐射、生物危害等自然环境因素而造成馆藏文物损坏的可能。比如说，青铜器的最大威胁就是有害锈的蔓延，在纯自然状态下，有害锈每年可蔓延1cm，而在标准化保存环境下，它每年只蔓延0.01cm。

在实现博物馆内环境控制的同时，还应考虑作为能源的化石燃料的大量耗费对环境保护所造成的压力。有部分学者提出，在博物馆设计和构筑中，应利用建筑物本身实现部分环境控制功能，从而减少博物馆对环境控制设备的过分依赖和能源耗费，降低博物馆的运行成本，实现藏品保护和环境保护的双赢。

在博物馆文物的存放和陈列展出中，不适宜的光线、湿度以及空气污染都会对文物造成损害，如何将这些损害减到最低，是每一个文物管理者的职责。因此，作为文物的管理者和保护者，博物馆管理人员和保护人员需要具有文物的基础知识，应在专业领域受到高标准的训练，培养基础科学素养，从而更好地尽到管理和保护的职责，以满足博物馆保护其藏品的要求。因而，文物的保护首先应是对保存环境的处理而不是对藏品的处理，应提高预防性保护的意识，建立起文物预防性保护的框架结构。

据国家文物局和国家统计局2018年公布的数据，截至2018年，我国文物系统有博物馆5354座，藏品4960.4万余件。而2005年馆藏文物腐蚀调查项目显示，我国50.66%的馆藏文物存在不同程度的腐蚀，文物腐蚀损失状况相当严重并呈加重之趋势。究其原因，主要是文物藏品保存环境未能得到有效的监控。而有效监控博物馆文物保存环境，实现馆藏文物保存环境的稳定，是确保馆藏文物安全和长久保存的主要途径。

二、馆藏文物病害的主要成因

按来源性质，博物馆中的藏品主要分为考古发掘出土文物和传世文物，这些文物都经历了漫长的岁月。长期在文物库房管理藏品的工作人员都有这种感觉：哪怕是保存环境和条件都非常好的文物库房，其所保存的文物，随着岁月的流逝，与刚入库时相比较，都有某些变化。这是为什么呢？其实文物跟所有的物品一样，每时每刻都会与水、空气、土壤、光照等接触，这些接触都会或多或少地对文物产生这样或那样的影响。因此，我们也就看见了锈蚀、风化、变色、虫蛀等常见的文物病害现象。文物病害大致可分为褪色、霉变、风化、破损、污染、腐蚀等几种，它们又分为自然侵蚀病变和动植物病害，其中又以有机质文物的病变较多。

根据文物质地的理化性能的不同，文物质地大致分为有机质地、无机质地和人工复合质地三大类（见表1-1-1）。

表 1-1-1 文物质地的分类

文物质地类型	类别	举例
有机质	纸质	古籍、书画、信件等
	木质	家具、竹器、漆木器、版画等
	纺织品	棉、毛、丝、麻等
	角骨	牙、甲骨、贝、角等
	皮革	各类动物皮革制品、皮影、羊皮书、皮鼓、皮箱包等
无机质	金属	金、银、铜、铁、锡等
	石质	石刻、石碑、玉器、宝石等
	陶瓷	陶器、瓷器、砖、瓦当、玻璃、珐琅器等
人工合成	化学合成、壁画	各种塑料、环氧树脂件

影响文物劣化的因素，主要分为环境因素和文物本体材质自身因素。

首先，环境因素即馆藏文物保存环境，是指收藏与展示各类可移动文物的相对独立空间的总体，包括文物库房、展厅、展柜、储藏柜（箱、盒）等空间中的各种物理、化学、生物条件。研究表明，环境因素是引发博物馆藏品劣化损害的主要原因，主要包括温湿度、光辐射、污染气体（包括颗粒物）和有害生物4类。影响博物馆藏品的环境空间，大致可分为微环境（以展柜、储藏柜、包装盒内空间为代表）、小环境（以库房、展厅等室内空间为代表）、大环境（覆盖整个博物馆建筑的空间）和室外环境（博物馆建筑之外的空间）。国内外大量研究表明，环境因素是引发博物馆藏品自然损害的主要原因，包括温度、湿度、污染气体、光辐射、虫害和霉菌等环境因素。其中，环境湿度的波动和各种污染气体的影响，对博物馆馆藏文物的损害作用最为显著。

其次，材质的不同，决定了文物对环境变化的适应程度及抵抗力。总体来说，对环境温湿度等方面的波动，有机质文物要比无机质文物敏感得多；受环境因素影响以及受各类病害侵蚀的概率，有机质文物也要比无机质文物大得多。因此，除了改善环境因素，增强文物本体"安全、健康"，同样也是文物预防性保护重要的一环。

最后，各种材质的文物都有一个自然老化的过程，其老化蜕变由它们自身材质的特点所决定。有机质材料主要是天然动植物纤维等高分子和构成营养物质的蛋白质、木质素等。这些高分子材料可能因光照，尤其是紫外线照射，以及机械性运动伸缩，生物酶的作用而降解，而其中的营养物质则可能被微生物所降解，或被鼠虫类动物所吞噬（见图1-1-1～图1-1-7）。

图 1-1-1　显微镜下的绢本画糟朽情况及虫眼

图 1-1-2　显微镜下的绢本明代字画

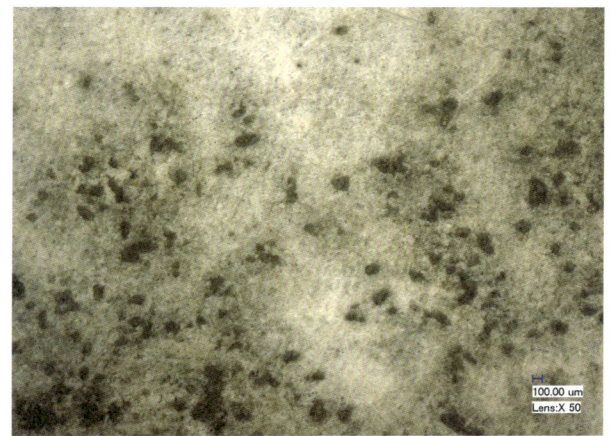
图 1-1-3　显微镜下的霉菌斑

图 1-1-4　显微镜下的清代书画脏污

图 1-1-5　被虫蛀蚀的纸本字画

图1-1-6 糟朽的木质文物

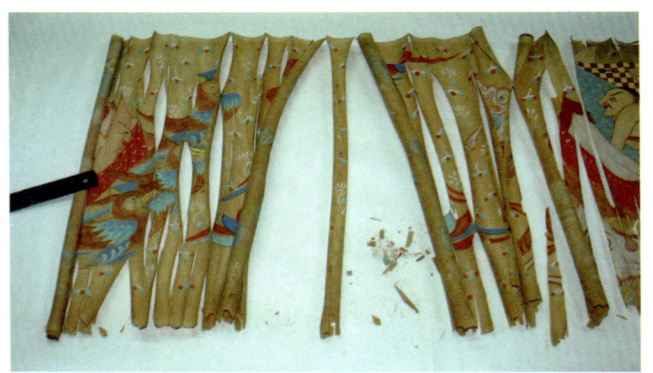
图1-1-7 糟朽断裂的绢本画

图1-1-8 青铜锈

金属质地的文物的腐蚀主要是因电化学反应和其他化学反应而发生的矿化。电化学反应过程一般在有水的环境中发生。水在自然环境下，几乎存在于各种材料之中，以气体、液体、固体3种状态存在。水在这3种状态之间轻易、频繁地发生转化，造成文物中水分的流失。由于水的状态转化过程也是水的体积变化过程，所以这种转化将产生很大的机械破坏力，对文物的影响不言而喻。水环境中金属腐蚀的主要影响因素有水环境中的污染物、金属中的其他杂质、金属中的晶格缺陷等。对于在干燥的大气中发生的化学反应过程，主要影响因素为大气中的污染物质。这两种过程都能使金属腐蚀、矿化，而矿物质的材质也可能因为其晶体组织的缺陷，或其化学性质的不稳定，在环境中与其他物质反应而转化成另一种物质，造成组分流失，结构破坏（见图1-1-8～图1-1-10）。

光，包括可见光和人眼不可见的红外线、紫外线，它们都携带了一定的能量。红外线和可见光有很强的热辐射能力，能给物体加热。而紫外线因其波长很短，光子携带的能量很高，能激发被照物体的电子，使之处于激发状态，从而促进光化学反应的发生。

图1-1-9 明代铁器上的锈蚀剥落

图1-1-10 石刻上干枯的苔藓

提高温度可以增大物质分子的运动速度，加速大多数化学反应的进行。一般温度每升高10℃，反应的速度增快2~4倍。温度的变化也会对材料的物理性质造成影响。适宜的温度也适合动植物、微生物的发育生长。

水在自然界中以水蒸气、液态水、冰三种形态广泛存在，并且能在适当的条件下相互转换，在转换的过程中，等量水的体积会发生较大的变化，这时将产生很大的机械力。材料吸收水分后，其体积也会发生变化，不同材料吸收水分的能力不一样，因此其吸水后的体积的变化也不同。水是一种极好的溶剂，能溶解自然界中的很多物质，如盐、气体等。随着水的流动，这些物质也将被"搬运"，所以，水在这时也体现了很好的运送物质的能力。正因为水有溶解能力，生物才能从自然界获得营养进行生长。生物的生长繁殖也离不开水。在溶解氧存在的情况下，金属表面的水膜能与金属反应，使金属发生电化学腐蚀。此外，水还可参与多种化学反应。

图 1-1-11　石刻上的霉菌

图 1-1-12　象牙出土时逐渐变黑的情况

生物包括动植物和微生物等。它们的生存需要大量的营养物质，这些营养物质大多是生物通过吞噬营养物或者利用自身产生的酶对营养物进行降解而获得的。生物的生存能力很强，特别是微生物，它们在地球表面无处不在，而且因为其体型微小，可以随大气四处流动（见图1-1-11）。

灰尘是多种杂质的混合体，成分包括土粒、矿物粉尘、生物孢子、花粉、动物粪便粉末、虫卵等。由于粒子微小，其能随风四处飘落；又因结构疏松，能够吸附其他的微小物质和气体，以及各种矿物盐，这些物质在一定的条件下可发生各种化学反应。由于灰尘包含的营养物质较多，灰尘的沉积处往往比较适合各种微生物生长。

随着工业化的发展，空气中的硫化物、氮氧化物的浓度日益增加，空气中还含有臭氧，这些化学物质都具有活泼的化学性质，表现为强氧化性、强腐蚀性等，能与很多物质反应，生成氧化物或可溶性盐。

需要说明的是，环境中的种种因素对文物的作用不是单一的，在绝大多数情况下，文物材质的变化是多种因素相互促进的结果。例如，灰尘携带的生物孢子、营养物、有害气体、盐等落在文物表面，在吸收水分后促进了微生物生长，微生物与水分以及有害气体、盐破坏文物的表面，使环境对文物的作用面积更大，造成了进一步的损坏。

由此可见，环境中的诸多因素都能引起文物材质的病变，这种病变主要是化学变化和物理变化造成的。化学反应是一个平衡的反应，在特定的条件下，反应经过一定的时间达到平衡，当条件改变时，反应向趋向削弱这种改变的方向进行，最终达到改变条件下的平衡。所以，文物的病变也是一种趋向平衡的过程：文物在一定的环境中，如埋藏在地下，因地下的环境比较稳定，其病变达到一定程度时就停止了，而文物所处的环境一旦改变，如文物出土或地下环境发生改变，文物的病变将继续进行（见图1-1-12）。环境因素的改变，也将造成文物物理性质的变化。刚性或脆性的文物在形变达到一定程度后将不可能恢复原状，如变形、膨胀、薄片剥离、破碎等。若环境因素的变化过快，文物对这些因素的反应调节速度无法跟上，也将产生不可逆转的形变（图1-1-13～图1-1-15）。

图1-1-13　表面釉层的剥离

图1-1-14　风化剥蚀的石刻

图1-1-15　风化酥粉的石质文物

因此，博物馆藏品保存得好坏，既取决于文物材质的性质，更取决于它所经历的环境。当环境因素即温度、湿度、光照、污染物、微生物等偏离理想条件时，文物材质就会趋向改变，以适应已改变的环境，而与改变后的环境达到另外一种平衡。在由一种平衡状态向另一种平衡状态转化时，文物不可避免地要发生一些化学成分或结构形态的改变，这种改变破坏了文物原有的稳定状态，导致文物发生不同程度的病变。环境变化越剧烈、越复杂，文物为适应环境进行的改变就越频繁，文物的损坏速度就越快，其损坏的现象就越严重。

由于其本身的物化性能，文物材质在特定的环境中处于相对稳定的状态，不会与环境中的其他因素发生反应或反应速度很慢。从环境作用的能力方面来看，温度和水是直接参与或辅助其他因素参与反应的，所以温度和湿度是最重要的环境因素。

三、文物预防性保护的举措及现实意义

"预防为主，抢救第一"，文物修复的局限性决定了文物的修复是迫不得已的最后手段。受现阶段修复技术、方法和材料等因素的限制，文物的修复总会出现不尽人意的地方，随着科技的不断进步及新的技术手段和新材料的出现，人们发现以往的修复手段、使用的材料可能对文物造成伤害，比如502瞬时胶水出现后，曾被大量应用在文物的修复、黏接上，在当时的环境下，其确实具有快速、方便的优点，但502瞬时胶水自身的透水性很差，且有不可逆性、易脆化等弊端，这会给文物造成新的损伤，而有的损伤是不可逆的。所以，文物的修复是迫不得已而为之的行为。虽然现在的科技发展很快，新的技术和材料不断涌现，但如果没有好的、成熟的方法和修复材料，最好不要轻易对文物进行修复。

在馆藏文物的修复上，《中华人民共和国文物保护法》和国家文物局的有关法规其实都有较为详细的规定和要求，这些法规的原则，就是修复文物时要慎之又慎，做到最少干预。因此，馆藏文物日常的预防性保护就显得尤其重要，做好文物的预防性保护既是馆藏文物日常维护的重要工作内容，也是延长文物使用寿命的有效手段，对文物的安全存取、长久保存具有现实意义。

对馆藏文物保存环境进行有效的监测和控制，最大限度地抑制和缓解环境因素对文物材料的破坏作用，是预防性地从源头上保护珍贵文物的关键，是当今世界文物科学保护领域的发展趋势，也是当前我国可移动文物保护的迫切与重要的工作。以往对文物保存环境提出的"恒温恒湿"要求，其内涵已经落后于现今预防性保护的要求，已被以上海博物馆（馆藏文物保存环境国家文物局重点科研基地）提出的"洁净、稳定"的文物预防性保护理念所替代。

"洁净、稳定"的理念是针对文物的保存环境而言的，其主要内涵为通过采取有效的质量管理、监测、评估、调控等预防措施，抑制各种环境因素对文物的危害作用，努力使文物处于一个"稳定、洁净"的安全生存环境，尽可能阻止或延缓文物的物理和化学性质改变乃至最终劣化，达到长久保存文物的目的。而"安全、健康"的理念是指通过健康测评、清洁养护、消毒杀菌、防震（振）减震（振）等文物本体保护性处理，尽可能消除影响文物本体"安全、健康"的因素，提高文物本体的"安全、健康"水平，增强其抵御外界环境因素影响的能力。

"稳定"的环境，是指温度、湿度等环境因素在适宜指标下保持"平稳"，不会出现较大幅度

的波动。所谓"适宜指标",是指文物本身已经长期良好适应的环境温湿度指标。此外,鉴于文物对湿度较温度更敏感,在环境温湿度控制中应首先确保湿度的控制,即以湿度控制为优先原则。

要打造"洁净"的环境,必须把文物收藏、展示环境空气中特征污染物浓度控制在科学合理的安全极限值以内。不同的材料对各种环境因素的敏感程度不同,即不同材质文物的主要环境影响因素可能是不同的,尤其是代表性的特征污染物的影响。因此,需要特别关注这些"特征污染物"浓度的净化控制。环境的预防措施,是指通过管理和技术应用,从源头控制文物保存空间的污染物水平、光照强度和温湿度平稳性,包括文物储藏、展示装饰装修及包装材料,展具密封性和环境调控功能等。

(一)馆藏文物保存环境的营造

馆藏文物的保存环境,即博物馆馆舍,分为外部环境和内部环境。外部环境包括外界的气候、大气污染状况,其环境的好坏,取决于该博物馆所在地区、城市的环境状况,非博物馆自身所能决定,但博物馆可以改善自身周围的小环境。所以,营造博物馆的环境应从建馆选址抓起。远离污染源和闹市区的山林、公园附近较合适,馆址周围不宜有大的湖泊、水面。而对那些不能改变馆址的,应做好馆舍周围绿化,因为枝繁叶茂的树木对大气污染物

图 1-1-16　绿树掩映中的四川博物院

有吸附作用,对城市里的烟尘、粉尘等也有明显的阻挡、吸附和过滤的作用。特别是高大的乔木,其叶面茂密,滞尘能力强,且能阻挡太阳的强辐射,树荫也能起到降温的作用,还能对噪音起到很好的"隔音墙"效果。即便是草地,也能吸附灰尘,使博物馆的外部环境成为一个绿化自净系统,为室内环境创造良好的外部条件(见图 1-1-16)。

博物馆室内环境的控制相比室外来讲要容易得多,可以通过中央空调系统的空气过滤系统、新风系统、温湿度控制系统及对人流量的控制等来实现。

(二)文物存放环境的改善

文物存放环境包括文物库房、展厅、展柜,以及文物柜架、囊匣、展台等与文物直接接触的材料。

1. 库房

文物是博物馆各项工作的基础,而库房是博物馆文物密集存放的地方,做好文物库房的环境控制,是做好博物馆各项工作的前提和基础保障。

第一,综合性博物馆收藏的各种材质的文物,原则上应分类、分柜存放。应通过使用空调设备,确保库房内的温湿度在合理的范围内,并避免其在短时间内有较大幅度的波动,使库房整体的温湿度处于一个相对稳定的状态。应经常检查空调设备的空气过滤器并清洗消毒,以有效过滤掉外界的灰尘和微生物,防止二次污染和重复污染。

第二,应保持库房环境的洁净,避免人为带入外界的尘埃、虫害等。有条件的博物馆,应在库

房前设置一间缓冲室，使人员在进入文物库内前，可以在缓冲室里更衣、更换拖鞋（鞋套）、风淋等（见图1-1-17）。

第三，库房内最好使用LED灯或无紫外灯照明，所用灯光的波长应控制在不损坏有机文物的范围内，光照强度以满足日常管理为宜。人员离开后，应关闭库房内光源。对文物的鉴定、鉴赏，应在专设的鉴定、鉴赏室（见图1-1-18和图1-1-19）内进行。

第四，库房内与文物直接接触的是存放文物的柜架和包裹文物的材料。库房里的柜架基本分为金属和木材两种质地。应对金属柜架做好防锈处理，使其承重结构合理，没有毛刺或尖锐棱角，且与文物接触部分应采用天然织物或处理过的木板。对木质柜架要进行充分的杀虫、灭菌、消毒和脱水烘干处理，以避免材料本身带入库房的病菌对文物直接造成伤害。木材具有多孔性特质，能吸收一定的水分，因此木材直接与文物接触的面不要涂刷油漆等，以保留木材缓冲调节空气湿度的作用。另外，木材中的化学物质，如甲酸、乙酸，一般都具有一定挥发性，要注意区分这些物质是否对文物有害，比如，挥发油可能会在书画、纺织品上形成黄斑。应选择无害、天然的材料包裹文物，不能有有害气体的散发、不能有污染色素的释放，不能有生物的混入，不能阻挡文物与室内空气的流通（见图1-1-20）。

图1-1-17　上海博物馆库房的风淋系统

图1-1-18　首都博物馆库房内鉴赏室

图1-1-19　首都博物馆文物库房

图1-1-20　上海博物馆书画库房

2. 展厅与展柜

展厅是博物馆的展示窗口，是文物直接与观众交流的地方，有些文物是直接与展厅的环境相接触的。在环境控制上，对展厅的要求应与库房相同。但由于展厅是一个开放式的空间，外部的有害气体、灰尘、水汽等都会被观众直接带入展厅，人流会带动空气的扰动，观众的呼吸也会迅速提高二氧化碳浓度等，这些因素都会造成展厅局部环境的恶化，因此展厅的环境控制要复杂得多。比如，可以在展厅前设计一个缓冲空间，使外界空气不能直接进入展厅；可在门前地面铺设吸尘垫，尽可能减少观众带入的泥土、灰尘或雨水；在展厅中直接展出的文物，应尽量选择性质比较稳定且又不便放进展柜的。展厅里的温湿度和光照控制是展厅环境控制的主要方面，温湿度的控制应以对外界比较敏感的有机质文物为基准。光照的控制面临文物保护与观众需求的矛盾。文物保护需要避光，文物展出需要光照，重点文物有时候还要用光突出渲染。如何解决这对矛盾，考验着陈列设计者的智慧。避免使用强烈聚光灯对文物直接照射加热，采用无紫外线灯源或防紫外线的冷光源，在对光线敏感的有机质文物周围设置人体感应器，控制照射的强度和照射的时间等，都是有效的手段。对于有机质文物，如书画、纺织品类等，应实行定期更换展品，以避免长时间的暴露和累计照射值超标对文物造成的伤害（见图1-1-21和图1-1-22）。

图1-1-21　四川博物院书画展厅

图1-1-22　南京博物院古代陶艺馆

相对于展厅来说，展柜是一个相对独立的微环境，柜内的空气不与展厅发生交流，但仍然受到展厅里的温度和灯光辐射的影响。由于展柜是一个封闭的环境，柜中的灯光散发出的热量因空气不流通而不断积累，容易形成温室效应，所以要特别注意不能在展柜里使用热光源，而应采用LED一类的冷光源，并对柜内温湿度进行控制，可采用主动式调控设备或使用调湿剂一类的调湿材料控制柜内湿度。展柜里的展台会直接与文物接触，因此对其材料的要求与库房的柜架相同。需要说明的是，现在很多博物馆的展台都是新做的，使用了大量的胶合板和丙纶化纤地毯等材料，这些材料会释放出甲醛等有害物质，在展柜中长期富集，会对文物造成严重危害。因此，如何从源头上控制有害装修材料，是预防性保护的重点和难点之一。

3. 文物搬迁运输的环境控制

随着文物外出交流的日益频繁，文物的搬迁运输也日益增多。搬运文物时，在包装材料的使用上，不但要防震（振）、防水、防盗，还要防霉、防锈、防辐射、防尘、防火、防热、防冻等；跨地区搬运文物时，因各地温湿度存在差别，要及早发现不利因素，及时调整运输方式（见图1-1-23）。承展地的展厅温湿度最好与文物原有存放地一致，因为只有温湿度"稳定"（并非"恒温恒湿"）的环境才是文物最"适宜"环境。因此，对外展文物保存环境进行检测，是外展之前的必做工作。

图1-1-23 长途运输文物时的内部包装情况

（三）文物的日常养护

在将文物收藏入库前，按照正常管理要求，都应该对其进行必要的健康测评和清洁消毒保护养护处理。征集来的文物，难免带有各种病害，除大的病害需要进行保护修复处理外，一般的清洁卫生、消毒杀菌处理，以及脱酸、脱盐、封护、预加固等方面的预处理，也应是文物日常预防性保护的重要内容。这一方面是为了消除病害隐患，增强文物自身的抵抗力；另一方面也是为了避免文物带病入库存放导致的对其他文物的危害。

四、结　语

可移动文物的预防性保护，应是一个长期的、日常性的工作，不要等到文物出现问题了，才予以重视。由于文物是不可再生的，对其进行修复是迫不得已的手段，更何况现在的修复技术和修复材料，都有可能随着技术的进步、材料的更新而被淘汰，因此，对于任何附加在文物上的材料与方法都应当慎之又慎。出于对文物的保护方面的考虑，对环境的控制应是有针对性的。对博物馆环境的营造，每个博物馆应结合自身的实际情况，有针对性地改善文物的保存环境条件，尽力消除对环境不利的因素，努力给文物创造一个"洁净、稳定"的保存环境和"健康、安全"的本体，真正做到"文物保护，预防为先"，使可移动文物得到妥善有效的保护，为陈列展示和收藏研究提供可靠支撑。

第二章
文物预防性保护实践与展望——以四川为例

一、缘 起

四川是一个文物大省,根据2019年全国文物普查统计,四川全省有各类博物馆301所,有馆藏可移动文物150万件(套)。川博作为川内的大馆,有馆藏文物32万余件。鉴于其地位和馆藏文物的数量,川博在2009年新馆开馆之际,就将原来依附于文物保管部的技术室分离出来,单独成立了四川博物院文物保护修复中心(简称"川博文保中心")。该中心的工作职责之一即为:对库房、展厅等文物保存环境进行监测,负责指导文物的预防性保护。2009年9月,中心相关人员参加了由上海博物馆在复旦大学举办的一期文物保护行业标准推广实施(文物档案记录规范及文物保存环境检测技术等标准)培训。也是从这一年开始,川博文保中心每年年底均根据检测的数据情况,编制年度文物保存环境检测报告,分送相关部门和领导,由此,川博率先拉开了川内文物预防性保护的序幕。

2010年11月9日,上海世博会文物保护专业委员会在上海博物馆组织召开了关于预防性保护相关技术的专项国际交流研讨会(见图1-2-1)。同年12月,又在上海博物馆举行了"2010博物

图1-2-1 上海世博会文物保护专业委员会参会人员合影

馆文物保存环境国际学术研讨会"。这次研讨会包含五个议题：（1）预防性保护理念的拓展与预防性保护措施；（2）污染气体分析检测、实时监测与环境质量评估；（3）博物馆环境因素对文物的影响；（4）博物馆建筑与文物保存环境；（5）环保、安全、高效的文物消毒技术。笔者受邀在此次会上做了题为"馆藏文物的预防性保护"的专题发言（见图1-2-2）。

图1-2-2　2010博物馆文物保存环境国际学术研讨会会场

以上两次国际性的技术交流会，特别是上海博物馆举办的文物保存环境国际学术研讨会，均有国内外主要从事文物预防性保护工作的专家学者及大专院校的研究人员参加，他们将对最新的研究成果进行了分享。也就是从这个时候开始，四川乃至国内的文物预防性保护步入了快车道。

二、历　程

从文物预防性保护的发展来看，可以把预防性保护分为：萌芽期、启动期、推广调整期和发展期4个阶段。

2009年以前应是萌芽期。这一时期的预防性保护还主要停留在理论探索和个别试验阶段，各馆基本上根据自身的情况各自为政，还没有形成一个比较科学、完整的体系。此时的预防性保护还不是国家文物局重点支持的对象。

2009年到2014年是启动期。在这一时期，以上海博物馆为主的发起单位和推动单位开始与国内一些博物馆合作，开启了四川真正意义上的可移动文物预防性保护项目的申报。2011年5月，上海博物馆实验室吴来明主任受邀带队到四川，同四川博物院、金沙遗址博物馆、雅安市博物馆、泸州市博物馆等单位合作编制了"文物保存环境质量监控方案"。由于该方案在技术等方面不适应新的要求，虽然国家文物局对其予以批复，但并没有下拨资金，而是对原方案进行了修改完善，修改后的方案名称改为"珍贵文物保存环境监控及囊匣配置解决方案"。从方案名称就可以看出，这两个方案的实质内容只包含环境监测和囊匣配置。为此，为统一认识、统一标准，上海博物馆受国家文物局的委托，先后在复旦大学召开了两次全国性的培训会，参会人员主要是各省文物局相关分管领导和部分省级博物馆从事预防性保护工作的专业人员。这两次培训会，统一了国内的预防性保护的思想和认识，也统一了相关标准。直到2014年，该方案的名称才基本统一为"文物预防性保护"，把储藏文物的柜架、展柜改造等内容也正式纳入预防性保护范围。需要特别说明的是，2013年5月在复旦大学召开的培训会上，笔者经相关专家和部门认可，试着将文物防震内容加入甘孜州博物馆的预防性保护方案里；到了6月，突然接到通知，四川可以把防震内容加在预防性保护里，文物防震也就从这个时候开始被纳入预防性保护支持的范围中。此时，国家文物局的第一批预防性保护资金陆续拨付到位，资金支持的力度也比较大，从这个时候起，馆藏文物预防性保护进入了实质性的实施阶段，并作为国家文物局重点支持的项目在国内部分博物馆开始正式启动。

到2017年前后，国内已经有部分博物馆，主要是省级大馆，实施了预防性保护项目。从实施的情况看，前期过于重视环境监测，大部分资金用在了环境监测点的设置上。行业内开始出现较大的分歧，部分专家认为，大多数博物馆里缺乏环境监测的专业技术人员和管理人员，有的博物馆连恒温恒湿等调控设备都没有，或者即使有也是白天开启、晚上关闭，不能达到预期效果，存放文物的柜架、展厅等陈旧破烂，库房不能密闭，这时候如果先做监测，得出的监测数据没有多大实际意义，应先调控、改造博物馆文物保存环境，使其基本达标，这也是预防性保护的先决条件。另一部分专家认为，如果不先对文物保存环境进行监测，没有监测的数据，调控的依据从何而来？又怎么知道如何调控？这个理由貌似也很充分。两种意见互不相让，最后是调控方案占了上风。有一段时间，有的地方审批方案时"一刀切"，明确表示不支持环境监测，甚至把有环境监测内容的方案直接毙掉，同时对单个博物馆的资金支持力度与前期相比大大缩减了。

其实，这两种意见都对，也都不对，不能一概而论。理论上，是应该先监测，根据监测的情况制定符合实际的调控措施。但这一做法恰恰忽略了一点：资金是有限的，而每个馆的实际情况不一样，急需重点解决的问题不同。很多博物馆，特别是基层博物馆，其库房、展厅等基础设施都难以达标，很多文物还直接堆放在地上，或用普通纸箱、箩筐装着，有的文物库房、展厅等甚至四面透风漏雨，连一个像样的储藏柜、展柜都没有，展柜还是老式的木质展柜、普通玻璃柜等，更别说空调等设备了，对这样的环境进行监测的意义何在？所以，在资金有限的情况下，首先需要做的是什么？肯定是调控改造，先解决起码的文物保存环境的需要，配置必要的文物储藏柜架、囊匣，改造不安全的展柜玻璃和照明设施，增配最低限度的调控净化设备。

同时也应认识到，博物馆有大小之分，每个博物馆的情况不一样，在满足基本调控改造的前提下，适当配置一些监测设备也是必要的。其重点应是掌握环境温湿度的变化情况。如果没有专业技术人员负责，也不为做研究，对其他环境指标进行监测在实践中真的没有多大意义。

也是在这一时期，防震和消毒杀菌、文保设备配置、灯光改造等开始渐渐被纳入预防性保护范畴。"洁净、稳定"的文物保存和环境治理理念，也扩大到了"安全、健康"的文物本体处理改善方面。

2017年以后，预防性保护步入正常发展阶段，预防性保护的理念已经成为一种共识，保护项目更多地向中小型基层博物馆倾斜。随着预防性保护技术的不断完善提高，实施的项目内容更符合实际，同时，新的技术和理念也在不断涌现，预防性保护工作开始步入常态化阶段。

作为文物大省，截至2019年底，四川已经批复实施预防性保护的博物馆有30余家，其中有16家博物馆的环境监测数据接入了四川区域中心平台（见图1-2-3）。

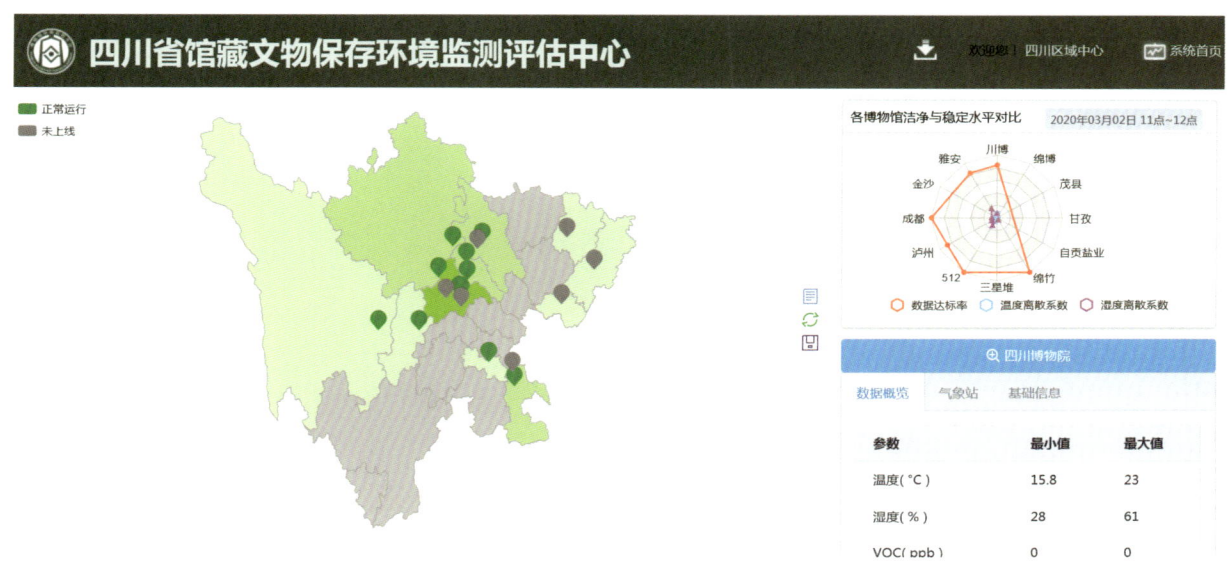

图1-2-3　四川省馆藏文物保存环境监测区域中心平台截图

作为四川省内的大馆，四川博物院在2015年完成了一期环境监测系统建设后，紧接着开始第二期的三个展厅展柜密闭改造、灯光改造和部分展柜的温湿度调控，到2016年9月项目建设完成，同年11月通过国家文物局组织的专家组验收。

同期，四川省馆藏文物保存环境监测区域中心也在四川博物院文保中心建立起来。它是按照国家文物局预防性保护三级平台建设的构想建立的，即监测站、区域中心和国家中心，是国内第一个建立起来的区域中心。建立之初只有四五家博物馆的数据接入，现在已经有16家博物馆的环境监测数据被上传到区域中心。区域中心通过对监测数据的分析整理，每年完成《四川省馆藏文物保存环境监测区域中心运行评估报告》的编制。该区域中心还拟定了《四川省馆藏文物保存环境监测区域中心运行管理办法（草拟稿）》，该办法规定了区域中心的相关职责和任务，为四川省预防性保护的整体运行评估提供了依据（见图1-2-4、图1-2-5）。

图1-2-4　四川博物院珍贵文物预防性保护及区域中心项目验收会

图 1-2-5　专家对项目的实施情况进行实地查看

由于该区域中心是国内第一个建成的区域中心，没有现成经验可借鉴，在运行之初，这样那样的问题在所难免，并一直困扰着区域中心的管理人员。虽然有相关标准规范，大的方面问题不大，但落实到细节上，就出现了问题，其中不同生产厂家的监测终端数据上传整合问题、对不同厂家上传数据的识读问题等，是制约区域中心发挥其应有的监督、预警、备份等作用的主要因素。为此，2017年8月，中心专门组织召开了区域中心数据上传工作协调会，邀请了区域中心建设单位，与在川内承担其他博物馆环境监测项目建设任务的公司相关技术人员一道，在遵循国家相关标准的前提下，针对标准中没有涉及的细节问题，如接口开放问题、上传数据包的时间和大小等问题展开讨论。会议首先对区域中心平台的建构模块、上传数据的技术要求进行了介绍，其他各技术人员对这些模块、要求，特别是相关标准里没有的技术细节问题进行了梳理，通过讨论统一了思想，统一了标准，达成了共识，确保了无障碍数据上传和数据归总，避免了数据孤岛的产生，使区域中心平台能全面查看各博物馆监测站的实时数据，具备了分析评估、数据自动储存和预警等功能。

参加此次协调会的共有5家单位，它们承担了目前国内绝大部分预防性保护项目的建设。这次协调会的顺利召开，不但解决了困扰我省区域中心的瓶颈问题，而且为今天我省区域中心乃至国内类似机构的健康、顺利发展奠定了技术基础（见图1-2-6）。

图1-2-6　区域中心数据传输技术协调会现场

三、预防性保护的内容与涵盖范围

预防性保护主要分为两大方面：监测和调控。监测包括在线实时监测和离线检测，以及采样分析检测，目的是对文物保存环境的空气质量及其他文物保存的相关适宜指标进行及时感知，以判断文物保存环境是否达到"洁净、稳定"的状态，以及环境中接触文物或可能与文物发生关系的一切材料是否安全可靠，从而为调控、改造提供科学的依据，也为后续研究积累数据。而调控，就是利用各种技术手段，使文物本体在一个"安全、健康"且适宜的环境中得到长久保存，以尽可能地延长文物的寿命。

目前，实时监测的实现路径是：无线感应终端→中继器→网关→计算机机房→显示终端。按照现有的技术，我们只能实现对温湿度、光照、紫外线、二氧化碳、挥发性有机化合物（VOC）、环境质量综合评估系统6个方面的监测。

离线检测，主要通过手持式的仪器来实现，可以实现对甲醛、一氧化碳、二氧化硫、臭氧、噪音、风速、木材含水率、pH值、盐度、微生物，以及针对遗址类的土壤温度、含水率、电导率等的检测。除此之外，对痕量（ppb级）污染气体和一些特殊要求的检测分析，如甲酸、乙酸等酸性物的分析检测，需要先借助无动力扩散采样器进行采样，再通过离子色谱仪等仪器进行分析检测。

调控主要分为主动调控和被动调控。主动调控，顾名思义，就是采用精密空调、恒温恒湿机、除湿机、净化-调湿机、新风系统、洁净屏等设备对环境进行主动干预。而被动调控更多的是一种不依赖动力的物理调节方式，通过调湿剂、吸附剂、除氧剂、展柜密闭、储藏柜架、囊匣、RP系统等来进行。

防震和对文物的消毒杀菌是预防性保护的主要调控方式，这已基本成为共识。防震的技术手段主要有传统防震加固措施，如支撑、捆扎、黏接、囊匣等，以及技术防震，如使用防震台、防震柜等。需要强调的是，博物馆的文物防震应作为一个整体来考虑，有条件的博物馆，在馆舍设计之初就应该考虑到建筑的防震需求，在陈列布展、文物库房储藏的方式方法上，不能丢掉传统防震的一些措施。同时，也不应忽略地铁、重型卡车、悬空楼层观众走动等带来的振动。有时候，工业振动的危害，可能远高于地震的危害，毕竟地震什么时候来，谁也说不清楚，而工业振动随时随地都在发生，是一种"温水煮青蛙"式的危害。

在预防性保护里，消毒杀菌主要是针对有机质文物本体的虫蛀、霉变等病害。在实践中，方案设计一般是配置消毒杀菌的设备，部分是提供服务，配制的设备一般推荐的是充氮（低氧）加蒜素的方式。其实消毒的手段有很多，根据不同的文物材质要求，可采用超低温、真空、紫外线、樟脑、溴甲烷、环氧乙烷、充氮（低氧）、蒜素、硫酰氟，以及绝氧封存等方式进行消毒、杀菌。

更换展柜与玻璃、改造灯光，在预防性保护中更多的是出于文物安全方面的考虑，包括防震也是这样。展柜的密闭程度、装饰材料，直接关系到展柜内的环境调控效果。更换展柜玻璃，除了安全性的要求以外，很多时候是一种冲动和攀比的体现而镀膜或贴膜的，超白夹胶玻璃已经够好了，不一定非要追求低反玻璃。很多人并不知道，低反玻璃在工艺上采用了镀膜或贴膜来降低光的反射，其表面强度肯定不如玻璃本身的强度，这会加重日常维护的负担。灯光改造比较复杂。在陈列展览改造实践中，灯具的采购价格悬殊，质量参差不齐，布光的要求与观众的体验不尽相同，甚至灯光开启的方式等也会影响灯具的采购和布设。在照度的问题上，短时照明与长期照明是有很大区别的，不同材质的文物对照度的要求也是不一样的。总之，在预防性保护中，灯光的改造还有较大的空间。

四、实践中出现的问题与教训

实践是检验真理的唯一标准，同时实践也是发现问题、解决问题的最好途径。

各地的实践表明，预防性保护的必要性和前瞻性毋庸置疑，总体效果较好，但同时也暴露一些问题，主要包括以下方面。

（一）方案基本雷同，与实际结合不够

早期的预防性保护方案基本以上海博物馆编制的方案为模板。我们都知道，规范往往赶不上技术和形势的发展，特别是像预防性保护这类诞生时间不长的事物还在发展过程中，其内容在不断充实完善，技术在不断提高，理念也在不断提升，用一把尺子量所有单位的结果是各单位编制出的预防性保护方案基本雷同，等方案审批完毕、资金落实以后，在实际操作时，大部分方案还需重新编一个所谓的"实施方案"。这个实施方案基本上就是今后实施的技术文件了。这就导致了一个很奇怪的现象，项目完成验收时，有时候因没有实施方案而无法验收。从法理的角度看，原方案通过了审批，说明这个方案的内容和技术路线是可行的，我们就应该按照审批文件要求执行，验收时，应根据审批方案和预算审核的情况来进行验收。而实施方案只是对原方案的细化，不能把它的缺失作为不予验收的理由，不然，会给人以原审批的方案只是同意立项，实际操作须按实施方案执行的错觉。

（二）前期重监测、轻调控

毋庸讳言，预防性保护在前期是走了点弯路，过度重视环境监测项目的建设，这与一开始基本上都是大馆在实施预防性保护有直接的关系。省级大馆，不论是藏品的数量、展览的规模，还是馆舍及专业人员的配置，都有小馆无法比拟的优势，对文物保存环境进行监测时，在人力和技术上都具备这种条件。但到了后期，大大小小的博物馆都要建一个监测站，而且动不动就是6大样、全覆盖、独立机房全配上，这些博物馆的人员总共才几十号，有的馆一个文保人员都没有，就是建了监测站也没人管。此外，在建监测站之后，留给调控、改造的资金也就没有多少了。

从理论上讲，没有对环境进行充分的检测、连续的监测，调控就没有科学的依据，这个道理一点没有错。但问题是，每个馆的实际情况不一样，资金有限，而要解决的问题很多，因此，必须从实际出发，先解决急需的问题。始终应牢记的是：监测（检测）是手段，调控才是目的。此外，在没有足够的专业技术人员及后续资金来支持的情况下，监测站最多也就维持两三年。仅配备一个监测的终端，包括手持式检测仪校准，就对一些小馆的资金构成挑战了，更别说日常维护管理。

（三）政策的延续性不够、变化较大

提出文物预防性保护，并将其作为重点方向进行支持，是一项伟大的举措。从实施预防性保护的这几年来看，预防性保护事实上还在不断发展和改进之中，其技术与手段在不断完善，内容和理念也在不断地丰富，总体在向着好的方向发展。至于其间产生的一些不足，是发展实践中必然出现的问题。

预防性保护到底包含哪些内容，目前还没有明确的定论，如监测方面，一会儿同意，一会儿不同意，文物防震也是第一年同意合在一起，第二年又要求分开做。监测不让做，就配手持式检测仪，所有的手持式都配，不管用得上用不上，今后的校准问题也不管；消毒杀菌、灯光改造、文保实验室设备等一会儿默许有，一会儿又砍掉；预算也是一会儿不支持这个、一会儿又不支持那个。简言之预防性保护的支持范围并没有一个明确的界限。

什么是预防性保护？除了文物本体修复，一切使文物保存环境安全、健康的技术手段和方法，都应该属于预防性保护的范畴。

基层博物馆麻雀虽小，五脏俱全，最好是多个问题一并解决，如果每个项目都分开申报，不但资金分散，操作起来也不方便。例如，多个公司一起施工，施工协调就是一个比较大的问题。

（四）部分实时监测意义不大，稳定性有待提高

目前实时监测的内容主要有六项：温湿度、二氧化碳、挥发性有机化合物（VOC）、光照、紫外线和环境质量评估系统。

影响文物长久保存的主要因素是温湿度，其中又以湿度更为重要。在预防性保护实践中，实时监测环境变化，根据变化情况及时干预调控，是实时监测的主要目的。然而，在实际工作中，除了温湿度，对其他指标的实时监测意义并不大。首先，我们要明确知道一点，目前所有的预防性保护项目都配有手持式检测仪，工作人员随时可以对文物的保存环境进行检测，部分项目中还配有温湿度自动记录仪等。其次，长期监测的数据基本一致，比如光照，在照明设施不变的情况下，照度值从灯光开启到关闭基本没有什么变化，VOC也是如此。二氧化碳监测终端主要针对的是观众流量发生的变化，如果放在展柜内就没有什么实际意义，其显示的数据同样没有什么变化（见图1-2-7）。最后，我们始终要明确一个概念，这些终端设备的造价远远高于温湿度监测终端，并且是需要人维护的，视环境好坏，可能长则半年或一年，少则两三个月就要更换和校准，背后如没有强

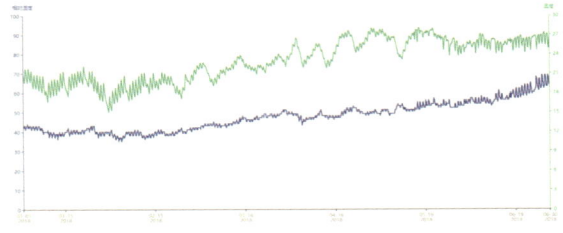

（a）温湿度半年监测数据截图

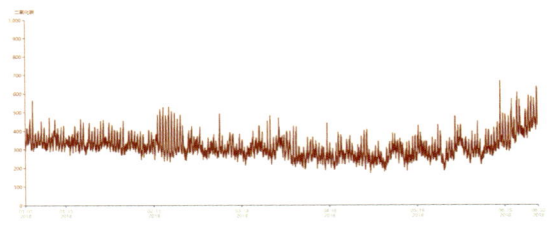

（b）二氧化碳监测数据截图

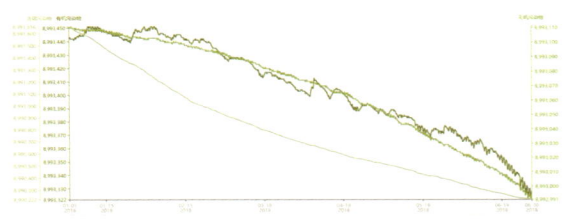

（c）QCM监测数据截图

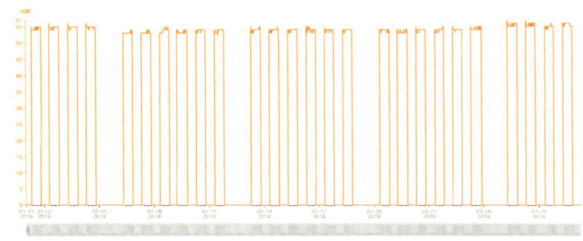

（d）光照、紫外线监测数据截图

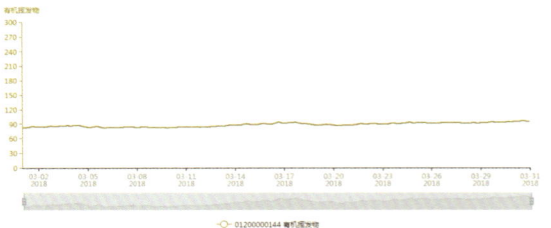

（e）VOC监测数据截图

图1-2-7　监测数据图

大的技术团队和资金支持，是做不到的。更何况有的博物馆每开一次展柜、进一次库房都需要办理相当烦琐的手续，这大大增加了更换监测设备的难度。所以，既然我们的目的只是及时了解文物保存环境状况，而用手持式检测仪就能达到这一目的，那就应该尽量用手持式检测仪。当然，对环境的温湿度，还是以实时监测为好。

目前，在四川省一般不建议大规模地建环境监测系统，特别是县级博物馆，暂时不建这一部分，采用离线检测代替，可把资金主要用在调控上；而地市一级的博物馆可以适当建温湿度监测系统，这样不仅花钱不多，还能解决最主要的问题。

另外，在实际使用中，我们也发现监测终端的稳定性和准确性还有待提高，监测终端的外形、安装方式还有改进的地方。

（五）部分标准滞后，细化程度不够，在实践中难以操作

监测的平台系统，没有统一的标准，各个公司的系统难以兼容。若监测系统是一个公司建设的，还不会有大的问题，一旦涉及多个公司，就会用到不同平台，影响到区域中心平台不同监测站上传数据的整合。

此外，囊匣只有无酸纸囊匣有相关标准，其他材质的囊匣没有标准。在消毒杀菌方面，不论馆舍大小，是否实用，大部分申报方案都会配备一台充氮加蒜素的"消毒柜"，但按理来说，"蒜素"应该经过第三方对文物的安全性评价和杀菌效果评价后才能推广使用，文物的清洁养护保护设施设备等没有相关的标准；在防震措施方面，采用的方式常为安装防震柜，传统的防震措施和技术手段在方案中很少提及。展柜玻璃往往是出了事以后才会更换，一更换就过分追求低反玻璃。关于灯光虽有一些标准和要求，但很多博物馆的文保人员参与程度不足，完全听命于策展人。

（六）复合型专业技术人才缺乏

预防性保护涉及的领域较多，不但涉及物理、化学、生物等方面的知识，还涉及电子技术、制造技术、控制技术、材料学、光学以及检测分析、展陈、保管、管理等各个方面，甚至还可能涉及建筑、装修、消防安防、防震（振）等。而目前业内很多从事预防性保护工作的是文物保护人员，这些人员中大部分是化学、物理或文保专业毕业，受专业知识面的限制，其对预防性保护的理解往往有偏差，所以，预防性保护仅靠文保人员是远远不够的，需要多部门、多专业合作，更需要复合型的专业技术人才。

同时，很多基层单位本来人员就少，分工不像大馆那么细，很多时候都是一人多岗，有的就根本没有设置专职文保人员，针对预防性保护项目建设也是临时抽调人员，建完以后没有专人管理。这就导致建成的预防性保护项目，特别是监测系统，成了聋人的耳朵——摆设。这种现象在实践中是存在的。

问题都摆在那里，解决方法说到底还是那句话：要"接地气"，要借力，在发展中解决问题。

五、思考与展望

回首过去，我们应该不断总结经验教训，优化各项举措，使我们在文物预防性保护之路上走得更稳更远。

首先，预防性保护是一门发展中的科学，现在的一些技术不一定是最好的，会随着科技的进步而不断推陈出新。因此，我们不能受条条框框的制约，要勇于尝试和创新。

比如，关于文物保存环境监测系统，目前采用的标准做法基本上都是综合布线、网络覆盖，由监测终端将数据通过 433MHz 或 2.4GHz 无线网络传输给中继器，再传给网关，再让网关将收集的数据传给后台机房，使其最后在后台的显示屏上显现。这样做要求综合布线，建设成本和今后维护的难度增大了。然而现在的技术已经发展到不再需要中继器和网关，也不需要储存数据的机房，只有终端感知设备。通过物联网或其他无线网络，终端将采集的数据传至云端储存，数据显示只需要在任何一台显示设备下载一个 APP 即可。这样一来，不论是建设费用还是今后的维护成本都将大大降低，连文物运输途中的监测都成了很简单的事，甚至今后手持式的检测仪都有被淘汰的可能。这就是技术的发展和突破带来的变化。

再比如囊匣问题，现代技术检测分析证明，影响文物老化的一大因素是包装材料的自身酸化，也就是包装文物的材料含有有机酸，这类酸性物质会对文物造成不良影响。因此，预防性保护中的重要内容之一，就是为馆藏文物配置无酸材料制作的囊匣。现在博物馆基本上都在使用无酸纸囊匣，相关的标准也是针对无酸纸而言的。但在实际应用中，无酸纸囊匣也存在缺陷，其不防火也不防水，结实程度不如木质等囊匣。其实无酸囊匣，指的是采用无酸材料制作的囊匣，并不是非要用无酸纸制作。制作囊匣的材料有很多，碳纤维、铝合金、聚乙烯、聚丙烯等材料，甚至脱酸处理后的木材等，都可以制作囊匣。所以，应满足多元化的需求，根据文物的具体情况具体处理，只要是采用无酸材料制作的囊匣，都应该是合格的和安全的。

其次，一定要"接地气"。每个博物馆都有自身的特点，应根据自身的实际状况，按照轻重缓急，根据资金落实情况，有所为有所不为，先解决急需解决的问题。什么都想做，最后是什么也做不好。比如：有的博物馆连起码的文物库房条件都达不到要求，文物随处堆放情况很严重（见图 1-2-8），是先解决监测问题。还是调控问题？都不是，首先应解决文物的存放问题，甚至是文物库房漏风漏

图 1-2-8　某博物馆库房现状，首先应解决文物的存放问题

雨和安全防范的问题。监测的目的是更好地调控，而调控需要库房达到必要的基础条件。库房是储藏文物最多、最密集的地方，是首先要打造好的地方。若基础条件都不具备，四处漏风漏雨，便无法调控。

同时，应增强博物馆预防性保护意识，从源头上控制影响文物保存环境的因素，特别是博物馆展陈装修对环境的长期污染影响不容忽视。很多博物馆在陈列展览装修时，采用粗放型施工，甚至是野蛮施工，致使施工现场留有大量的装修垃圾、灰尘，油漆味道经久不散，这些装修的粉尘将长期驻留在屋顶、柜顶、空调通风管道上及缝隙里；其使用的装修材料是否达标，很难确定，装修用的板材，有时候熏得人难以睁开眼，部分展柜开启的一瞬间，让人透不过气，在这样的文物保存环境中保存的文物很难不出问题（见图1-2-9）。预防性保护中的改造、治理，是没办法的补救，如果从一开始，展柜、储藏柜、陈列展览装修等在采购时已经控制好质量，哪里还需要再进行包覆和治理。认识决定行为，只有大家都增强预防性保护认识，才能从源头上控制住影响文物的不利因素。

最后，预防性保护建设后续管理亟待加强。馆藏文物预防性保护不单单是文保人员的职责，更应是博物馆全体人员的共同责任，特别是馆级领导，与文物直接接触的相关保管、陈展等部门的人员更应该参与其中。只有在思想意识上时刻有预防性保护的理念，预防性保护才能抓牢、抓实。应从制度上建立切实可行的长效管理机制，定人定岗，涉及文物保存环境等方面的工作，如改陈、布展、临展、设施设备更新、库房保管、文物包装运输等环节，均应有文保人员参与其中。

针对监测或定时检测，每年应有环境检测（监测）报告，发现问题，并提出合理化建议。仪器设备的日常维护、保养、校准问题应引起足够的重视。很多基层博物馆以为买回检测仪器后一劳永逸，不需要每年校准，却不知道这些仪器随着时间的推移会产生误差，这些有误差的仪器提供给我们的数据会误导我们的环境调控，其危害性不容忽视。

展望未来科技的进步和预防性保护理念的拓展，必然会不断打破我们现有的认知边界，把预防性保护的内容引向更深、更广的方向。

1、预防性保护理念将进一步充实和完善

事实上，从预防性保护的实践来看，其早已经不再遵循当初单纯的文物保存环境监测治理调控的"洁净、稳定"理念。已经发展到对文物本体的防震措施、照明安全、展柜玻璃安全、文物清洁

图1-2-9 某馆陈列展览装修现场，装修垃圾成堆，灰尘遍地

消毒杀菌等关系到文物本体的"安全、健康"的理念。因此，预防性保护的理念，已经从原来的"洁净、稳定"的环境方面的四字方针，发展到现在的"安全、健康"的"本体"全面保护理念。

今后，也许防火防盗，甚至防水防虫防鼠患等都有可能被纳入预防性保护的范畴。也就是说，除文物本体的修复以外，一切围绕文物的"洁净、稳定、安全、健康、灾备"的举措和技术手段，都应该是文物预防性保护的内容。

2、加强区域中心的职能建设，充分发挥区域中心的作用

目前国内建好的区域中心不多，真正把各地博物馆监测站数据收集和运用起来的更是凤毛麟角。就是已经建好的区域中心，其职能也仅仅停留在环境的监测上，这大大地束缚了区域中心的作用。

区域中心应是一个地区集技术、人才、设备为一体的专业团队。受设备、专业技术人员等方面的制约，不是每一个博物馆都需要配备齐全的文保技术人员，特别是中小型博物馆不可能在短时间内做到这一点，也没有这个必要，因此，三级平台构想中的区域中心非常重要，它起到了承上启下的作用。作为区域中心，其不但要收集、整理、分析和储存本区域内各个博物馆监测站上传的实时监测数据，提供分析、预警等服务，还应具备区域内各博物馆有关预防性保护方面的技术需求职能，发挥区域中心在技术、设备、专业人才等方面的优势，为区域内的博物馆预防性保护提供技术上的支持和帮助。

比如在环境质量监测、展陈装修材料的检测分析、微量污染物的检测分析、仪器设备的检修和校准服务、调控的技术咨询、消毒杀菌技术咨询或服务、文物整理包装、防震措施技术咨询或服务、专业技术人员培训等方面，甚至在一些地方新建博物馆、展陈改造、库房改造等方面，区域中心都应该提供技术上的咨询指导与服务。

未来，区域中心不应只是一个区域内各博物馆环境监测数据的储存、备份者，还应是区域内预防性保护的管理者，其在更大的范围内，也应为文物保护、修复有关的技术服务提供支撑。

3、预防性保护的技术不断向智能化、高效化和简约化发展

这些年的实践证明，预防性保护技术在不断进步，比如一个简单的文物囊匣，从最初的无酸纸囊匣已经发展到现在的碳纤维囊匣和铝合金囊匣，其功能从开始包装存放，发展到了预警、温湿度感知、文物管理信息等一系列智能化功能。

再比如，目前的环境监测系统，由于结构复杂、造价相对偏高，维护成本也高，不适合大规模地建设，但文物保存环境实时监测又非常重要，因此，简约、高效、智能且造价低廉的监测系统将应运而生，其带来的改变也许是革命性的。

另外一方面，现有的调控手段还比较单一，可供选择的不多，以人为本的思想还需要加强。随着科技的进步，主动调控的技术、手段、方式将会有较大的变化，调控方式趋向多元化、精准化，以及服务更加人性化的现象也将会涌现。

4、整体化设计和个性化设计需求并存

预防性保护的关键在一个"防"字，在预防性保护方案设计之初，就应进行整体化设计。库房是一个整体，一旦将设备安装好，我们就很难再对地面、墙面等进行改造处理，若要处理，耗费的资金和人力将远远大于安装设备前。所以，整体改造提升库房时，对地、顶、墙、门窗、电路、调控、消毒杀菌、柜架囊匣储藏甚至文物的处理，应该在设计之初就整体考虑，对设施设备的数量、布置、布局都应整体设计。设备并非越多越好，我们要本着实用、够用、好用三个原则，并留有一定的发展余地。

资金是有限的，有时候什么都想做一点，其实什么也做不好，还不如集中资源彻底解决一个问题。比如，对库房进行整体化设计建设，或对某一个展厅进行整体化设计建设，这应该是未来发展的趋势。为了让预防性保护更精准、更精细化、更有的放矢，就要避免大而空，要小而全。能简单、长久地解决问题的办法，才是最好的办法。

5、数字化保护也应被纳入文物预防性保护的范畴

文物数字化保护与数字化建设、数字化展示利用有明显的区别，其基础和核心是打造高精度、精准化的三维数据库，是预防文物一旦灭失后的容灾备份，是文物的备胎。从这个意义上讲，数字化保护也应被纳入预防性保护的范畴。

文物预防性保护的目的，是在文物发生劣变前，进行有效的预防干预，防止因环境或本体病害等因素导致文物寿命缩短或灭失。而精准化的三维数字化信息采集、建模，不但使文物在虚拟世界里得到永生，而且使其在灭失的情况下可以被精准地还原复制出来。同时，其超高精度的三维数据也是博物馆其他信息开发应用的基础。

目前的数字化保护与预防性保护是两个毫不相干的领域，两者的关系被人为地割裂了。实践中，很多数字化保护项目注重的是数字化建设、网络、VR（虚拟现实）等平台建设，却忽略了文物基础精准数据的采集和建模。文物精准化数据采集与建模，就像一个博物馆的藏品一样，是博物馆的基础。一个没有藏品或藏品质量粗糙的博物馆，其馆舍修建得再大再豪华，也只是一个空架子。因此，今后的预防性保护应该包括文物的超高精度数字化采集和建模等内容。这也是为了预防文物因自然或人为等因素灭失而进行的"容灾备份"，是确保文物安全的最后一道屏障。

第三章
汉阙画像艺术及保护研究

距今近 2000 年的汉阙，是地表上我们已知还能看见的汉代建筑遗存。根据以往资料和近年的考古发掘，目前，在全国范围内只有山东、河南、四川、重庆、北京和甘肃 6 省市发现有少量的汉阙实物，共计 37 处。在这 37 处汉阙中，有 19 处还保存在原址上，其余或为出土发掘，或因种种原因不在原址，已迁移新的地方。这些汉阙是我们了解汉代社会、文化、建筑、艺术、民俗等的一扇窗口，有着极高的历史价值、艺术价值和文化价值，具有不可替代性。

据文献记载，阙最早建于春秋时期，《古今注·都邑》注曰："阙，观也。古每门竖两观于其前，所以标表宫门也。其上可居，登之则可远观，故谓之观。人臣将朝至此则思其所阙多少，故谓之阙。"[①] 这段话说明阙当时主要置于宫殿、寺庙、城门前，它既是宫殿的象征，又是公布政令和依托远眺，以利防御的地方。

阙，一般以石、砖、土、木建造，到了汉代有较大的发展。从众多汉画像石、画像砖中可以看到，其形式既有单阙，又有双阙；既有双重檐的，也有三重檐的。当时不仅宫殿、寺庙、城门前有阙，贵族官僚的府宅前也都有阙。《后汉书·百官志》注引蔡质的《汉仪》说：王莽初为大司马，府门有阙。其时，阙已成了表示官爵地位和功绩的象征性建筑。《白虎通义》载："门必有阙者何？阙者，所以饰门，别尊卑也。"阙的层数越多、越高，就表明主人的身份或地位越高，比主人地位低者来到阙前，须下车、下马以示敬意。

除自身的建筑构造形式美之外，依附在汉阙上的画像雕刻艺术，是其重要的历史文化与艺术信息载体，也是我们研究汉阙的重点之一。现存的汉阙中，土阙、木阙因风化原因，除极个别土阙以外，较为完整的土阙、木阙已基本无存，难窥当初其上是否绘有画像。只有石材垒筑的汉阙，因材质坚硬，还保有部分画像。

汉阙画像内容丰富，题材广泛，形式多样，是继汉画像砖、画像石棺之后的第三大汉画像。

---

① 崔豹等：《古今注·中华古今注·苏氏演义》，商务印书馆，1956 年，第 9 页。

一、汉阙的建筑形式及雕刻技法

汉阙的建筑结构，一般由阙基、阙身、阙楼和阙顶4个部分组成。南方的阙与北方的阙在建筑形式上有所区别。南方因多雨潮湿，树木茂密，其阙体现了木结构的建筑风格，特别是阙的楼部表现得尤为突出，梁、枋、橡、斗拱、瓦垅等木结构上能见到的中国传统木建筑构件大多都能在其中找到，而且阙顶的造型也呈坡面屋脊状，出檐较大，盖住阙身，以利多雨地区的雨水冲刷。其绝大部分画像纹饰雕刻在楼部上。而以山东、河南为代表的北方汉阙，以砖石墙体垒筑形式为主，以仿土木结构或仿砖木结构为建筑特色，装饰较为朴实，结构也较为简洁。其画像纹饰主要雕刻在阙身部位，楼部及阙顶只是简单地装饰一下，略显呆板，没有以四川、重庆为代表的南方汉阙的楼部内容丰富，表现多样、活泼。

阙的雕刻技法主要包括浅浮雕、高浮雕、圆雕、阴线刻、阳线刻等，几乎涵盖了石材雕刻上的所有技法。四川、河南、北京、重庆等地的汉阙多采用浅浮雕、深浮雕和圆雕。山东的汉阙采用阴线刻、阳面雕刻技法的较多。在画面处理上，汉阙画像善于利用阙顶、阙盖、介石、阙身、阙座等部位分层、分格构图，把天上人间、神灵异兽、民俗民风等包罗万象的众多事物，有条不紊地展现出来，构图具有复杂、层次分明、饱满均衡、细致绵密的特点。汉阙雕刻艺术的另一特点是古朴庄严，雕刻技法及构图简练、匀称、和谐，与汉阙的建筑形式及书法艺术融为一体，形成一个整体美。装饰纹样有绳纹、菱形纹、波浪纹、圆圈纹等几何纹和植物花卉纹。

汉阙上的铭文多为阴刻，偶然有采用阳刻的。铭文多刻在阙身正面，也有刻在阙身侧面的，还有刻在枋上的。其书体以隶书为主。隶书到了东汉逐渐成熟并定型化，但汉阙上的书体或隶，或篆，或楷隶，或草隶，或兼而有之，其书法艺术或雄浑古朴，或柔美纤劲，实为汉代书法艺术之缩影。

二、汉阙的画像内容

汉阙画像内容反映的历史文化内涵异常丰富，这些画像艺术按照表现的内容主要分为：神话传说、神灵异兽、历史故事、社会生活及装饰纹样五大类。

（一）神话传说

这类题材在汉阙画像里占有重要地位，内容异常丰富，选用的题材在汉画像石、画像砖上大都能一一找到，像西王母、日月神、仙鹿、龙、虎、朱雀、九尾狐、三足乌等各种仙人、神怪，以及奇禽异兽、天人感应等祥瑞均有。如四川芦山樊敏阙、绵阳杨氏阙等所刻的神山，应是西王母的居所。《山海经·大荒西经》中云："西海之南，流沙之滨，赤水之后，黑水之前，有大山，名曰昆仑之丘。有神……名曰西王母"。汉阙上所刻西王母皆坐在龙虎座上。雅安高颐阙和渠县诸阙还雕有西王母身边的九尾狐、三足乌。《山海经·大荒东经》云："青丘之国，有狐、九尾。"

河南启母阙刻有一龙躯神人和日轮的画面，应是"日御牺和"的故事（见图1-3-1）。古代太阳的别名甚多。徐坚《初学记》引《广雅》云："日名耀灵，一名朱明，一名东君，一名大明，亦名阳乌，日御曰羲和。"羲和即太阳的母亲，《山海经·大荒南经》曰："东南海之外，甘水之间，

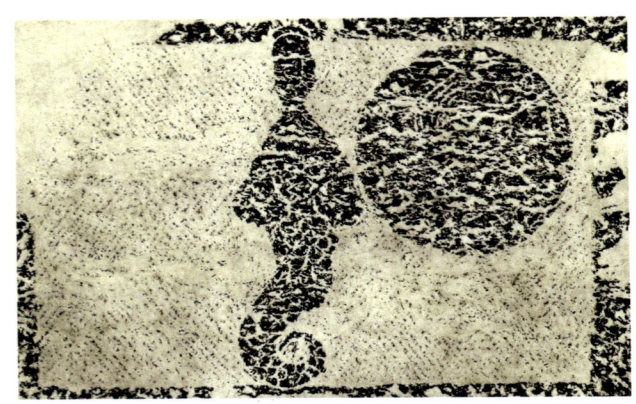

图1-3-1 河南启母阙 日御牺和拓本

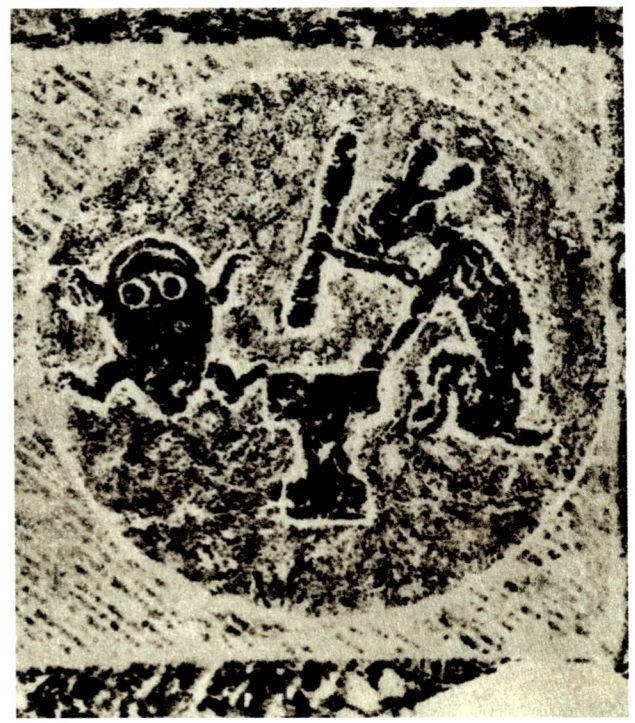

图1-3-2 河南少室阙 月宫图和阙铭拓片

有羲和之国。有女子名曰羲和，方浴日于甘渊。羲和者，帝俊之妻，生十日。"郭璞注曰："羲和能生日也，故曰为羲和之子，尧因是主牺和官，以主四时。"由此看来，羲和不仅是太阳的母亲，而且在尧的时候还曾是管天象历数的官。帝俊为古代中国东方殷民族所奉祭，即卜辞中常见的高祖夔。

月宫中的玉兔捣药也是神话传说之一，《初学记》卷一引《灵宪》云："月者，阴精而成兽，象兔蛤焉。"汉乐府诗中也有"采取神药山之端，白兔捣成虾蟆丸"的句子。有的学者因付咸在《拟天问》中说了"月中何有？白兔捣药"的话，便认为月中有白兔是魏晋时代人们的拟想。汉阙上刻画有白兔捣药的图像证明，至迟东汉时的人们已经有此看法。古籍中蟾蜍出现较早，玉兔出现较晚。据闻一多先生在《天问释天》一文中说："考月中阴影，古者传说不一。《天问》而外先秦之说足征焉。其在两汉，则言蟾蜍者莫早于《淮南》，两言蟾蜍与兔者莫早于刘向，单言兔者莫早于诸纬书。"①四川渠县蒲家湾阙、赵家村阙、德阳司马孟台阙等刻画有蟾蜍、玉兔等形象，河南的启母阙和少室阙上的月宫画像，也雕有蟾蜍和玉兔捣药的画像（见图1-3-2）。汉代人认为月中的蟾蜍就是姮娥的化身，《淮南子·览冥训》云："羿请不死之药于西王母，恒娥窃以奔月，怅然有丧，无以续之。"姮（恒）娥是中国古代东夷民族传说中以善射闻名的羿的妻子，羿曾上射十日、下杀猰貐，为民除害。因汉文帝名恒，为避其讳改姮（恒）为嫦，故姮（恒）娥即嫦娥。河南少室阙刻有二鸟并立，各有一翼的画像，这可能是传说中的

---

① 闻一多：《天问释天》，载《闻一多全集（楚辞篇）》，湖北人民出版社，1993年，第513页。

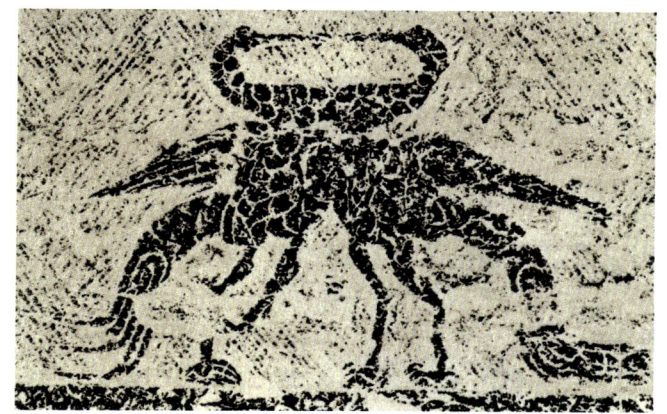

图1-3-3　河南少室阙 比翼鸟拓片

图1-3-4　渠县赵家村东无铭阙 朱雀拓本

比翼鸟（见图1-3-3）。《史记·封禅书》："东海致比目之鱼，西海致比翼之鸟。"《集解》韦昭曰："各有一翼，不比不飞，其名曰鹣鹣。"司马贞《史记索隐》案："《山海经》云：'崇吾之山有鸟，状如凫，一翼一目，相得乃飞，名曰蛮'。"此外，河南泰室阙在显著的位置刻有一巨鳌，阙上还有两幅画像刻的是一似人似鳌的动物，这可能就是夏禹的父亲鲧的神像，也即夏民族的图腾之一。鲧是虞时的治水官，属于鳌图腾的氏族的一位酋长。阙上刻鲧的神像，应是远古图腾信仰习俗的反映。启母阙还雕刻有一似人似熊、体态肥胖的灵兽的画像，其周身用弧形线条表现，旁边两人注目观看，显示出惊诧的表情，这应是对夏禹化熊的神话传说的呈现。

（二）神灵异兽

常见的神灵异兽有青龙、白虎、朱雀、玄武等四灵。四灵的形象在汉画像中出现的频率比较高，汉画像砖、画像石出现得也比较多。四灵的形象大多雕刻在汉阙的阙身上，如四川渠县赵家村东无铭阙阙身正面刻一朱雀（见图1-3-4）。朱雀为祥瑞之鸟，又称神鸟。《梦溪笔谈》卷七："四方取象，苍龙、白虎、朱雀、龟蛇。唯朱雀莫知何物，但谓鸟而朱者，羽族赤而翔上，集必附木，此火之象也。或谓之长离……或云，鸟即凤也。"《楚辞·惜誓》："飞朱鸟使先驱兮。"王逸注："朱雀神鸟，为我先导。"在重庆三峡博物馆大厅内存放的乌杨阙左阙阙身右侧雕青龙，右阙阙身左侧雕一白虎，雄健有力。青龙是代表东方的灵兽，而白虎为代表西方的灵兽，朱雀代表南方，玄武代表北方，其共同组成代表四方的四灵。此外，渠县蒲家湾阙、沈府君阙、盘溪无铭阙等均雕刻有四灵的形象。

除四灵之外，其他神灵异兽也是汉阙多有表现的内容，如四川渠县蒲家湾阙、沈府君阙，雅安高颐阙等，在汉阙的楼部介石上，用平面线刻或浅浮雕的技法，以连环画式的长卷叙述表现形式，雕刻有西王母、各类人物形象、珍禽异兽等图案。这些图案由于漫漶不清或难以释读，统称为"神灵异兽"（见图1-3-5）。

另外，汉阙上表现祥瑞的动物也比较多，如四川芦山樊敏阙，河南启母阙、少室阙等雕有大象的形象，四川夹江杨公阙、绵阳杨氏阙，以及河南的启母阙、少室阙等，雕有龙虎腾挪、奔跑的画面，而仙鹿、翼马、兔子、吉羊等也是被刻画的对象。

（三）历史传说

这类题材主要表现古代帝王、圣贤、忠臣、孝子等内容，如"荆轲刺秦""高祖斩蛇""董永侍父""郭巨埋儿""季扎挂剑""师旷鼓琴""周公辅成王""椎秦博浪沙"等历史故事。

山东嘉祥武氏祠阙和四川渠县王家坪无铭阙背面第一层上雕有"荆轲刺秦"的画像：荆轲的匕首掷中宫柱，秦王割袖惊慌而逃，怒发直竖的荆轲被武士拦腰抱住，旁边的秦舞阳被吓得五体伏地，与临危不惧的荆轲形成鲜明的对照（见图1-3-6）。

《史记·高祖本纪》载："高祖以亭长为县送徒骊山，徒多道亡。自度比至皆亡之，至丰西泽中，止饮，夜乃解纵所送徒。曰：'公等皆去，吾亦从此逝矣！'徒中壮士愿从者十余人。高祖被酒，

图1-3-5　渠县蒲家湾无铭阙 神灵异兽之二拓本

图1-3-6　山东嘉祥武氏祠阙画像 荆轲刺秦画像

夜径泽中，令一人行前。行前者还报曰：'前有大蛇当径，愿还。'高祖醉，曰：'壮士行，何畏！'乃前，拔剑击斩蛇。蛇遂分为两，径开。行数里，醉，因卧。"描述这一故事的画像就雕刻在雅安高颐右阙的主阙南面横额下：一戴帻披甲、留有八字胡须者，右手枕头，左手握剑，侧卧于地作酣睡状，右肘前有一断蛇盘旋，脚前弃一耳杯。这就是"高祖斩蛇"的历史故事（见图1-3-7）。

雅安高颐阙还雕有"师旷鼓琴"的画像。师旷，晋平公乐师。《淮南子·览冥训》："昔者师旷奏《白雪》之音，而神物为之下降，风雨暴至，平公癃病，晋园赤地。"明董斯张《广博物志》卷三四引《瑞应阁》云："师旷鼓琴，通于神明，玉羊白鹊，翩翔坠投。"这就是所谓的"神物下降"。画像雕刻的是二人戴冠相对坐于榻上，一人双手置于竖琴之上作弹奏状，一人左手抚于右膝，右手举袖挥泪。二人中间放置一豆形器，内盛一勺。天上有两只展翅向下飞翔的鸟，鼓琴者南边有一对并排站立的类似猿猴的兽，北面斗栱下有两头羊面向南站立于一旁（见图1-3-8）。

图1-3-7 四川雅安高颐右阙 高祖斩蛇

图1-3-8 四川雅安高颐右阙 师旷鼓琴

汉阙上所刻的历史故事，亦属彰德的范畴，其目的是"成人伦、助教化"[①]。四川渠县蒲家湾无铭阙上的"董永侍父"、河南登封启母阙上的"郭巨埋儿"、雅安高颐阙上的"椎秦博浪沙"等，都在传播中国传统文化中的忠孝观和儒家思想。

（四）社会生活

这一部分内容在汉阙画像里表现得比较丰富，其内容既有仕宦、贵族生活日常的"车马出行""车骑出行"，也有献礼、献俘、乐舞百戏、杂技等。其目的在于炫耀墓主人生前的权势威仪、社会地位和描绘他享乐的幸福生活。

雅安高颐阙"车从"画像中，后面为一乘二马车，前面有八人；河南登封泰室阙的"车骑出行"画像中，前面刻一匹马拉着轺车，华盖下主人穿着斜襟长衣，拱手而坐；驭手坐于车前拉着缰绳，后面一人骑马跟随，应是主人的侍从。四川绵阳杨氏阙"骑从"画像所画为两骑前行，后有驺卒两行八人，手执斧钺作疾走状。上述这些场面充分反映了汉代贵族驾车游玩的悠闲生活，也显示了封建贵族的权势和威仪。画像中的"骑从""车从"的人数，符合《后汉书·舆服志》记载的"璅弩车前伍伯、公八人，中二千石，二千石、六百石皆四人，自四百石以下至二百石皆二人"的制度，反映出其主人的身份（见图1-3-9）。

马戏是汉代杂技的一个突出内容，如《盐铁论》说："马戏斗虎。"《三国志·甄皇后传》注："年八岁，外有立骑马戏者，家人诸姊皆上阁观之，后独不行。"河南登封少室阙上刻有一幅马戏画像，雕两匹四蹄腾空奔驰的骏马，前一匹马鞍上有一挽双丫髻的少女，穿紧身衣裤，作反弓倒立状。后面一匹马上有一女子，长袖舒展，随风向后飘扬。长袖的飘动和人体的自然后倾，刻画出马跑得飞快的样子，同时也使我们感到汉代马戏的惊险和艺者技艺的高超（见图1-3-10）。登封启母阙上有一幅幻术画像，刻一人袒胸，双手抱一长颈瓶，仰面向上喷火，这可能是由西域传入中原的口中喷火术。山东莒南孙氏阙第三栏内，左侧两人前后盘坐，前下方有一琴，在前者似作鼓琴状，

图1-3-9 四川雅安高颐阙 车马出行图拓本

[①] 张彦远：《历代名画记·卷一》，浙江人民美术出版社，2011年。

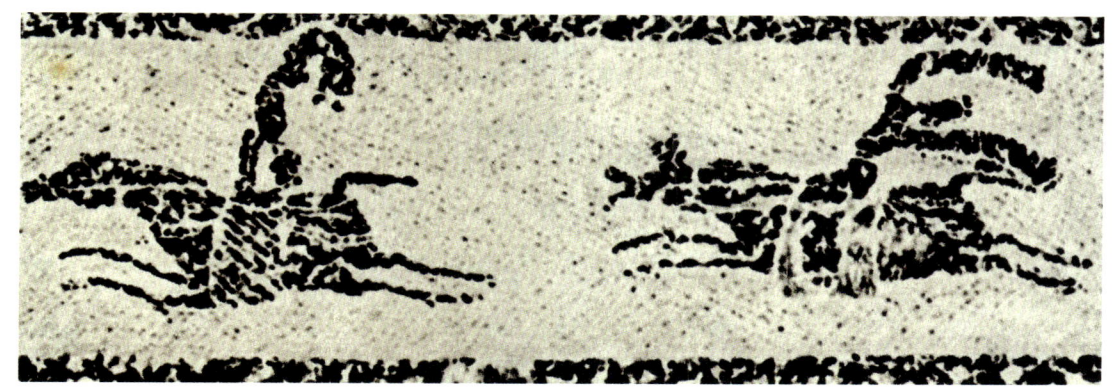

图 1-3-10　河南少室阙 马戏图拓片

在后者似在打击乐器,右侧跪一人扬袖而舞;第四栏内,右两男,左两女,各跪立对揖。

中国是足球的故乡。踢足球,古代叫"蹴鞠"或"踢鞠",蹴就是踢,鞠就是球。刘向《别录》:"蹴鞠者,传言黄帝所作,或曰起战国时。"《汉书·枚乘传》:"蹴鞠刻镂。"颜师古注:"蹴,足蹴之业;鞠,以韦为之,中实以物;蹴鞠为戏乐也。"《战国策·齐策》中说:"临淄甚富而实,其民无不吹竽鼓瑟……蹹(踢)鞠者。"可见战国时期"蹴鞠"这种运动已经在齐国流行了。到了汉代蹴鞠运动更加普遍,汉高祖刘邦的父亲就很爱蹴鞠。《西京杂记》载:"成帝好蹴鞠,群臣以蹴鞠为劳体。"汉武帝以及卫青、霍去病还把蹴鞠作为军事体育运动的一个项目。古代的鞠是用熟皮子作壳,里面填塞羊毛,所以,有把它叫"毛丸"的。至于球里用胆充气的方法,则在唐代才开始出现这种球,被叫作"气球"。河南登封少室阙和启母阙都有蹴鞠的画像。如登封少室阙的蹴鞠画像中,刻一个头挽高髻的女子,细腰,穿长袖舞衣,舞袖轻盈地向后飘扬,双足跳起,正在踢球。其两边各刻一人,一人穿长衫坐在凳上手拿鼓桴击鼓,一人跪坐着伴奏(见图 1-3-11)。

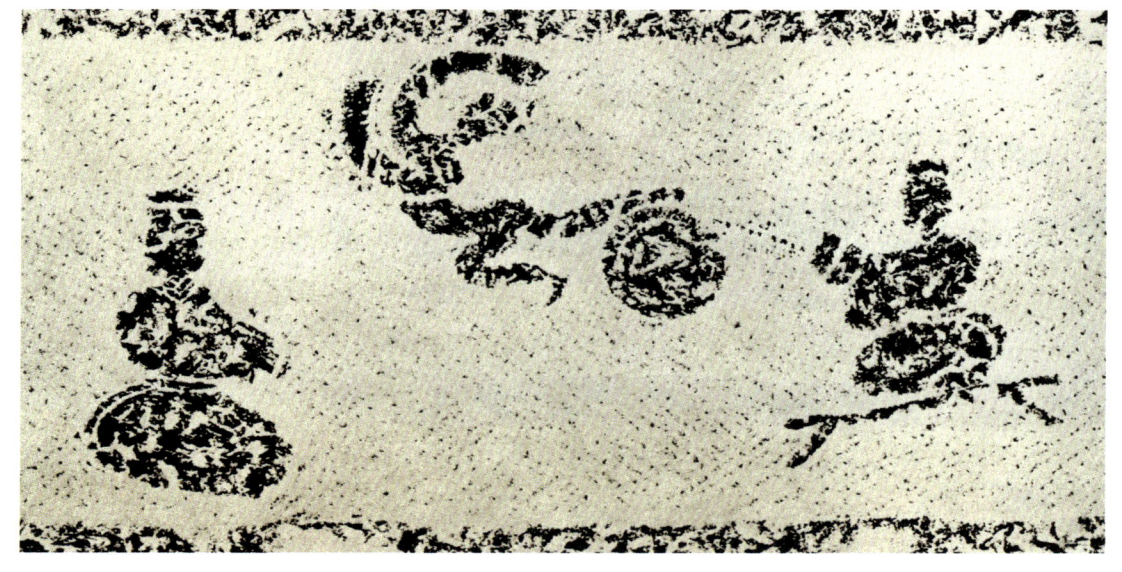

图 1-3-11　河南少室阙 蹴鞠图拓片

（五）装饰纹样

作为汉阙画像的有益补充，汉阙中装饰性的图案主要有菱形纹、圆圈纹、方框纹、十字纹等几何纹，以及绳纹、水波纹、圆点纹及植物花卉纹等。这类纹饰在汉阙上一般不以主图的形式出现，而是对主图进行烘托，或对上下图案进行连接、转换、分隔等，主要起承上启下、装饰过渡的作用。

重庆的乌杨阙在楼部的介石上用菱形、八边形、方格等几何图案进行装饰。四川渠县冯焕阙也雕刻有菱形纹饰（见图1-3-12）。河南少室阙、泰室阙、正阳阙等用圆圈纹进行装饰，这些圆圈纹都上下对称并整齐排列。

四川渠县蒲家湾无铭阙上雕有花草状的"嘉禾"图，在斗栱下的狭小空间里，它起到了点缀的作用。

三、汉阙的画像艺术

汉阙是一种集建筑艺术、雕刻艺术、书法艺术等为一体的建筑，是汉阙研究的主要内容和重点之一。

从建筑的角度来看，汉阙是我们现今除了汉代长城遗址还能见到的汉代地面建筑物实体，其从一个侧面反映了汉代的建筑风格和建筑思想。除甘肃瓜州的土坯阙因由泥草所建，未见铭文雕刻（或书写的铭文已剥落无考）及纹饰雕刻以外，其他的石阙都有纹饰雕刻或铭文雕刻。

如前所述，汉阙一般由阙基、阙身、阙楼和阙顶4部分组成。南方阙多表现出木结构的建筑风格，梁、枋、橼、斗栱、瓦垅等木结构大多都能在阙的楼部找到。而北方汉阙多以墙体垒筑形式为主，其纹饰主要雕刻在阙身部位，楼部及阙顶只是简单地装饰一下。

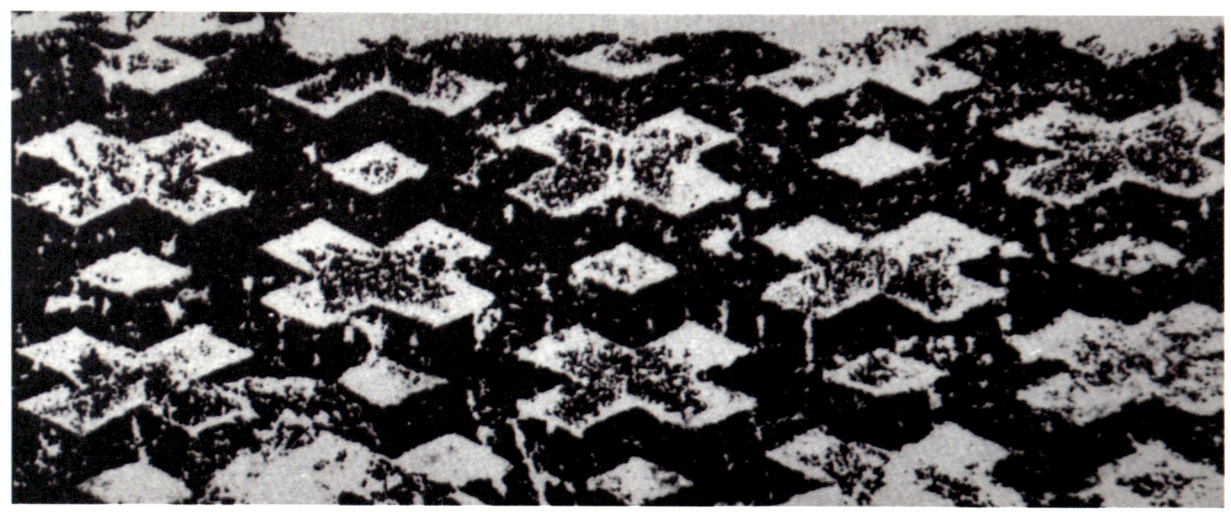

图1-3-12　四川渠县冯焕阙 菱形纹拓本

说到中国建筑的传统形式，必说斗栱，其是中国传统建筑特有的建筑构件。斗栱是在方形坐斗上用若干方形小斗与若干弓形的栱层叠装配而成的，具有结构性和装饰性的双重作用。汉阙中斗栱的基本形制为一斗两升，即栱上有两个散斗，如四川雅安高颐阙，绵阳杨氏阙，重庆忠县丁房阙、干井沟阙等；也有一斗三升的，如山东平邑的功曹阙和皇圣卿阙。斗下是否置皿板，各地并不一致，目前只发现四川雅安高颐右阙有皿板。栱端的卷杀也不止一种，四川汉阙中有用复杂曲线构成"⌒形"和"P形"的，最为特殊。由于中国封建社会实行等级制度，只有宫殿、寺庙及其高级建筑才被允许在柱上和内外檐的枋上安装斗栱。从这个意义上说，这些保存下来的有"斗栱"的汉阙，至少也属于"高级"建筑。

枋和椽也是大多数汉阙上不可缺少的物件。枋一般呈纵、横叠压排列，以方形为主，也有长方形的，主要见于楼层或平座，散斗上也施枋，上承椽。枋头一般为素面，不做雕饰，但四川雅安高颐右阙枋头上雕刻有铭文。汉阙中的椽基本为圆形，椽头断面无装饰。椽的出檐部分有时会被砍削，有的椽肚会被砍削成前细后粗、椽头上翘状，呈飞椽式样。

汉阙画像在构图方面，充分运用了对立统一的艺术法则，在有限的空间中雕刻出了多样的画像。这些画像，既变化多样，又有机统一，张弛有度，绝无呆板乏味之感。同时画像构图还十分注意疏密有序的艺术规律。由于南北差异，画像在构图的表现方式上也有所不同。四川、重庆为代表的南方汉阙画像，在构图方面主要以疏为特征，而以山东、河南为代表的北方汉阙画像，在构图上以密为主要特征。而在人物、动物等的造型方面，无论是浮雕还是线描刻画，皆不拘泥于形似的雕饰，注重于神韵的传达，达到了"以形写神，形神兼备"的艺术境地。

留存于世的汉阙虽然寥寥可数，但其上的画像所反映的内容包罗万象，所运用的艺术表现手法极其丰富，是集建筑、雕刻、绘画、书法等为一体的综合性艺术，是对艺术的直观反映，对我们研究汉代的社会、历史、文化、艺术、民俗、民风等，有着不可替代的作用。由于汉阙分布较散，大多数汉阙的保存地交通不便，且其风化程度不断加剧，因而很多汉阙画像难得一见，实物资料弥足珍贵。因此，汉阙画像艺术还有待进一步的深入研究。

四、汉阙的分类及建筑材料

按照汉阙的使用功能划分，汉阙大致可以划分为城阙、宫阙、宅第阙、祠庙阙和墓阙5大类。从现存汉阙所用的建造材料来看，建造汉阙的材料可分为石材和人工夯筑土坯两大类。用石材建造的阙，我们称之为石阙，而用人工夯筑土坯建造的阙，我们称之为土坯阙或土阙。目前发现的保存相对完整的石阙有36处。至于土阙，目前除甘肃还有部分土阙保存相对完整以外，其他地方的土阙，如陕西等地的土阙，由于历经两千年的风雨冲刷，风化非常严重，已经漫漶不清，成为土堆，一般人难以区分辨认。因此，本章在谈及现存汉阙时没有统计这一部分。目前仅存的汉阙保存现状见表1-3-1。

表 1-3-1　中国现存汉阙现状一览表①

序号	汉阙名称	所在省份	原址/异地	材料	是否有房舍遮盖	现存单/双	风化程度	缺损情况
1	嘉祥县武氏祠阙	山东	原址	石	有	双	轻微	完整
2	莒南县孙氏阙	山东	异地	石	有	单	轻微	部分
3	平邑县功曹阙	山东	异地	石	有	单	轻微	完整
4	平邑县皇圣卿阙	山东	异地	石	有	双	轻微	少量
5	泰安师旷墓阙	山东	异地	石	有	单	中度	部分
6	登封市少室阙	河南	原址	石	有	双	轻微	少量
7	登封市启母阙	河南	原址	石	有	双	一般	少量
8	登封市泰室阙	河南	原址	石	有	双	轻微	少量
9	正阳县正阳阙	河南	原址	石	有	单	中度	少量
10	雅安市高颐阙	四川	原址	石	无	双	中度	少量
11	绵阳市杨氏阙	四川	原址	石	无	双	重度	部分
12	德阳市司马孟台阙	四川	原址	石	有	单	重度	较多
13	芦山县樊敏阙	四川	原址	石	无	单	中度	较完整
14	芦山县石箱村无铭阙	四川	异地	石	有	单	濒危	部分
15	夹江县杨公阙	四川	原址	石	无	双	濒危	部分
16	梓潼县李业阙	四川	原址	石	有	单	一般	完整
17	梓潼县贾氏阙	四川	异地	石	无	双	濒危	部分
18	梓潼县杨公阙	四川	异地	石	无	单	濒危	部分
19	梓潼县无铭阙	四川	异地	石	有	单	重度	较完整
20	渠县沈府君阙	四川	原址	石	无	双	重度	较完整
21	渠县蒲家湾无铭阙	四川	原址	石	无	单	重度	部分
22	渠县赵家村东无铭阙	四川	原址	石	无	单	重度	部分
23	渠县赵家村西无铭阙	四川	原址	石	无	单	重度	部分
24	渠县王家坪无铭阙	四川	原址	石	无	单	重度	少量
25	渠县冯焕阙	四川	原址	石	无	单	重度	部分
26	西昌市无铭阙	四川	异地	石	无	单	重度	较多
27	昭觉阙	四川	异地	石	有	单	重度	很多
28	成都市王平君阙	四川	异地	石	无	单	严重	很多
29	忠县邓家沱阙	重庆	异地	石	有	单	轻微	很多
30	忠县丁房阙	重庆	异地	石	无	双	重度	部分
31	忠县干井沟阙	重庆	异地	石	无	单	重度	少量
32	忠县乌杨阙	重庆	异地	石	有	双	轻微	少量
33	万州区武陵阙	重庆	异地	石	有	单	轻微	部分
34	江北区盘溪无铭阙	重庆	原址	石	无	单	重度	少量
35	秦君阙	北京	异地	石	有	单	一般	较多
36	瓜州县踏实阙	甘肃	原址	土坯	无	双	濒危	较完整
37	淮北无铭阙	安徽	原址	石	无	不详	濒危	部分

通过上表可以看出，现存的汉阙绝大部分为石阙。因地域关系，各地石阙所选的石料有所不同。以山东、河南为代表的北方地区，其建造汉阙的石材，主要为当地出产的一种质地较为细腻坚硬的青石类石材。而以四川、重庆为代表的南方地区，以当地出产的一种砂岩石材雕刻汉阙。甘肃、陕西等西北地区的汉阙，选用的是一种当地普遍使用的建筑材料——人工夯筑土或土坯砖。这些用不同材质建造的汉阙，反映了先祖们在建筑用料上不拘一格、就地取材的思想。

青石是一种很好的雕刻及建筑用材，质地较为细密、坚硬，吸水率不高，不易风化，也是比较

---

① 截止时间为2016年6月。风化程度按轻微、一般、中度、重度和濒危划分；残缺情况是以现存的汉阙单体本身情况而言，按照完整、少量、部分、较多和很多五个档次划分。

难雕刻的材料。而四川、重庆地区出产的砂岩，是一种沉积岩，其中粒度为 0.0625 ~ 2mm 的砂占全部碎屑颗粒的 50% 以上。砂岩由碎屑和填隙物两部分构成。碎屑除石英、长石外还有白云母、重矿物、岩屑等。填隙物包括胶结物和碎屑杂基两种组分。常见的胶结物有硅质和碳酸盐质胶结；杂基成分主要指与碎屑同时沉积的更细的黏土或粉砂质物。填隙物的成分和结构反映了砂岩形成的地质构造环境和物理化学条件。砂岩按其沉积环境可划分为石英砂岩、长石砂岩和岩屑砂岩三大类。四川砂岩颗粒细腻，质地较软，非常适合用作建筑装饰用材，特别是用作雕刻用石。它同时具有吸水性强、易风化的缺点，保存难度较大。

土坯砖是一种用泥与谷草、芦苇等混合后夯实而成且没有经过烧制的黏土砖。这种砖遇水极易坍塌，但其材料相对好开采也易建造，因此比较适合在西北这种少雨干旱的环境中使用。为避免雨水冲刷，在土阙的建筑构造上，阙顶采用了斜面坡的构造形式，坡面铺设芦苇便于雨水流淌。在阙身的每层土坯砖之间，芦苇等草料有规律地横竖铺设其中，外墙还涂有腻子。这些手段既起到加固构造、美化适型的作用，也起到对少量飘洒到阙身上的雨水尽快分流的作用。

五、汉阙的保存现状

汉阙是不可移动的文物，现存 37 处汉阙中，有一部分在发掘出土后被搬运回库房保存或展厅展出，如重庆万州武陵阙、忠县乌杨阙、四川成都汉阙刻石、西昌无铭阙、芦山无铭阙、昭觉阙残石、北京秦君阙、山东莒南孙氏阙、泰安师旷墓阙等。还有部分汉阙因特定历史背景而采取了异地挪动保护，如山东平邑功曹阙、皇圣卿阙，四川梓潼杨公阙、贾氏阙等。其余的基本上都在原址保存。

从保存的实际情况来看，首先，在展厅、库房里保存的汉阙，由于保管的条件较好，日常维护也跟得上，所以风化侵蚀程度明显减弱，基本不见人为破坏。如上述重庆万州武陵阙和忠县乌杨阙、四川芦山无铭阙、北京秦君阙、山东莒南孙氏阙等，存放在博物馆室内展厅展出，展出前又经过保护处理，表面已看不见泥土、灰尘，风化侵蚀基本停止，保持了搬运进来时的基本模样（见图 1-3-13）。

图 1-3-13 博物馆展厅内保存的汉阙

对部分未在展厅展出的汉阙，为了更好地加以保护，人们修建了专门的房屋、亭榭来保存，如山东嘉祥县的武氏祠双阙、功曹阙和皇圣卿阙，河南中岳三阙、启母阙，四川德阳司马孟台阙和梓潼的李业阙、无铭阙，重庆盘溪无铭阙等。由于有建筑物遮挡了部分风雨和阳光，这类汉阙虽不如展厅里的汉阙被维护得那样好，但保存情况相对来说还是比较好的（见图1-3-14、图1-3-15）。

图1-3-14　修有建筑保存的汉阙　　　　　　　　图1-3-15　有建筑遮盖但四面透风的汉阙

保存状况堪忧的主要是裸露在室外，甚至处于荒郊野外的这一部分汉阙。这些阙常年经受着风吹、日晒、雨淋，风化程度非常严重。特别是土阙，除甘肃瓜州踏实阙保存得较为完整外（见图1-3-16），陕西地区的土阙，如汉景帝阳陵南门阙基本已风化坍塌成了土堆（见图1-3-17）。而四川、

图1-3-16　裸露在外的甘肃瓜州踏实汉土阙

重庆地区的汉阙，由于是用砂岩建造，且大多都裸露在室外，加之这一地区雨水偏多，有的表面灰尘弥漫、蛛网密布，有的长满青苔杂草。还有部分汉阙，因四川地区潮湿多雨，常年被浸泡在水里，周围杂草丛生，石材表面破落，且有加重之势（见图1-3-18、图1-3-19）。

图1-3-17　已坍塌的汉阳陵南阙门

图1-3-18　被茂密植物环绕的汉阙

图1-3-19　浸泡在水里的汉阙

六、汉阙的主要病害特征

文物是有生命的，其从"诞生"之日起，就开始走向衰亡，石材文物也不例外。石材因其质地坚硬、物理性质稳定，具有不怕火、不怕水（相比其他材料而言）、储量丰富、易开采等特点，很适合作为建筑用材和雕刻用料。但任何材料的形状都不是绝对一成不变的，它们都会因外界的各种变化而改变。虽然不同质地的石材的风化程度、快慢不一样，但它们终究也会被外界各种自然因素所侵蚀，只不过经历的时间长短不同而已。

在建筑石材家族里，花岗岩应是质地最为坚硬、最难开采和雕刻的石材，其硬度一般在 4～7，最高能达到 7。青石（大理石）比花岗岩的硬度要小，其硬度一般在 3～5，最高也能到达 5。砂岩不论是在质地细密度，还是在硬度方面都要弱于上述两种石材，其硬度在 2 左右。

由于石材是一种会呼吸的多孔材料，因此它很容易吸收水分及溶解在水中的污染物。若吸收了过多的水分及污染物，石材不可避免地会产生各种病变，如崩裂、风化、脱落、浮起、吐黄、水斑、锈斑、白华、雾面等。

通过对 37 处汉阙保存现状进行统计、调查，可以发现现存的汉阙主要存在以下几种类型的病害。

（一）表面风化、酥粉

这类病害在现存的汉阙上基本都有表现，在南方的汉阙上比较突出，如四川夹江的杨公阙、甘肃的瓜州阙等，阙身风蚀现象非常明显，加之其他病害的共同作用，风化、酥粉严重（见图 1-3-20、图 1-3-21）。此外，保存环境周期性的温湿度变化，融冻作用及水盐活动等因素，还会导致石质汉阙文物表面的酥粉和表层片状剥落。

（二）裂隙、空鼓

裂隙是石质汉阙在病害较为严重时期所呈现的病象，其实质就是石质汉阙内部各种病害、侵蚀的集中爆发。裂隙对砂岩汉阙的破坏是显而易见的，一般都会与风化、酥粉、泛盐等共生，对汉阙上的纹饰、铭文等造成毁灭性的破坏。裂隙有浅表性裂隙、机械性裂隙和原生性构造裂隙。浅表性裂隙也称风化裂隙，是自然风化、溶蚀现象所导致的沿

图 1-3-20　表面风化

图 1-3-21　酥粉

石材内部纹理发展，呈里小外大的V字形裂纹。机械性裂隙，也称应力裂隙，是外力扰动、地基沉降、受力不均等原因引起的裂纹，这种裂隙大多会深入到石材的内部，严重时会导致石材开裂。而原生性构造裂隙，是石材本身所带有的构造性的裂隙，产生这种裂隙的石材的表面很平整，没有缝隙（见图1-3-22）。空鼓是石材表层分离鼓起而形成的空腔（见图1-3-23），其对汉阙的影响较大，特别是对有纹饰的地方，其会造成毁灭性的破坏。

（三）生物侵害

在潮湿地区，这类现象比较突出。如四川渠县、重庆忠县以及四川绵阳、芦山等地的汉阙，基本上都处于室外，由于环境湿度较大，有的汉阙长满了苔藓，部分阙顶还长了杂草树木（见图1-3-24、图1-3-25）。这些杂草树木，在生长过程中根系会牢牢吸附在岩石的表面，并顺着裂纹侵入发展。由于根系的存在，雨水及杂物会大量淤积在根部，随着植物的生长，根部不断扩张，逐渐将石材的缝隙涨开扩大，形成岩体破裂。而微生物及低等植物（苔藓、藻类、地衣等）在其生命过程中，会产生各种有机酸，对岩体形成溶解作用，加重对这些汉阙的破坏。

（四）表面泛盐（白华、雾面）

受保存环境的影响，盐以各种形式存在于汉阙的表面。没有经过脱盐处理的汉阙，一般都会有溶盐存在，当时间和条件积累到一定程度时，石材的表面就会出现"白华"现象。我们俗称的"白华"或"雾面"现象，其实就是岩体泛盐现象。该现象主要是这些岩石中盐的结晶与潮解反复运动所造成的，对石质汉阙的破坏很大。当岩体内的水分蒸发时，岩体内的盐分浓度就增大、增多，形成结晶盐，结晶盐对周围的岩体产生压力，形成裂隙；当盐结晶潮解变成盐溶液时，又渗入岩体内部，将渗入沿途的盐分溶解，产生新的裂隙，这一过程日复一日反复进行，使石质文物的裂隙不断扩大，强度不断

图1-3-22　裂隙

图1-3-23　空鼓

图1-3-24　长满杂草的阙顶

图1-3-25　长满青苔的阙顶

降低。多余的盐分会富集在石材的表面，形成雾面。这类病害多出现在石质较为疏松的砂岩质汉阙上，这是由于砂岩的内部空隙较大，利于毛细水和可溶盐活动。如重庆盘溪阙、丁房阙等阙上，能看见比较明显的表面泛盐现象（见图1-3-26）。

（五）断裂残缺

这类病害也称为机械性损伤，是指汉阙在漫长的岁月里，在沧桑岁月的磨砺下，因种种原因，包括人为有意无意的破坏，以及外力作用（如撞击、地震、地基下沉、受力不均）等因素的影响，而发生的石质文物断裂、残损现象。基本上所有现存的汉阙都有不同程度的残缺或缺损（见图1-3-27、图1-3-28）。

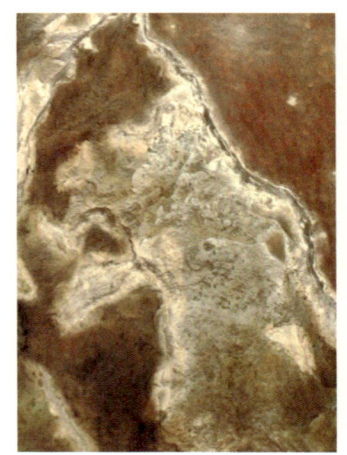
图1-3-26　表面泛盐

图1-3-27　断裂残缺

图1-3-28　基础沉降

（六）表面污染与变色

在大气环境的影响下，尤其是对裸露在外的汉阙而言，大气中的粉尘、污染物和风化物的常年沉积，会导致其表面的污染和变色。雨水的常年冲刷形成的水锈结壳，人为的烟熏、涂鸦、刻画，金属物加固引起的变色，不当涂刷等，也是造成汉阙损坏的因素（见图1-3-29～图1-3-31）。

（七）不当修补

有些汉阙，在以往修复时，受技术等方面的因素制约，有的是人为添加了一些原本没有的部件，有的是只采用简单易得的材料做了黏接加固处理，如采用水泥修补黏接、石灰勾缝涂抹等。有的汉阙用高分子材料进行了修补，但修补的痕迹非常明显，没有进行必要的做旧处理，美观度不佳（见图1-3-32）。

以上只列举了现存汉阙的一些主要病害实例，其病害机理，还需根据每个汉阙的具体情况进行分析、研究。

图1-3-29 水锈结壳

图1-3-30 人为刻划

图1-3-31 烟熏

图1-3-32 不当修补

七、汉阙的保护研究

汉阙具有稀有性和珍贵性，其历史、文化、艺术价值非常高，不可替代。但受各种因素的制约，其保护的难度较大，鉴于部分汉阙的病害程度有加重之势，为了更好地保存汉阙，延长其使用寿命，应该本着对后人负责的态度，加强保护意识。

汉阙的保护主要分为本体的保护和保存环境的改造。

（一）汉阙本体的保护

由于汉阙主要是用石材垒砌雕刻而成的，因此，目前汉阙的保护主要是按照石质文物的保护技术进行处理。

针对已经出现各种病害的汉阙，应尽快对其本体进行保护处理，以阻止或延缓其进一步的风化、劣变。

首先应对汉阙其进行全面的病害检测、分析，根据检测结果，有针对性地制订最佳的保护修复方案。

石质文物本体的保护，主要有3个方面。第一是清洗。附着在石质文物上的灰尘、污垢、溶盐、苔藓、杂草，甚至以往的不当修复等，都对文物有不同程度的危害，都应当加以清洗和剔除，不但要清除附着在石质文物表面上的有害物，而且要进行脱盐处理。第二是加固。对出现裂隙、断裂、崩塌、酥粉、剥落等情况的石质文物，应采取成熟的石质文物加固技术进行处理，避免病害进一步发展。加固材料的选取，应有助于石质文物风化表层的疏松颗粒黏合成一个整体，以保持石质文物的原貌，不降低其价值。材料的强度及渗透性要好，在透水性、透气性、抗水性、抗老化性能等方面，也要达到要求。第三，做好封护。这是使石质文物能在保护处理后的较长时间里抵御外来侵蚀的有效措施。

以往对石材的防水、防污染处理，主要是在岩石表面打一层蜡。但蜡是一种不透气的密封剂，打完蜡后，虽然外界的水和湿气不能进入石材内部，但是石材内部及表层下面的湿气也不能散发出来，其积存在石材内部，会导致石材病变。如果多打几次蜡，石材颜色会加深，并且蜡易被污染，形成蜡垢，给以后的清洗带来麻烦，只有除掉旧蜡才能解决。现在，我们基本上已不采用打蜡的方式来封护石质文物，一般可以选用渗透性防护剂来加固文物和对其进行封护处理。

渗透性防护剂可分为溶剂性和水性两种，其防护原理是有效物质随溶剂深入石材内部，待溶剂自然挥发后，有效物质留在石材内部及表层，形成一道防护屏障，阻止外来的污染物渗入，防止石质文物内部及底层的污染物渗出，从而达到保持石质文物原有面貌、延长石质文物寿命的目的。溶剂性防护剂的溶剂有很强的挥发性，易燃，气味刺鼻，并带有一定毒性，因此施工时要保持通风良好；而水性防护剂是一种环保型防护剂，无色、无毒、无味、不可燃，对环境没有危害。

任何一种渗透性防护剂都不能在石质文物的表面形成防护层，因此，对较软的石质文物表面，可采用一种不含蜡质的表面性保护剂进行处理。这是一种可"呼吸"的保护剂，能使石质文物得到有效保护。

修复是汉阙文物保护的最后手段，也是对汉阙文物保护的有益补充，它不但能起到加固、支撑汉阙的作用，而且能较完整地恢复以及更好地向世人展示汉阙原有的风貌。但修复技术、修复材料以及施工人员的选择都要慎重，应以最少干预、修旧如旧、安全可靠为原则，避免对汉阙造成新的损伤或埋下新的隐患。

所有的化学药剂都有其局限性，这一局限性会随着时间的推移显现出来，虽然两害相较取其轻，但在实际采用时要慎之又慎，要尽可能把伤害降到最低，并为今后科技发展后的再处理留有余地。

（二）汉阙保存环境的改造

汉阙主要是用石材建造的，石材本身具有毛细孔及吸水性，易使空气中的灰尘及工业废气中的污染物附着于其表面，日积月累，会对石材造成较大的伤害。特别是砂岩，尤其怕酸碱、日晒雨淋。因此，汉阙首先应避免日晒雨淋、地下水的侵蚀和暴露在被污染的大气环境里。

酸会分解青石中所含的碳酸钙,造成其表面受侵蚀的状况;碱也会侵蚀石材里石英、长石等结晶,造成晶粒剥离的现象。环境湿度太大时,产生的水气会对石材形成水化、水解及酸蚀作用,产生水斑,造成白化、风化、剥蚀、锈黄等各种病变,摧残石材。自然界中的水含有盐分,这些盐分随着水渗透到岩石里面,日积月累,使石材的表面出现空鼓等现象。因此,石阙要避免日晒雨淋,保持环境的通风和干燥。

造成汉阙风化的保存环境因素主要有以下几方面。

1. 光照与水

水是造成汉阙风化的根本原因,没有水,其他有害物质对汉阙石材的侵蚀难以进行,因此水是这些有害物质破坏汉阙的媒介。而日光能加这些物质破坏的速度。物体的热胀冷缩程度,会随着温度的高低而变化,昼夜温差及因汉阙各部颜色深浅不一造成的吸热不均,均会造成石材不均匀地膨胀,日久天长,反复作用,从而对汉阙造成破坏。

2. 大气污染

现代工业的迅猛发展,产生了大量的工业"三废"排放,在推动人口增长,生活品质提高的同时,也产生大量的生活垃圾,这就导致大量有害气体排入大气中,造成严重的环境污染。如汽车尾气,飞机、轮船等石化物,煤炭,化工的燃烧,将空气中有益的氧转变为有严重危害的氧化物,如碳的氧化物、氮氧化物、硫氧化物等,这些氧化物遇到空气中的水蒸气后,会形成无极酸,这就是我们常说的"空中死神"——酸雨,而酸雨对裸露在外的石质汉阙会造成严重的腐蚀性破坏,使这些汉阙表面严重风化、酥粉开裂、剥落。

3. 地下水侵蚀

地下水中一般除含有可溶盐外,同样受工业废水的影响。这些盐存留在石质文物的空隙里,因环境温湿度的变化和地下水位高低的变化,在石材空隙里不断进行结晶、溶解、渗透、再结晶、再溶解等的反复作用,石质文物中的裂隙不断扩大、增多,强度不断下降,最终导致石质文物表面空鼓、酥粉、脱落、开裂等。

4. 生物侵害

生物侵害包括植物和微生物的侵害。杂草、灌木的根系生长在石质文物的裂缝里,其在生长过程中,会把石质文物的裂缝逐渐胀开,造成严重的机械性破坏。而在汉阙附近生长的植物,其根部不但使文物的基础受到威胁,而且使地面的水或地下水顺着根部慢慢渗入,带着可溶性盐慢慢向石质文物表面迁移。随着蒸发作用,溶盐在石质文物表面或裂隙中析出,加速溶盐引起石质文物的化学风化及物理风化。一些低等植物如苔藓,在南方潮湿温暖环境的地方会迅速生长,伴随着微生物的作用,分解出草酸、柠檬酸等各种有机酸,形成微生物酸解,像苔藓、藻类、地衣共生复合体的生命运动过程中,藻类进行光合作用,制造有机物;真菌吸收水分和矿物质为藻类的光合作用提供原料,并使藻类细胞保持湿润,再与空气中的其他物质参与作用,形成溶蚀现象,使石质文物遭到破坏。

通过对汉阙风化主要原因的分析,结合37处汉阙实际保存环境现状,我们可以得出这样一个基本结论:有建筑物保护的汉阙,比没有建筑物保护的汉阙风化程度要低得多;相对封闭的建筑物保护，又比四面透风的建筑物的保护作用大。

由此，在汉阙保存环境及汉阙的保护方面，建议目前至少应做到以下3点：

第一，给裸露的汉阙一个"家"，使其能遮风挡雨，这是保护汉阙的最简便易行，也最有效的方法。

第二，在南方多雨或地下水位较高的地区，最好在汉阙周围一定距离外，挖一条排水沟，降低地下水位，避免雨水或地下水对其的渗透、浸泡。

这是很多古建筑在防潮、防水方面行之有效的方法，虽然不能完全杜绝雨水、地下水的渗透，但有了这条排水沟，地下水位会降低，汉阙的基础不会常年浸泡在水里，风险程度会大大降低。

第三，给汉阙表面简单地"洗个澡"。所谓"洗澡"，其实就是根据汉阙上可见的病害，对表面部分的各种有害物，如苔藓、灰尘、油腻、污垢等进行必要的清除，并加固保护，避免坍塌和新的有害物侵蚀。

上述3点只是最简单、最廉价且可以马上实施的暂时性措施。较为稳妥和彻底的方法，应是按照国家相关法规、标准、规范，根据每个汉阙的保存现状、病害机理进行详细的检测、分析，制订切实可行的保护技术路线，编制翔实的保护方案，并予以实施，只有这样，这些汉阙的"生命"才会继续延续，保护才会真正的有效。

中国汉阙，是我国建筑史上一颗璀璨的明珠，是我国独有的文化符号，也是不可再生的文化遗产，存世稀少，而其承载的历史文化信息巨大，价值难以估量，不可替代。在笔者撰写此文时，这些汉阙还在继续承受着不同程度的病害侵蚀，特别是砂岩材质的汉阙，有的已经风化得非常严重，坍塌随时有可能发生，如再不加以保护，汉阙就有消亡的危险。

汉阙的保护，是一个系统的工程，还有漫长的路要走，需要各方面的共同努力，只有各级管理部门真正重视起来、行动起来，中国大地上仅存的汉阙才会得以保存，才会焕发出新的生机。

第四章
宋辽金器的修复与初步研究

金银器具有实用性和特有的审美情趣,以独特的艺术魅力及珍贵的经济价值,受到世人的喜爱和广泛关注。

1977年,在四川崇庆县(今崇州市)元通镇,一居民在自家院内挖沼气池时挖出一个坛罐,坛内藏有金冠等饰品。经清理,其中有一大一小两个金冠,胖大的金冠扁瘪断裂,由叶圈相连,瘦长的金冠断裂为4片。这两个大小略有区别的金冠,应是由两两对称的舌刀形四叶金片,以金丝连接而成的,叶面錾缠枝花和人物纹饰,采用了钣金、镂空、捶揲、錾刻、剪贴等工艺技法,手法高超,制作工艺精湛,纹饰细腻、生动,立体感很强,且形制优美,艺术价值较高。另有金簪等附饰。这批金器总重528g,出土时经检测,金的纯度在90%以上(见图1-4-1),时代暂定为明代。

一、金器的修复

多年来,工作人员对元通镇出土的这批金器保持了出土时的状况,没有对其进行修复,也未对这些金器进行辨识定名,更别说向世人展示了。2009年5月,四川博物院新馆建成开放,为满足陈列展览的需要,提升展品的档次,专家对馆藏部分文物进行了一次系统性的整理和修复,此批金

图1-4-1 金器修复前

器为需要修复的文物中的一部分。四川博物院由于没有修复金器方面的专家，更没有修复金器的经验，因此特委托故宫博物院对其进行修复。经故宫博物院科技部有关专家初步鉴定，这批金器应是由2件金冠和10件配饰组成，这纠正了以往藏品档案中1件金冠与14件配饰的数量记载。修复前的金饰品各部分具体尺寸见表1-4-1。

表1-4-1 修复前的金饰品各部分具体尺寸

名 称	数量	尺 寸	备 注
金冠1	4件	前叶最大高度14.2cm，最大宽度7.3cm；后叶最大高度10.8cm，最大宽度7.2cm	大小各2叶，散落成4件
金冠2	1件	前叶最大高度17.3cm，最大宽度6.7cm；后叶最大高度13cm，最大宽度6.2cm	大小各2叶，用金丝组成一整体
金步摇	3件	最大直径8.3cm，最小直径4.2cm；簪扦长9.5cm	为相同的椭圆形式样
花面金镯	2件	最大长度16cm，最大宽度3.1cm	纹饰相同
素面金镯	2件	最大长度12cm，最大宽度3cm	造型相同，缺一头尖
扁形金簪	1件	长23.4cm，最大宽度2.4cm，最小宽度0.5cm	
金臂钏（金跳脱）	2件	长37cm、径4cm	造型相同

在修复这批金器文物之前，故宫博物院修复人员专门制定了修复方案，他们本着遵循保护为主，修旧如旧，最少干预、不改变原状，全面保存和延续其真实历史信息与价值的原则，对这些金器现状进行了仔细的观察和研究，通过现状评估、病害分析等，发现金器均有不同程度的不规则变形，金冠、金步摇有多处破损孔洞，且金冠叶片边缘残破、有缺，镂花金簪有断裂等（见图1-4-2～图1-4-4）。

由于这批精美金器是文化、历史的珍贵载体，对其进行保护修复刻不容缓。为此，按照文物修复和保护的基本原则及要求，本次修复采取传统工艺和现代科技手段相结合的修复方法。

首先，要做好修复前的资料收集、影像记录，对金相重新进行测试；对折处、变形处进行物

图1-4-2 修复前的花鸟金冠

图1-4-3 修复前的人物金冠

图 1-4-4　修复前的金步摇

理分析，研究如何整形；探究对断裂部位如何焊接、随色等问题，以便在实际工作中探寻解决问题的最好的方法。

其次，在具体的修复操作中，要按照清洗、整形、对接、清地、做旧、封护等步骤进行。

1. 清洗

首先用超声波清洗机及蒸馏水对文物进行清洗，再用棉球蘸上按照一定比例稀释的酒精，小心擦拭器物表面的附着物和锈蚀处。个别器物上附着物较多的，可用木签试着轻轻剔除。

2. 整形

对变形器物采用物理机械的方法整形，采用镊子、木槌或橡胶锤等工具，通过垫衬软木或橡胶类材料，找准角度缓加压，使变形部位腾起，逐步渐进施力整形，然后用墩錾轻轻敲打使表面平整，避免伤及纹饰，力求达到预期的效果。

3. 对接

由于两件金冠两两对称的舌刀形四叶金片都是由金丝相连固定的，且其中一个金丝缺失很多，所以在对金叶进行整形之后，必须用金丝将其连接牢固。对部分断裂、破损的地方，采用摇摆等原有工艺进行拼合；而断裂处，因金片较薄，且纹饰繁缛，为避免在焊接中伤到周围的纹饰，不宜以金焊接；缺失的部位，也因相同的原因，除采用物理方式整形、还原外，原则上不再补配。

4. 清地、做旧

清地是指对补配、焊接处的毛口进行打磨，清平地子，使其达到光滑整洁的效果。然后，用喷笔加高聚酯漆调和颜色喷涂做旧，或用虫胶漆调和矿物质颜色做旧，以达到器物在观感上的整体统一和完美。此次在实际修复金器时,为避免造成新的损伤,未进行焊接,所以也就没有采用清地、做旧处理。

5. 封护

采用封护蜡或B72或三甲稀释溶液进行封护,以达到保护作用,使金器在封护后显得润泽光亮,观赏性增强。

经过上述系统的整形、修复、保护后的金器,基本恢复了原来的面貌,其华丽雍容的形态、精湛的制作工艺、精美绝伦的艺术效果和较高的文物价值完整地显现了出来,达到了预期的修复效果(见图1-4-5),具备了向观众展出的条件。这批金器也因对其中的1件金冠的修复,由原来的15个散件还原为12件。

金冠及配饰部分是如何配搭的?其名称与作用是什么?到底属于何时代?真如馆藏卡片上所说是明代遗物?他们的主人是谁?为何要窖藏?窖藏是因为战争或什么突发事件的匆忙之举,还是保存祖上的遗留之物的方式……众多的疑问和谜团一直困扰着我们。对这些问题一一进行解答,能更好地帮助我们了解这批金器的时代背景、用途、冠饰形制等,为进一步的研究、陈列展示提供依据。

二、对金冠及配饰的初步研究

查阅国内出土金冠的相关资料,还没有发现与元通镇出土金冠有相同或类似造型的物品。该金冠的馆藏档案记录也非常简单,只罗列了几项:藏品号、时代、名称、来源。特别是年代,是谁鉴定的?为什么要这样鉴定?依据是什么?都没有说明。名称也只有"金冠",其他都笼统地称为配件等。翻阅馆藏文物总账,上面同样也没有记载。查阅文献,如此重要的出土文物在新编的《四川文物志》和《崇州县志》里也没有记载。出土的伴随物(或为陶罐)既没有保留下来,也没有文字、

图1-4-5 修复后的金器

图片对其进行记载说明。对其身世，现在我们只能凭金冠及其配饰等实物去推断，从金冠的造型、纹饰上来分析，从配饰中的簪花、臂钏等制作工艺去推论。

（一）金冠及配饰的性质

早在修复的过程中，故宫博物院的修复专家，就多次邀请了故宫博物院的其他相关部门专家，以会诊的形式对这批金器进行了初步考证。专家们认为，在故宫的藏品里还未见过相同类型或形制的物品，在明代金器等藏品中，也未发现有类似的物件，到底其属于什么时代，如何穿戴，专家一时也不敢妄下结论，只建议结合当时的出土情况、本地区出土器物的时代风格、有无相同或类似的纹饰和当地的风土习俗加以考证。

1. 金冠

两个金冠一高一矮，高者瘦，矮者胖，以大量人物、凤、鹊、鹦鹉、花卉等作为装饰纹样。根据冠上的主要纹饰内容与特点，笔者将这两个金冠分别命名为人物金冠和花鸟金冠。

人物金冠由两大两小四片金叶围成，呈菱形（见图1-4-6），纹饰分上、中、下三层，两弦纹和一联珠纹作为"画框"将图案包围并将其有机分割。两片大金叶的上层饰两团凤，周围穿插折枝花；中层为主纹饰，分3行，每行内有一人，中间行里为一云鬓高髻、圆脸、双手举过头顶成环状、宽袍长袖、单腿独立于花上、一腿上提成舞蹈状的舞女，左右两边各饰一乐伎，共四人，分别演奏笛、击板、箜篌、琵琶，其均站立于花上（见图1-4-7、图1-4-8），下层以联珠纹组成一圈卷云纹。

图1-4-6　人物金冠

图1-4-7　人物金冠局部之一

图1-4-8　人物金冠局部之二

两小叶金片，上层两行，每行内饰一朵折枝花，中层三行，中间行内饰一高冠振翅的鹦鹉立于花枝上，两旁为三朵花组成的缠枝花，下层一圈也为联珠卷云纹。两簪孔分别位于两小叶片中层中间行下方位置，圆形孔径为3mm左右，由此推论原簪子长度应是在10cm以上。

花鸟金冠也是由两大两小的共四片金叶组成的菱形金冠（见图1-4-9）。纹饰也分上中下三层，两小叶片纹饰相同，上层分为两个单元，每个单元里饰一朵折枝花，中层均为三行排列，中间行内饰两朵缠枝花，左右两行各饰一鹦鹉立于花枝上回首互望，底层为一圈焦叶纹；两大叶片纹饰相同，上层分大小一高一低两个单元，小的单元饰折枝花一朵，大的单元里饰一凤鸟回首站立，凤尾高跷，周围以折枝花点缀，中层以三行排列，饰两鹦鹉展翅立于花枝上互望，一鹊鸟回首展翅向着两鹦鹉的方向（见图1-4-10、图1-4-11）。下层纹饰与两小叶片的纹饰相同，并自然连接。簪孔为一孔径很小的小圆孔，位于金冠正面棱角下方，直通后方同一棱角位。至于与金冠配套的发簪的材质形制，因窖藏中没有发现发簪实物，只能从簪孔大小形状来推论，原簪子可能是一细长圆形的发簪，其长度应不小于12cm。

两金冠的底边均以金片上卷一圈的方式收边，将四片金叶镶嵌于内。

图1-4-9　花鸟金冠

图1-4-10　花鸟金冠局部之一

图1-4-11　花鸟金冠局部之二

2. 扁形金簪

扁形金簪为头饰上用品，长23.4cm，头尖尾宽，呈扁平楔形状，金簪上有两朵云纹，云纹之上饰菱格形纹，菱纹紧连焦叶纹，焦叶纹上饰有三朵重叠的缠枝菊花纹，以珍珠纹（也称鱼子纹）为地（见图1-4-12）。

3. 金步摇

金步摇为相同纹饰的3件物品，镂空錾刻，饰两鸾鸟成团形追逐状，周围饰菊花，呈扇形展开，以镂空蔓枝相连，每簪首以金丝连接下缀7片金叶（其中一个有缺损），金叶上有均匀的錾孔，插在头上，走动时摇摆不止，妩媚动人，是为"金步摇"（见图1-4-13）。唐代诗人白居易在《长恨歌》中有"云鬓花颜金步摇"的诗句。《后汉书·舆服志》记载："步摇以黄金为山题，贯白珠为桂枝相缪，一爵九华。"《释名·释首饰》载："步摇，上有垂珠，步则动摇也。"

4. 金臂钏

金臂钏为一对，形制相同，均为无纹素面（见图1-4-14）。臂钏又称缠臂金或跳脱，大致分为两种，镂刻有花纹的称为"花钏"，没有花纹的称为"素钏"。其以金银条锤扁，盘绕成螺旋圈状，圈数不等，大

图1-4-12 扁形金簪

图1-4-13 金步摇

图1-4-14 金臂钏

部分是三圈或是五圈，也有十二三圈的，以多者为贵，非显贵不能拥有。此臂钏为"素钏"，多达十七圈。在初唐画家阎立本的《步辇图》和唐代周昉的《簪花仕女图》里，均能清晰地看到手戴臂钏的仕女形象，图画里的仕女所戴的臂钏普遍在十圈以上，几乎人人手臂上都有，可见臂钏在唐代已非常流行（见图1-4-15）。

苏东坡在《寒具》里有"夜来春睡浓于酒，压褊佳人缠臂金"的描述，"缠臂金"指的就是臂钏。臂钏的历史很长，各个时期的臂钏的式样也有所变化，早期的臂钏多出现于北方地区，国内各地出土有不同时代的臂钏，如1977年北京平谷刘家河商代墓葬和1995年河北香河庆功台村一号墓（夏家店下层文化）出土的一对金臂钏，以及1982年常熟福山出土的宋代十圈素钏、江苏苏州吴门桥出土的元代臂钏、湖北钟祥明代梁庄王朱瞻垍夫妇墓出土的明代臂钏等。臂钏与镯的区别，主要体现在佩戴的方式上，戴在手臂上的称为臂钏，而戴在手腕上的称

图1-4-15　簪花仕女图（局部）

为镯，早期的臂钏均戴在手腕的上方，即小臂和大臂上；到了后期，臂钏下移，其功用与镯子就没有多大的区别了，现在还能在部分少数民族居民中看见戴臂钏的妇女。

5. 金镯

金镯由一对素面弦纹金镯和一对缠枝菊花纹金镯组成。素面弦纹金镯向外一面中间有三道弦纹，而缠枝菊花纹金镯的纹饰，向外的一面以中间一凹线为界，两旁錾刻精美对称的缠枝菊花，两头錾刻鱼形纹，以鱼子纹为地（见图1-4-16、图1-4-17）。素面弦纹金镯的造型与江苏省丹徒县丁卯桥唐代窖藏出土的一对银镯极为相似。

这批金器，从器物的形制、錾刻的工艺看，纹饰富贵华丽，工艺精湛，应是"官作"，非王公贵族不能拥有。其流落四川，是时人避乱于蜀地携带而来，还是分封蜀地的贵族所拥有？其藏于地下，是出于某种突然变故的匆忙之举，还是祖上之物不敢示人而掩埋又因时间过长而遗忘……这些疑问还有待进一步的考证。

（二）金冠及配饰的时代问题

在以往对藏品的记载中，这批金器被定为明代文物。但这一代存在诸多疑点：出土时因这些文物是窖藏，现场没有其他的伴随文物佐证；原始记录不完整，断代依据是什么亦未知。此次修复后，针对该金冠的性质、纹饰及时代等问题，四川博物院邀请了故宫博物院专门研究服饰的专家进行辨识鉴定。专家们认为，在故宫收藏的明代发饰中还没有发现类似的物件，应将该金冠与当地出土的相似物件和国内相似的物件对比研究。

图1-4-16 素面弦纹金镯

图1-4-17 缠枝菊花纹金镯

从该金冠的出土情况及其纹饰风格看，金冠及其配饰应是一套物品，上面所錾刻或镂雕的主体纹饰主要为缠枝花鸟纹，风格写实，装饰手法对称、整齐而又显活泼；制作的工艺、纹饰、錾刻技法和内容均是一致的，应出自同一个工匠之手或同一个作坊。金冠的造型及其上的纹饰、花鸟、人物造型，与明代的发冠造型、纹饰风格明显不同，而与内蒙古科尔沁辽代墓葬出土的一些金器上面的纹饰风格，如鸾鸟造型与金冠造型风格比较接近。金冠、花面金镯和扁楔形簪普遍以珍珠纹为地纹装饰，甚至有的地方还以联珠纹作为线条；"珍珠纹"也称"鱼子纹"，为唐代典型装饰纹样，这种纹饰是用錾刻和模冲技法制成。现藏于四川广汉市文物管理所的唐代十二生肖金膀圈（见图1-4-18），以及四川绵竹市文物保护管理所藏的唐代缠枝花金发饰（实为金镯），其纹饰与金丝扣做工等与金簪、金镯上的纹饰做工极为相似；而相同的纹饰，如鸾鸟、鹦鹉、缠枝花卉等在丹徒丁卯桥唐代窖藏及西安何家村唐代窖藏中也能找到。

金器上的主要纹饰以缠枝花、凤鸟、鹦鹉、乐伎人物等为主，人物造型饱满，丰脸宽袍，神态自然安详，鹦鹉高冠尖嘴，出双入对，且錾刻细腻；缠枝花线条流畅，花朵肥硕，鱼子纹满地铺设，排列整齐，整体纹饰雅致高贵。在西安何家村唐代窖藏及江苏丹徒丁卯桥唐代窖藏出土器物上也发现了类似的纹饰。金冠制作精美华丽，金片打制轻薄，显示出高超的捶揲、錾刻工艺，全套器形庄重大气，特别是扁平楔形金簪，长达23.4cm，与四川博物院收藏的众多明代出土金簪相比，不论是大小、长度还是式样，均未发现类似的物件。如四川博物院收藏的明代金簪，呈细长圆形或菱形，

图1-4-18　金膀圈

长度一般不超过10cm。再如明定陵出土的金冠发簪，簪头装饰华丽，并镶嵌有珠宝。而与省内出土的其他金器比较，其纹饰风格、制作工艺也接近广汉雒城镇树林路基建工地出土的金膀圈。

唐代金器的冶炼技术高度发达，反映在金器的成色上便是金器的纯度普遍很高，一般都在90%以上，这也是唐代金器的一个特点。该金冠在早期检测中，测得含金量在90%以上，个别达95%。

到了宋代，花鸟纹饰十分盛行，纹饰雕琢精巧细密，花卉多为折枝花，脉络清晰，特别是宋朝初期，唐代的很多工艺技法得到了继承和沿袭；再者，多达十七圈的两个"素钏"，在唐、宋时期已普遍盛行，明以后的"素钏"不再流行，很少有这么多的圈层。臂钏一般比较适合体态比较丰满的女人佩戴，因为其他人的手臂要么没有脂肪，要么脂肪分布不均，箍紧了影响血液循环，箍松了臂钏就会掉下来，而丰满女人的手臂的脂肪层厚且均匀，富有弹性，可将臂钏紧紧箍上，突出自己健美、丰韵的曲线，而我们都知道唐代是以胖为美的朝代，宋代继承了唐代遗风，虽然没有完全像唐代那样以胖为美，但其风韵犹存。

因此，从该金冠及其配饰的器形大小、分量、纹饰风格、使用功能以及制作工艺等方面来看，兼顾四川很少出土唐代物品，笔者认为该金冠及配饰的时代应定在唐代晚期至宋辽时期，最晚不超过宋。

（三）金冠及配饰的佩戴

在古代，平时人们梳理头发时，男人一般在脑后用簪子穿插打结，或罩上发套、布巾、帽子等物品装饰。女人的发式变化较大，女人一般根据年龄、身份的不同，以及地域、民族的差别，编织出各种造型的发式，插戴各种发簪、头花。此金冠为两个，除主饰外，配饰也较多，凸显主人显赫的身份、地位，应是男女主人在重要场合时才佩戴的，人物金冠为男主人佩戴，女主人应佩戴花鸟金冠。金冠的佩戴应是位于头顶，主要起固定发式和装饰之用，扁平楔形簪应与金冠配套使用；配件中的三个"金步摇"发簪，起附属的装饰作用，可能穿插在冠两旁稍靠前的位置；顾名思义，金镯与臂钏就是戴在手腕和手臂上的了。

当然，以上这些只是按照物品的功能进行的大致揣测，至于这些物品真正的佩戴方式、位置、使用方法、前后的排列组合等，还有待进一步的研究考证。

第五章
宋代金菊花碗修复及铭文初探

　　四川博物院藏有一件金菊花碗，该碗直径有 7.2 cm，高 5cm，重约 108g，为 1963 年成都市博物馆移交，移交时保持出土时的扁瘪模样，时代定为宋代（见图 1-5-1）。一直以来，该金碗保持了出土时的状况，没有经过修复，更别说向世人展示。2009 年 5 月，四川博物院新馆建成开放后，为满足陈列展览的需要，提升展品的档次，对馆藏部分文物进行了一次整理和修复，此金碗为其中之一。其具体修复是委托故宫博物院完成的，由该院科技部金石科的王有亮研究员负责实施，王有亮老师是国家级非物质文化遗产传承人，也是崇州窖藏金器的修复者。

　　本着保护为主，修旧如旧，最少干预，不改变原状，全面保存和延续其真实历史信息与价值的原则，故宫博物院特拟定了保护修复方案，并对金碗的现状进行了仔细的研究和观察，包括现状评估、病害分析等，根据检测分析结果，故宫博物院认为该金碗的扁瘪状态主要是受压变形所致。

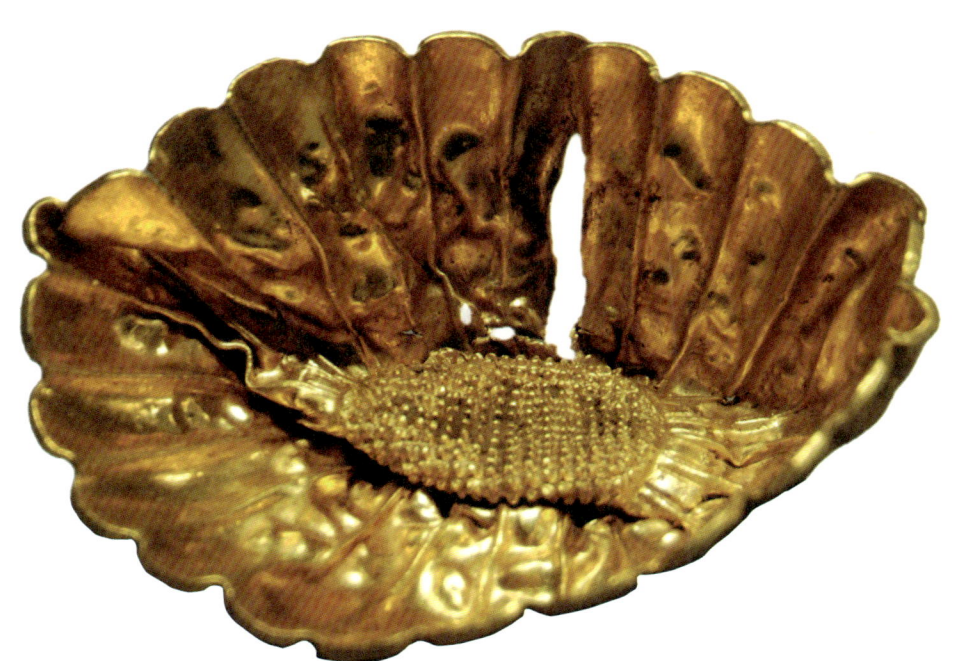

图 1-5-1　修复前的金菊花碗

具体修复操作按照清洗、整形、对接、清地、做旧、封护的技术路线和操作步骤进行。

经过系统地整形保护修复,该金碗基本恢复了原来的面貌,其精湛的制作工艺、高贵典雅的艺术效果被完美地展现了出来,达到了预期的效果,可以满足陈列展出的需要(见图1-5-2、图1-5-3)。

修复后的金碗为24瓣仰面菊花形碗,碗心錾刻成菊花的花蕊,整个碗的造型似一朵盛开的菊花,极其精致典雅。

菊花这类花卉造型的碗,是宋代金银器中的典型器物之一,各地多有出土发现,如四川彭州、四川德阳、重庆涂山及邵武故城等地。由于此碗来源清楚,且四川博物院和省内的彭州市博物馆藏有相似出土物件,其造型纹饰体现了典型的宋代器物的特征,因此,其为宋代之物是准确的,应该没有异议。

金碗碗壁由24个朵花瓣合围组成,下接喇叭形圈足,足部也呈24瓣菊花状,碗底錾刻成纵横凹线分割的凸点状花蕊,花蕊四周饰24个小花瓣,形似一朵盛开的菊花,质地为金,故定名为金菊花碗。

此次修复,在碗的圈足外侧,新发现有纵向錾刻的铭文"秦郡"二字(见图1-5-4),因碗扁瘪此铭文以前藏在圈足内没有被发现,这次修复后显露出来,为我们揭开该金碗的来历提供了一丝线索。

宋代社会崇尚奢侈之风。根据记载,多有家境贫寒没吃没穿的宋人,出门时头上还要戴着金钗,手上套着银镯,用的餐具也要求精美,常用的金银器上还多錾刻铭文,以示富有。这些铭文内容多种多样,有錾刻物件拥有者的名款,或制造商号、制造地域名的,也有刻工匠名,或所在地名,以

图1-5-2 修复后的金碗外形

图 1-5-3　修复后的金碗内部

图 1-5-4　金碗局部（圈足上的字体）

及年号、金银成色、重量、器物名称、记事等的。这些铭文大多錾刻在器物的底部、圈足等部位，也有刻在口沿等部位的。

此金菊花碗上的"秦郡"二字，其含义有两种解读。一是地名。金碗拥有者所在的地名或金碗制作地。秦代征服六国后，废除分封制，在全国推行郡县制；《汉书·地理志》在各郡国下注称"秦置""秦郡"或"故秦某郡"，说明"秦郡"是一个地域范围；但该金碗不论是从纹饰造型，还是从制作工艺来看，当然都不可能出自秦代。而宋时实行的是府县制，因而，"秦郡"最有可能来源于古地名，或制作地的名称。如，其是否指的是江苏的六合县北？因为南朝宋在此地置"秦郡"，这也是一个地域上的划分，且六合县紧邻南京，现为南京的一个区；那时的南京，经济发达，文化繁荣，如此精美的菊花金碗若由该地区制造，也就没有什么可奇怪的了。

二是人名或作坊名。这也有两种可能，一个是金碗的主人，把自己的名字或雅号錾刻在自己的物品上，此风古来有之，宋人更盛。能使用或收藏金碗的人，非富即贵，应不是一般的人家，其家境应比较富裕，而此种造型的碗，多为炫耀显摆而造，没有实际的使用功能。然"秦郡"二字怎么看也不像是一个人的人名。另一个可能是金碗的制作者，即工匠的名字或商号名；古时工匠有把自己的名字或商号名錾刻在自己制作的物品上的习惯，但同样的原因，以人名标注在碗底的可能性不大。

综上所述，金碗上錾刻的"秦郡"二字是古地名或地域名的可能性最大。当然，如能结合当初出土时的其他物品进行相互佐证则可信度更高，遗憾的是该金碗移交时没有留下任何文字信息。

第六章
张大千临摹敦煌壁画修复及其艺术

"五百年来第一人",这是已故书画大师徐悲鸿先生对张大千先生的评价。张大千先生是近代蜚声海内外的著名绘画艺术大师,20世纪40年代他远赴敦煌莫高窟临摹壁画,历时两年七个月,临摹敦煌莫高窟壁画共276幅,这段艺术经历、实践对其以后的绘画艺术产生了深远的影响。这批画作由于保存时间较长,受保存环境等诸多因素的影响,已出现纸张老化、破损、虫蛀等病害,还有部分以往从未托裱过。为了防止病害的进一步发展,便于今后的保存、研究,同时满足今后展陈的需要,我们拣选了7幅作品进行了重新揭裱或托裱。

这7件临摹作品涵盖了从白描到半成品,再到基本完成品的多种形态,我们可以从中一窥大千先生临摹敦煌壁画的整个艺术创作过程。

一、临摹壁画的修复

此次托裱或揭裱的7幅书画,其中2幅为绢本,5幅为纸本,采用中国传统书画装裱技法进行修复装裱。

首先,对需要装裱的书画,在修复前进行了图像采集、文字记录描述等信息数据采集录入,特别对有破损、孔洞、虫蛀、污迹、折皱及纸张老化程度等细节进行了详细的检测、分析。按照修旧如旧、最少干预、可控的原则,先对原20世纪50年代托裱的"晚唐普贤骑马图""晚唐普贤骑象图""五代地藏菩萨"和"隋唐释迦说法"4幅书画进行了揭裱,再对"唐释迦说法图""唐药师佛图"和"唐白描大士图"进行了托裱。

其次,按照前期病害调查的结果,根据每幅书画的具体情况,依照下列步骤个案处理。

支解画心:将原来的残破旧裱更换为新的装潢,并力求其与修复前的原形制的统一。原有的装裱为20世纪50年代时的装潢,由于受那个时代的技术及材料水平所限,加之保管不善,如今已经破败脱落,并有沉积大量的灰尘、虫蛀和水渍痕迹等,因而必须对这些裱件进行分解,以保护画心,避免其受到进一步的损害。

清理画心：检查画面的情况，测试画意是否牢固，同时，将画心平铺在裱案上，用竹签或马蹄刀把画面上肉眼直观可见的脏东西，如尘点、虫粪、黑点、霉迹、水痕等污垢轻轻剔除。

清洗画面：平铺在裱画案上的书画，使画面朝上，用温水淋透浸泡一会儿，用排笔轻轻擀压画面，去除表面覆盖的沉积物。用温水的目的，主要是使原托裱的后背托纸与画心之间的黏接浆受到泡涨后黏性减弱容易分离，为揭去原托纸做准备。还有一个原因是书画经温水淋过后，画心易流出黄水，俗称"酱油汤"，这是多年的尘埃及其他污垢所致，用干净的白毛巾将画面上的水分逐渐吸干，反复多次，直到出水干净为止，这时，画面清新了许多，基本恢复到了本色。

揭画心：指去掉画心后面的旧背纸和托心纸。其中以托心纸对书画的影响最大，是修复工作的关键一环，因其直接关系书画命运，故又称"命纸"。明代周嘉胄著《装潢志》里曾对此有精辟概括，如"书画性命，全在于揭""纸有易揭者，有纸质薄糊厚难揭者。糊有白芨者尤难。须仗良工苦心，施迎刃之能，逐渐耐烦，致力于毫芒微渺间，有临渊履冰之危。一旦奏功，便胜泚水之捷"。如果方法使用不当，稍有疏忽，就会使画面厚薄不均，受到损伤。

补画心：揭去托纸后展露出破洞的轮廓。染配比画心浅一至二色、纤维粗细相似的补绢，潮过浆水敷在破洞上方，衬绢按平，补绢扩出破洞约0.1cm，多余的部分用刀刮去，再次按实，不会再出现折印，从而修补好残破处。纸本书画则采用"隐补法"，即染配比画心略浅的托纸，托好托纸后，在背面进行补缀。

托画心：染好相近的托纸，用水润湿以减缓纸的张力，使其伸缩均匀，在画心上浆时要注意浆水不能过多，以防水分从背面渗到前面，造成画上的颜色粘在案台上。上托纸时动作要快，用力要轻，排刷时要衬垫塑料膜（或高丽纸）。

接笔全色：接笔全色前需要在画心打上胶矾水。胶矾的比例要根据画心的质地、薄厚来确定。在画心背面或局部润刷淡胶矾水晾干后，施墨着色补全缺失的画意，做到旧色旧气，使整幅画卷气韵统一。此次因时间关系，且为避免过多的人工干预，没有进行全色处理。

装裱：上墙绷平、覆褙砑装。为方便展出以及保存，此次没有装裱成轴，只托成画片，展出时以装框方式陈列展示。对原来没有托裱过的另外3幅书画，为了便于陈列展出和今后的研究，采用了拼接托裱的办法，使原皱巴巴，几大块组成的纸张，经托裱后形成完整平顺的画片，满足了装框展出的需要。

二、临摹壁画的内容及艺术技法

修复装裱好后的7件临摹敦煌壁画的作品，恢复了往日的容颜。从临摹壁画的内容看，其主要描绘的是佛教内容，技法有线描（白描）、上色、色图等，下面对这7幅临摹壁画分别进行简略介绍。

（一）唐释迦说法图

该图为纸本，线描，是一幅未完之作。图纵 112.5cm，横 129cm。在构图上，其采用了典型的一佛二菩萨的布局。临摹者用细毛笔白描出释迦牟尼佛端坐正中说法，两菩萨侍立左右的情景。画面下方用铅笔粗略勾勒出 9 个跪拜着的听讲人。线描用笔洒脱飘逸，没有丝毫的拖泥带水，人物形象端庄俊秀（见图 1-6-1）。

图 1-6-1　释迦说法图

（二）唐药师佛图

该图为纸本，线描，是一幅未完成的半成品。图纵203cm，横68cm，药师佛左手执钵，右手执锡杖，微侧身直立赤脚站在莲花上，人物仪态端庄，占据了整幅画面，其袈裟已经涂上了第一道浅蓝和赭石色，身上其他部位标注了下一步涂什么颜色的记号，线条匀称，笔意流畅（见图1-6-2）。

图1-6-2 药师佛图

（三）唐白描大士图

该图为纸本，线描，纵232cm，横97cm，同样是未完之作。整幅画面只刻画了大士一人，大士屈右臂于胸，右手呈兰花指状，左手执一净瓶，自然下垂，头后衬有三层光环，头上戴冠，眉弓轻挑，眉目下垂，神态安详。两耳挂环，脖上戴有项圈，挂满璎珞，两手臂上对称戴有臂钏和手镯，身着薄纱罗衣，下着薄纱罗裙，紧贴于腿部，赤脚。其衣物及部分配饰已描染有颜色，比起药师佛图，色彩更进了一步，已经开始出现浓淡之分，线条自然流利，墨色均匀（见图1-6-3）。

图1-6-3 白描大士图

（四）晚唐普贤骑象图

该图为绢本，纵 74.9cm，横 53.5cm，是未完之作。画中飞腾的二龙顶着华盖，束发的普贤菩萨，面目清秀，右手屈于胸前合十，左手拧着净瓶，跌坐在奔跑的大白象上，衣带飞舞。整幅画面动感十足，与一般的佛家造像的安详端庄有所不同。在设色上，其大胆使用了强烈的对比色，红蓝相间，色块飞舞，充满了灵动的活力，给人以跃动的感觉（见图1-6-4）。

图 1-6-4 普贤骑象图

（五）晚唐普贤骑马图

该图为绢本，纵 74.8cm，横 54.2cm。此图没有普贤骑象图那么动感强烈。寥寥几笔，勾勒出一轮红日在上、云雾环绕的景象，在高悬的华盖下，普贤菩萨束着高髻，面如满月，右手屈于胸前而掌心向前，右侧身骑于白马上。他微收缰绳，使白马的头部与脖子自然相贴，白马左前蹄高悬，两后蹄弓形弯曲，似奔跑后突然停下的定格瞬间（见图 1-6-5）。

之所以说普贤菩萨是骑在马背上，而非坐在马背上，主要是因为画中菩萨露出的脚背向外的赤脚是右脚，如果是侧身坐在马背上，露出的脚应是左脚，与画中人物的姿态结构不符。

图 1-6-5 普贤骑马图

（六）五代地藏菩萨图

该图为纸本，纵 163.1cm，横 111cm。菩萨头扎花布披巾，身着袈裟，坐在莲花座上，盘左腿，赤右脚，踩踏在一朵莲花上，右手呈兰花指状，自然垂放在右膝，左手执杖，两小童分别着红衣和绿衣，站立于两旁侍奉，菩萨头顶的上方，一朵宝相花挂满了珠宝，背屏华丽，整幅画面设色大胆艳丽，对比反差强烈，画工细腻，除人物未开眼之外，其他方面已基本完成（见图 1-6-6）。

图 1-6-6 地藏菩萨图

（七）隋唐释迦说法图

该图为纸本，纵 237.5cm，横 127.5cm，是一幅基本完成的画稿。

图中表现的是一佛二菩萨，中间为释迦牟尼佛，左右两边分别是大势至菩萨和观世音菩萨。华丽的宝盖下，释迦牟尼佛身着大红色袈裟赤脚站在莲花座上，右手举于胸前，左手呈兰花指状，自然下垂，似在讲经布道；两菩萨身着璎珞、飘带，双手合十，专心聆听，身后的菩提树枝繁叶茂，脚下莲花盛开，祥瑞之气扑面而来。整幅画面构图饱满，线条自然流畅，用色艳丽，色彩对比强烈（见图 1-6-7）。

图 1-6-7　释迦说法图

从上述临摹画作中，我们可以看出大千先生临摹壁画的程序。

首先，用铅笔临摹勾勒出雏形，谋篇布局后，再用墨色按其意填画勾勒成线描图，在线与线之间及其他部位做上需要填绘的颜色记号。其次，按照每个部位标注的颜色记号一层一层地晕染，直到颜色与原作品相同或满意为止，而所有人物的眼睛都留到最后来完成。由于种种原因，现在留下来的这批临摹的敦煌壁画，不仅仅这7幅里的一些人物没有画上眼睛，在四川省博物院收藏的其他大千先生临摹的敦煌壁画中，也有很多画作中的人物眼睛都没有"开眼"，这不知是大千先生有意给后人留下的悬念，还是确实因时间等原因，他顾不过来，没有画上，总之，我们现在能看见的很多先生的临摹画作确实没有"开眼"，缺乏点睛之笔，也许，这本身不失为一种残缺的美。

从这7幅画作中，我们看见大千先生用笔方面行云流水，其画稿线条自然流畅，墨色均匀，设色大胆，但又不失雅致，没有丝毫的矫揉造作，显示了驾驭笔墨的高超技艺及深厚的绘画功底。

敦煌之行，不论是在色彩还是气韵上，都对大千先生设色浓艳浑厚，构图恢宏大气，用笔飘逸洒脱的画风影响深远。先生晚年自创的泼墨画，仍折射出敦煌的影子，这不能不说是敦煌的艺术对先生的感染和影响之大之深的体现。

第七章
一件四神青铜镜的修复与辨识

青铜镜以其独特的艺术魅力，吸引着藏家的目光。有一位藏家所藏的一件汉代四神青铜镜，因保管不善，被摔成大小不等的5块，需要进行修复。在修复前，我们对其进行了查看和了解（见图1-7-1）。

该镜为圆形，直径16.3cm，边厚0.4cm，圆钮，重圈纹钮座，钮座外为回凹四方形纹，回凹四方形纹内四角各铸一篆体阳文，分别为"富、贵、大、乐"。镜内区四乳丁之间以浅浮雕的手法，雕饰朱雀、白虎、玄武、青龙的四神主纹饰。"四神"也称"四灵""四象"，为中国古代传说中的瑞兽，同时也代表"北、东、南、西"四个方位。在白虎的尾上方，玄武的头下方，青龙的尾下方，各雕有一个或奔跑或跪拜的仙人模样纹饰，应是羽人。羽人为古代神话传说中身上长有翅膀的仙人。青龙背部上方还有"辟邪"二字。其外区为一周栉齿纹，镜边缘一周饰锯齿纹和蔓草纹（见图1-7-2）。整面铜镜覆盖一层墨绿色包浆，俗称"黑漆古"。

一、铜镜的修复

该铜镜已被摔成5块，从断面上看，锈蚀较为严重，镜壁较薄，靠近镜缘部位的断面的铜绿非常明显，可见一铁锈色的胎心，未见有铜胎。好在藏家心细，将断裂部位掉落的锈渣也收捡起来，这为我们下一步采用仪器检测分析提供了样品。

图1-7-1　修复前

图1-7-2　修复后

第一篇 保护修复

铜镜的修复主要经过如下步骤：

首先，将断裂部分清洗干净，并进行比对拼接。这是修复的第一步，也是关键的一步，不能有丝毫的错位，否则，将会为下一步的修复留下隐患。由于该铜镜已没有铜胎，且本体又较薄，如采用焊接方式，没有着力点，难以吃上力，因此，本次修复采用黏接的技术手段，用配比好的黏接剂进行黏接，待黏接剂固化以后，即进入下一阶段的工作。

其次，对接缝进行处理。由于第一阶段拼接到位，铜镜有纹饰的一面已基本上看不出明显的接缝，只有掉渣的部位和镜面能看见缝隙。因此，采用与镜面近似的色料，在其中掺和黏接剂，进行调制，用调制好的黏接剂进行勾缝、填补、找平。

最后，待其固化以后，进行修补、打磨、做旧、封护处理，使铜镜基本恢复原来的模样，以满足鉴赏、收藏的需要。

二、铜镜的检测分析与鉴定

笔者以往曾多次接触过馆藏的与之类似的汉代青铜镜，在初次上手这面"汉镜"时，从上手的重量、包浆情况以及纹饰风格、铸造工艺等方面看，对其的第一印象是上手沉，锈色和纹饰风格与所见汉代铜镜极为相似，只是纹饰的总体感觉上，有一层"蒙"的感觉。再看断裂面，如此沉的物品居然看不到一点铜胎。仔细查看其纹饰，发现四神中的朱雀构图杂乱，篆体文字"富贵大乐"过于印刷化，"大"字与馆藏汉代铜镜中的"大"字书写差别比较大，且在这里一般采用的应该是"永"字。再者，汉镜制作严谨，"榜题"在汉代石刻、壁画等上较为常见，一般在青铜镜上出现得较少，而在该镜青龙纹饰上标注的"辟邪"二字榜题，臆造成分较浓。轻轻敲击铜镜，发出"噗噗"的厚塑料声，没有金属锈蚀厚重的感觉，种种疑问使人难以释怀，难道这面铜镜有问题？为了彻底搞清楚这面汉代青铜四神镜的真面目，工作人员对其掉下的锈渣和断裂中间部位的钻孔取样进行了科学技术检测分析。

检测主要采用了三种方式。第一，采用了超景深显微系统查看其微观形貌，以判断其在显微下的铸造工艺和锈蚀情况（见图1-7-3、图1-7-4）。选择100~300倍的倍率，通过超景深合成图像，

图1-7-3 超景深显微图一

图1-7-4 超景深显微图二

可看到其表面的色泽与其他锈蚀物没有多大差异，断面镜缘部位则可看见明显的铁锈。

其次，采用扫描电镜进行定性分析。从锈渣中挑选一粒表面为"黑漆古"的"漆皮"和一粒"铜锈渣"，制样以后，通过扫描电镜仪进行检测，检测结果如下（见图1-7-5～图1-7-7和表1-7-1、表1-7-2）：

从扫描电镜的检测结果分析可以看出，该青铜铜镜表面被称为"黑漆古"的样品的主要成分为有机化合物，含量达98%以上，而铜胎样品中，有机化合物也占到了60%以上。在另一组的检测中，还发现了镁元素，含量最高能达到10%。

至此，基本可以判断该铜镜为赝品。为进一步判断这些有机化合物到底为何物，我们又用傅里叶红外光谱仪进行了检测分析，检测结果如下（见图1-7-8）：

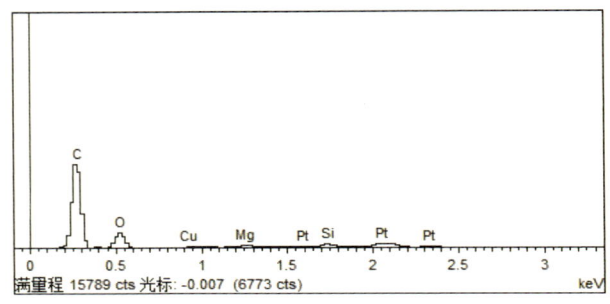

图 1-7-5 "漆皮"电镜图谱

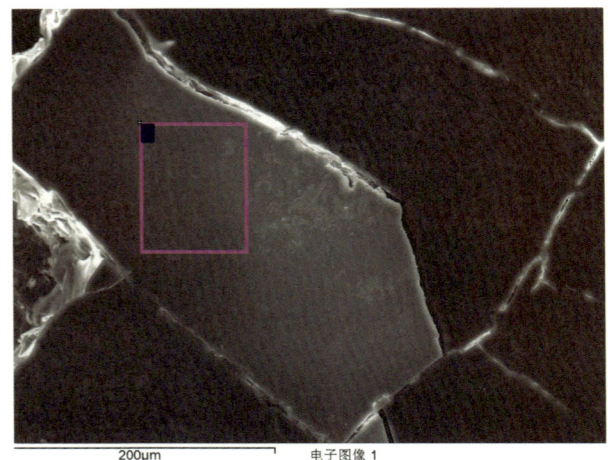

图 1-7-6 "漆皮"电子图像

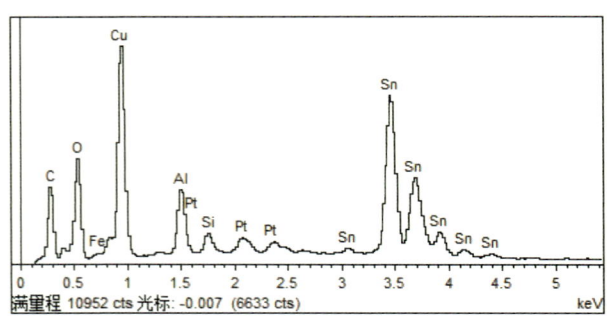

图 1-7-7 铜锈渣电镜图谱

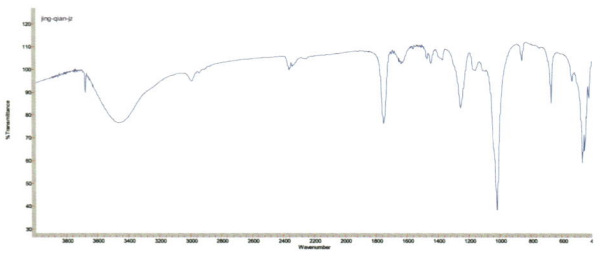

图 1-7-8 铜锈渣红外光谱图

表 1-7-1 "漆皮"元素含量百分比表

元素	质量百分比 / %	原子百分比 / %
C K	71.67	77.31
O K	27.70	22.44
Mg K	0.20	0.11
Si K	0.25	0.11
Cu K	0.18	0.04

表 1-7-2 铜锈渣元素含量百分比表

元素	质量百分比 / %	原子百分比 / %
C K	31.39	51.48
O K	30.83	37.95
Al K	2.10	1.53
Si K	0.53	0.37
Fe K	0.17	0.06
Cu K	19.43	6.02
Sn L	15.55	2.58

由上面的红外光谱图可见,在1740cm^{-1}和1018cm^{-1}附近出现吸收峰,并且在1200～1000cm^{-1}区域出现最强谱带。与502胶红外光谱图比较可以看出,两者的峰形基本一致,初步可以证明,该样品中可能存在与502胶类似的高分子化合物。

通过上述三种方式的科学检测,我们可以判断出这面所谓的汉代四神青铜镜应为现代仿造的赝品。在修复中,曾有一个小插曲,在检测仪器分析结果还没有出来前,笔者对余下的锈渣进行了试验,方法是将锈渣碾成粉,碾压过程中感觉没用多大的力就将其碾碎了,与以往难以碾压的铜锈渣相比相差极大。用手术刀挑一点放在酒精灯上用火苗烘烤,没想到,粉状的"铜锈渣"居然燃烧了起来(见图1-7-9)。这再一次证明这面所谓的汉代青铜四神镜其实就是一件现代高仿的赝品。

图1-7-9 燃烧试验

三、辨识后的思索

通过对该枚铜镜的修复与辨识,笔者感觉文物市场确实鱼龙混杂,如果没有过人的慧眼,收藏者想不上当都难。

实事求是地讲,从这面铜镜本身来看,它的作假水平确实不错,其纹饰风格与汉镜很相似,且用树脂混合金属碎渣等物制作,做工和做旧的水平都达到了相当高的程度,完全可以以假乱真,假如它没有摔坏,或一开始笔者心里不是揣着"假货"的心态去挑毛病,抑或者笔者不是在好奇心的驱使下对其掉下的铜锈渣的化学元素配比进行察看,那么,这面铜镜可能还将继续以假乱真。这不禁引出了笔者长期思考的一个问题：文物的真假到底应该如何鉴定？目前，文物市场的鉴定怎么越来越变味走样了，大多数藏家的目光及媒体的聚焦点往往都在藏品的价格上。文物市场里各种"大师""专家"多如牛毛，他们真实的鉴定水平到底几何？看了几本书就自封大师的大有人在，甚至部分博物馆出身的人员，以博物馆工作人员的名义在外招摇撞骗，这些人的真实水平到底如何，怎么界定？文物市场的乱象与这些人有多少关系？

这使我想起很久以前的一个故事，有户人家一直给小孩买矿泉水喝，小孩读书后，每天依然如此。有一天早上，矿泉水喝完了，家长忘记及时补充，小孩急着要上学，无奈之下，家长用凉白开水充当矿泉水灌进空瓶里顶替。谁知，小孩放学回家后，就说今天这个水太难喝了，说家长买到假货了。其实，小孩不但说出了真实的情况，也道出了文物鉴定的真谛：熟能生巧。由于长期喝矿泉水，小孩能分辨出什么是矿泉水，什么是白开水。

这个故事告诉我们，文物鉴定没有那么神秘，熟悉是最重要的，只有长期接触真东西，上手真东西，才会有一双慧眼。很难想象，从没有接触过的东西，怎么会认识，整天在假货堆里看，在文物图录画册里翻，最终的结果只能是看花眼。在博物馆里待过的人都知道，博物馆里，也不是人人都可以随便接触到文物，上手文物就更不现实了，只有少数人员才有机会真正直接接触到馆藏文物，这些人员主要集中在文物保管和文物保护修复岗位上。因而，那些连真东西都没有上手的人，或没有摸过几件真东西的人，或隔着玻璃窗鉴赏的人，是无法给别人搞鉴定的。他的鉴定依据到底是什么？难道这些人天生就有"感觉"？文物的鉴定说到底，其实就是比较学，就是鉴定人员不断地把自己以往见过的各种真东西，与手上的东西反复比较。俗话说："不怕不识货，就怕货比货。"对于文物辨识者来说，没有看过真的，如何能识出假货？从这个角度说，钱是买不来慧眼的，但提高文物鉴赏水平倒是可以让人慧眼如炬，所以，鉴定与鉴赏还不是一回事。

慧眼的练就不是一朝一夕之功，而运用科学技术检测手段的鉴定，是建立在数据的基础之上的，是文物鉴定的有益补充，而多方位、多手段相互印证出来的结果，才是科学而严谨的。

第八章
竹雕笔筒的雕刻技法及养护

竹雕也称竹刻，指在竹制的器物上雕刻多种装饰图案和文字，或用竹根雕刻成各种陈设摆件。竹雕笔筒是竹雕的一种，是利用竹子天然中空的形态，在其外表雕琢各种纹饰图案而制作的用以盛装笔的笔筒，称为竹雕笔筒。竹雕笔筒的兴盛与明清时期文具的风靡分不开，装饰书房文案成为当时文人墨客的一大嗜好。虽然笔筒未列入纸、墨、笔、砚文房四宝之列，但作为文房书案中不可或缺的物品，其早已成为很多文人墨客的喜爱之物。而中国文人之所以对竹刻制品情有独钟，除了竹子价廉物美、十分易得外，还在于其材质优良，可以充分利用，并可作为传统文人的一种精神寄托。

竹皮，皮薄如纸，与肌里有色差，雕刻时可用来做文章（留青），技艺高超者能在竹皮上刻出"墨分五色"的书画效果；竹皮内有一层"篾青"，是竹子最细密、颜色最易变红的地方，打磨平整后，可雕刻浮雕或镂空及透雕；剖开竹子，里面为竹黄，可以取下压成平板，做成各种器物，加以雕刻。竹根肉质厚实，可以雕成各种人物走兽、山水花木等。

竹雕笔筒是竹雕制品中的一种，它的全盛时期为明清时期，其时出现了大量专攻竹雕笔筒的雕刻大师，按照雕刻风格和活动区域划分为嘉定派、金陵派等派别，他们在继承前人雕刻技法的基础上，还创造了一些新的雕刻技法。如嘉定派代表人物之一的吴之璠，他创造的"薄地阳文"的雕刻技法，独树一帜，为后人所争相效仿；而金陵派创始人濮仲谦的"大璞不斫"的雕刻技法，也为后世的文人墨客所推崇。

一、竹雕笔筒的雕刻技法

竹制笔筒的雕刻表现形式或工艺，是在汲取以往其他材质的雕刻技法的基础上，结合了自身材质的特点和工艺要求而形成的，主要归纳为圆雕、浮雕和线刻三种形式。

（一）圆雕

所谓圆雕，是指适于多角度欣赏的完全立体的雕刻作品。

圆雕中还包括一种半圆雕，即雕刻出需要表现的主要部分，舍弃次要部分，形成一半是圆雕而另一半隐藏成原物的形态，也有的是用其他图案、景物、平面等不同手段作衬底的一种雕刻形式。实际上，不论是圆雕还是半圆雕，都是立体的、可多角度欣赏的、独立的个体。竹雕笔筒，不像竹根等雕刻多以艺术作品为主，具有实用功能，或以实用功能为主，因此，严格意义上的圆雕竹雕笔筒十分少见。虽然从单个图案来看，有些笔筒的图案有圆雕的影子，但放在整个笔筒中看，由于不是独立的"个体"（笔筒本身才是独立的个体），是附着在笔筒上的，因此，我们认为这类笔筒的雕刻不能算作严格意义上的圆雕。

（二）浮雕

浮雕是指在平面上雕刻出浮凸物像的一种雕刻形式。依照表面凸出的厚度，浮雕分为浅浮雕和高浮雕，以及透空（镂空）浮雕等。一些运用压缩、归纳、平面处理的浮雕又可分为单层次浮雕及多层次浮雕等类别。同时，浮雕的特点又是从一个方向欣赏的雕塑，而背面就可以附着在平面或器物上，占据空间少，可以和圆雕、绘画等相结合，适用于多种环境的美化装饰。竹雕笔筒基本上采用的是浮雕形式的雕刻技法。

作为雕刻艺术中的一种造型语言和形式，浮雕有它特有的雕刻方法，它在平面上对自然物象进行体积上的合理压缩，使其突出在平面上，同时运用形体压缩的方法将其雕刻成形，可见它与绘画有一些共同之处，即不对表面形象的长、宽比例尺寸作改变，只将物象的厚度压缩到所需的尺寸。浮雕可以多层次雕刻，也可以单层次雕刻。浮雕的层次及其所形成的凹凸面，在光线的作用下可以产生不同的明暗效果。

浮雕分为高浮雕与浅浮雕，两者的区别主要是：浮雕中体积厚者为高浮雕，体积薄者为浅浮雕。尽管两者之间没有明确的尺寸划分，但两者各有特点，已基本形成各自的模式。高浮雕除尺寸较厚，与浅浮雕相比，在形体雕刻上与圆雕有近似的地方，甚至对某些局部的形体用圆雕的方法处理，造成的效果是：形体压缩比例较小，侧面看物象形态变化较小，且体积感较强。如四川博物院所藏的明晚期嘉定派创始人朱三松的"和合二仙"竹雕笔筒（见图1-8-1），该笔筒直径9.1cm，高15.2cm，笔筒中两人蓬发露面，勾肩搭背，一人手持扫帚，一人手握蒲扇，长衫赤脚，悠闲洒脱。人物造型生动逼真，活灵活现，特别是左边的人物，就采用了典型的高浮雕带有一点圆雕的处理方法，而且局部还进行了镂空透光处理，在光线的照射下，轮廓分明、清晰，人物的头部等部位体积感很强，虚实空间的互补，给作品平添了几分情趣。

再如一件明代的"竹林七贤"竹雕人物笔筒（见图1-8-2、图1-8-3），笔筒的直径为14.8cm，高17.7cm，四周雕满了人物、山石、树木等图案，内容表现的是"竹林七贤"如身处世外桃源般的日子，终日与琴棋书画为伴的闲云野鹤式的生活情景，故事情

图1-8-1　和合二仙

图1-8-2 竹林七贤之一

图1-8-3 竹林七贤之二

节环环相扣。该笔筒雕刻面积不大,以散点透视构图布局,自然随意,用山石树木自然分割成5个大的区域,雕刻了大大小小28人。该笔筒采用了多层次的、局部镂空的雕刻手法,有些雕刻的人物还隐藏在镂空物之后,器件华丽精美,雕工精湛。

浅浮雕相对高浮雕而言,厚度较薄,不适宜表现较大的物象,在光线照射下,不会产生较深的阴影,立体感不太强,外形轮廓不明显,因而比较适合使用在笔筒类的小型物品上。清代竹雕名家吴之璠自创的一种名叫"薄地阳文"的雕刻技法,其实就是一种典型的浅浮雕。

所谓"薄地阳文",就是使图案花纹微微凸起,而在其他地方刮去一层皮,使其凹下去。该类浮雕主要的纹饰轮廓为阳刻凸起,而细部却以阴刻表现,在有限的厚度内,实现了有些高浮雕才能达到的效果。如吴之璠的"松菴道人"竹雕笔筒(见图1-8-4)。该笔筒直径10cm,高17.4cm,其浮雕虽浅,却雕刻出一个面容慈祥、须髯飘飘、袒胸露腹、长衫及

图1-8-4 松菴道人

地、双脚赤裸、神态安详悠闲的道人形象，丝毫不逊于高浮雕的效果。再如吴之璠的 "村竖牧牛" 竹雕笔筒（见图 1-8-5），该笔筒通高 15.8cm，直径 8cm，表现牧牛人赤脚站在奔跑的水牛背上，裤腿袖口高挽，面露焦急之色，试图抓取远处被风吹落的草帽，动态十足，雕刻技法细腻入微。而整个笔筒的构图采用了绘画中的"留白"手法，达到了清新淡雅、简洁明快的艺术效果。从这两件竹雕笔筒的雕刻工艺及雕刻手法来看，其应出自吴之璠之手。再来看看另一件浅浮雕作品，该竹雕笔筒为改琦卿画稿"蕉叶仕女"刻竹笔筒（见图 1-8-6），为清代作品，直径 4.8cm，高 10.6cm，其图案外形的轮廓线凸出于底平面之上，外形清晰明了，对图案进行反凹形处理及中间挖去一点的雕刻技法，能制造一定的视觉效果，装饰意味较浓，但浮雕的体积感和手法的细腻程度就不如吴之璠的作品，还稍显青涩。

图 1-8-5　村竖牧牛

图 1-8-6　蕉叶仕女

从以上三例浅浮雕竹雕笔筒中可以看出，浅浮雕要做得非常精细光滑，才能符合工艺制作要求，才可能出得了效果，如果将其表面雕刻得太粗糙，可能会削弱物象的体积感。明代金陵派竹刻创始人濮仲谦所创的"大璞不斫"雕刻刀法，就不太适合浅浮雕的雕刻。四川博物院所藏的另一件"三顾茅庐"竹雕笔筒（见图 1-8-7），题款为"仲谦"，应为明代嘉靖年间所制，表现了刘备偕关羽、张飞三顾茅庐的故事情节，画面布局合理，人物刻画得惟妙惟肖，雕刻手法娴熟。不论它是否出自濮仲谦之手，都可从中看出该件笔筒的雕刻手法主要是多层次的高浮雕技法，个别地方还采用了镂

图 1-8-7　三顾茅庐

图 1-8-8　八仙瑶池献寿

空雕。而另一件"八仙瑶池献寿"竹雕笔筒（见图 1-8-8）为清代作品，直径 12.7cm，高 15.5cm，表现了八仙在瑶池给王母祝寿，以及张果老骑毛驴、吕洞宾与张果老对弈等一些生活场景，既有高浮雕又有浅浮雕，且层次分明、雕刻精细、刀工娴熟、干净利落，虽然没有题款，但确是一件难得的佳品。

（三）线刻

顾名思义，线刻就像中国画中的白描画一样，是用单线条的雕刻来表现物象的雕刻技法。

在笔筒的雕刻中，线刻主要是以阴线雕刻表现的。线刻方法简单明了，有些线刻结合浅浮雕雕刻，能起到很好的装饰效果。如竹雕三仕女图笔筒（见图 1-8-9）。该竹雕笔筒直径 6.7cm，高 11.6cm，笔筒上的花石图案采用的是浅刻的雕刻技法，而中间的 3 个仕女人物像却采用了纯线刻的方式，由于线条雕刻不深，其表现的人物如不仔细看，很容易被忽略。

线刻表现形式单一，在近距离把玩的竹雕笔筒中，一般不单独使用，大多数情况下，用于浮雕的细部描写刻画。

图 1-8-9　三仕女图

二、竹雕笔筒的雕刻步骤

要使一件精美的竹雕笔筒成型，需经过多道工序，大致要经过选材、防腐处理、浮雕图案绘制、制作粗坯、细部雕刻、检查修整、砂磨打光、染色、干燥及打蜡等步骤。

三、竹雕笔筒的日常维护

竹雕笔筒毕竟是竹制品，属有机质材料，极易受到保存环境的影响。随着岁月的流逝，保存环境的变化，笔筒会出现开裂、发硬、发霉、变脆、虫蛀等现象。为了尽可能地保存好竹雕笔筒，延长竹雕笔筒的寿命，我们在日常的收藏中应做到以下几点：

（1）竹雕笔筒所用的竹子主要生长在我国南方地区，适合在气候湿润、雨量充沛的条件下生长。因此，用竹子雕刻的作品同样也需要相应的保存温度和湿度，倘若长期被置放在干燥之处，它也会干裂变形，失去光泽。竹雕笔筒的最佳保存环境温度应该是20℃左右，空气的相对湿度以60%为佳。

（2）笔筒的表面产生污垢时，不要用肥皂、洗衣粉和清洁剂之类的化学品洗刷，而应该用柔软的绒布轻轻地擦拭，应持之以恒，做到经常清理，这样可以保持其表面的润泽光亮。若遇陈年积垢，用绒布擦拭难以奏效，不妨用适量的绍兴黄酒或桐油作擦拭剂，这样既清除了顽垢，又起到了保护的作用。

（3）虽然大多数竹雕笔筒在雕刻前已经过一定的防虫防腐处理，但由于竹制品含有大量的纤维等物质，当温湿度合适时，非常适宜蛀虫生长，因此，平时要多观察，在保存箱（盒）里和笔筒内，放置一些樟脑丸，当发现樟脑丸快挥发完时，要及时地补充。

（4）传世的明清竹雕作品，古色古香，呈现出棕黄、浅黄、暗红、棕红等色泽。收藏者宜经常将其置于手掌中摩挲把玩，使其更加光润。摩挲把玩时，应以不损伤竹雕本身为前提，做到轻拿、轻放，和缓、细致、适度。

（5）存放和取拿笔筒时，要防止坚硬之物摩擦或碰撞竹雕笔筒，特别是有的笔筒纹饰采用了镂空雕刻，部分纹饰比较细薄、娇脆，对镂空处，在取拿存放时要格外小心，不要捏压这些部位，以免造成断裂等不必要的损伤。有时候这些摩擦或碰撞，即使极其轻微，也会损伤到器物，甚至在画面上留下难看的划痕、伤疤。

（6）平时取拿摆放或移动竹雕笔筒时，应注意取拿的方法，正确的取拿方法应该是一只手握持上端，另一只手托住底部，轻提轻放。

（7）包装存放前应先以棉纸包住，再以棉花裹住，在笔筒中也塞一点棉花，再放入一定的防虫蛀樟脑丸后，将其装入囊匣。棉花最好采用已经杀菌消毒过的医用药棉。

（8）竹雕笔筒出现问题，如开裂、虫蛀等情况时，尽量不要擅自处理，最好请专业技术人员诊断后，对症进行保护修复处理。

总之，一件精美的竹雕笔筒得之不易，它是工匠智慧和艺术的结晶，我们只有多学习一些相关的知识，做好日常的维护与保养，才能使竹雕笔筒传诸后世。

第九章
西周饕餮纹青铜罍的修复与研究

一、概　述

我国对青铜器的使用几乎贯穿了中华民族的整个文明史。我国古代青铜器古朴典雅，造型丰富，精美凝重，形成了独具特色、丰富多彩的青铜文化，是我们祖先智慧的结晶，也是我们中华民族的瑰宝。

中国的青铜时代，历经夏、商、西周、春秋、战国和秦汉，近1500年的历史，其中以商周青铜器最为耀眼。

青铜器在古代被称为"金"或"吉金"，是红铜与锡、铅按一定比例熔铸而成的合金，以铜为主，颜色呈青色，故称为青铜。青铜由于熔点比纯红铜低，硬度却要高于红铜，铸造性和机械加工性能较好，因而受古人喜爱。

按照使用功能，青铜器大致分为礼器和实用器；用于祭祀、宴饮、音乐的一些器物，被赋予了特殊的含义，成为礼制的体现，如鼎、簋、尊、斝、觯、罍、缶、铙、钟、钲等。西周时期，等级森严，"藏礼于器"，《春秋公羊传》载："天子九鼎，诸侯七，大夫五，元士三。"说明鼎在标记身份方面的重要作用。西周的礼制主要规定了鼎和簋的数量，如规定天子用九鼎八簋、诸侯七鼎六簋等，对于其他礼器的搭配，并没有严格的规定。

古蜀国位于西南方，其出土的青铜器中除三星堆和金沙的人面青铜像等之外，青铜礼器同样受中原文化的影响，尊、觯、铙、壶、罍、敦、鏊、釜、甑等中原文化的器物类型出土较多。从四川出土的青铜文物看，罍是一种重要的器物，这从出土的器物数量中可以看出端倪。罍是一种盛酒或盛水器，有方形和圆形两种器型。《诗经·卷耳》："我姑酌彼金罍，维以不永怀。"这说明罍是盛酒用的，金罍即青铜的罍。《仪礼·少牢馈食礼》："司空设罍水于洗东，有枓。"可见罍又有盛水的功能。

罍在蜀国，可能具有较为重要的地位，被赋予了特殊的含义。在新都马家乡出土的青铜器中，有一方青铜印章，印纹下方阴刻两个人手拉手的情景，人的头部上方左右各有一个铎，两铎之间有一个像渔网、又像窗格的图案（有的专家认为是兵士穿的铠甲），两人之间，其手的下方有一个罍的形象。这方印纹，有学者称为"蜀王印"。铎在中国古代是宣布政令时使用的乐器，盛行于春秋至汉代。此图案里描绘铎这种乐器，且有两人手牵手表示团结，有一种盟誓的意味；而罍既是酒器又是礼器，在这个地方出现，可能有一言九"罍"的意思，至于两铎之间的图案，无论是渔网、窗格也好，铠甲也罢，应该只是马家乡墓主人的族徽之类的特有标记。

此外，在离马家乡不远的彭州竹瓦街出土的两个窖藏的青铜器中，以牛纹罍和象首耳罍最为出名，这两件罍体形硕大，造型纹饰精美，通体为漂亮的绿漆古，让人过目难忘。

竹瓦街出土的青铜罍和马家乡出土的青铜器均为五五成组，说明五这个数，在蜀国可能有一种特殊的意义。

本次修复的青铜罍为1980年2月14日在四川彭县（现彭州市）竹瓦街出土的西周饕餮纹铜罍，通高45cm，口径17cm，罍盖、器身、口沿等多处破损，以往未进行修复。因此，四川博物院按照文物保护的基本原则，对此件青铜器进行了修复，满足陈列展览和收藏的需要。

二、青铜器病害机理研究及检测分析

该件需修复的青铜器，除缺损之外，周身布满了绿锈。因此，在修复前，应对其进行必要的病害检测和分析，为下一步的修复提供依据。

青铜器上的铜锈，主要为铜斑绿锈，有的五彩斑斓，有的翠绿如玉，还有的墨黑如漆，具有较高的观赏价值，收藏界把这些锈蚀物称为"绿漆古"或"黑漆古"。其实它们只是一种锈蚀的产物而已，其产生与青铜器埋藏的土壤水质或收藏的环境有很大的关系。

青铜器锈蚀机理主要为：青铜器埋在地下时接触氯化物，因氯离子半径小，容易穿透水膜与铜作用形成氯化亚铜，氯化亚铜又与水反应生成氧化亚铜和盐酸，氧化亚铜遇到氧气、水、二氧化碳、盐酸分别形成碱式碳酸铜、碱式氯化铜，在外界环境影响下所形成的腐蚀产物由内向外依次为氯化亚铜（$CuCl$）、氧化亚铜（Cu_2O），再向外是碱式碳酸铜〔$Cu_2(OH)_2CO_3$〕、碳酸铜（$CuCO_3$）或碱式氯化铜〔$Cu_2(OH)_3Cl$〕，两者都有层状结构。由于氯化亚铜层的转化产物——碱式氯化铜膨胀疏松，呈粉末状，氧和水仍然可以进入氯化亚铜层中，使其转化为碱式氯化铜。如此周而复始，青铜器的腐蚀不断扩大、深入，直至完全穿孔、溃烂成粉状，这就是文物界称为"青铜病"或"青铜癌症"的粉状锈锈蚀机理。

其实，青铜器在空气中首先与氧气接触后缓慢形成致密的氧化亚铜薄膜，它可以防止青铜器继续氧化，从而起到保护作用，但如果有水和二氧化碳的参与，则会生成一层碱式碳酸铜〔$Cu_2(OH)_2CO_3$〕铜锈，就是俗称的"孔雀石"，而在碱性较强的情况下，该铜锈会再与空气中的氧、二氧化碳、水作用生成俗称的"蓝铜矿"〔$Cu(OH)_2(CO_3)_2$〕。在酸性环境中，在氧和水的参与下，青铜器会发生氯和硫的腐蚀。可见青铜器的锈蚀机理是：氧首先与铜作用生成氧化亚铜，然后在水、氧、二氧化碳或氯的作用下产生孔雀石、蓝铜矿、副氯铜矿和绿铜矿。因此，保护青铜器，重在防氧和防潮湿。

对该青铜器表面锈蚀物的检测方法为刮取微量表面锈蚀物，采用扫描电子显微镜（SEM-EDS）进行检测。

通过检测分析，该件铜罍文物的主要金属元素为铜、锡、铅。由于取样位置靠近文物表层，检测结果是铅和锡含量较高，未发现氯化铜（见图1-9-1）。

采用超景深显微系统对铜罍表面锈蚀物进行观察，可见表层光滑致密，表层覆盖有一层薄而致密的蓝色锈蚀物（见图1-9-2）。

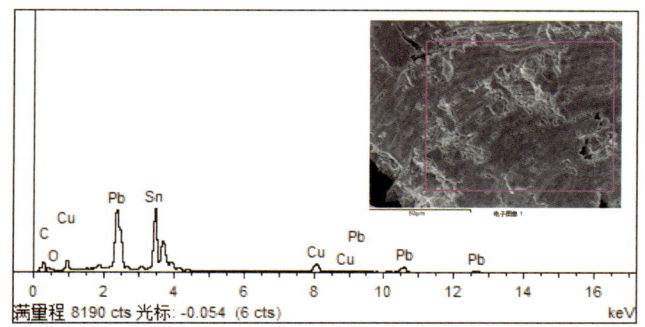

元素	质量（配比）/%	原子（配比）/%
C K	7.91	42.82
O K	3.09	12.55
Cu K	7.97	8.16
Sn L	47.07	25.80
Pb M	33.96	10.66

图1-9-1　检测数据图（表）

图1-9-2　超景深显微检测图

采用硬X光探伤仪，利用X射线的穿透能力，在不破坏文物的情况下，对文物的内部形貌进行探测，可揭示铜罍文物锈蚀物下的表面纹饰、铸造工艺、隐藏的病害状况等信息，避免文物修复过程中可能对这些纹饰或者文物信息造成的损伤或者破坏；同时，可为文物的制作工艺研究提供依据。

通过X光透视分析可知（见图1-9-3），此件器物经焊接修复过，残缺的兽面饕餮纹沿中缝镜像对称。因此，在保护修复时，对有残缺部位铸造补配及锈蚀严重的地方，将进行着重的保护与修复处理。

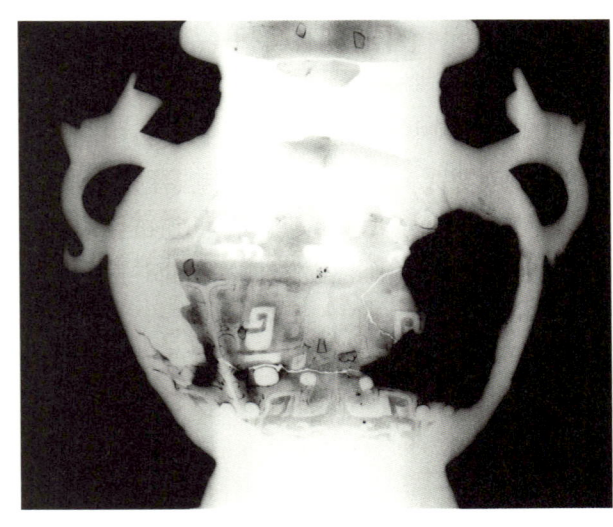 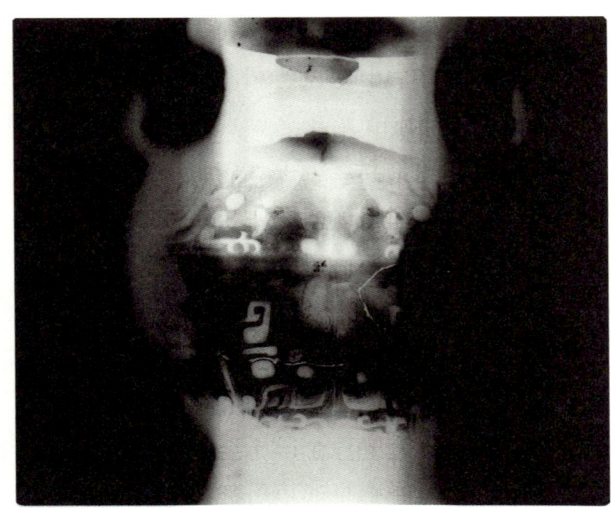

图 1-9-3　X 光透视图

三、铜罍的修复

（1）去锈：对表面的浮锈及泥土层采用机械方法清除，用手术刀剔除表面硬结物，牙刷刷去表面浮土，较为致密的部位用脱脂棉蘸无水乙醇敷泡后剔除。使用工具主要有刻刀、手术刀、钢针、毛刷、牙刷等。

（2）矫形：根据文物的变形程度及自身的金属性质（金属性、强度、弹性、塑性、厚度等）因素，采用捶击法、扭压法等方法使文物变形部位恢复原状。使用工具主要有木槌、铅锤、整形器等。

根据 XRF 检测分析结果可知，该铜罍质地较好，铜质含量高，矿化程度相对较低，因此可以采取多种矫形方法配合。首先，用尺寸合适的木条撑起器腹部向内歪斜的部分，然后对平直一点的大碎块利用小型 U 形钳垫木块的方法进行矫正；在矫形过程中还可以使用台钳等工具。

矫形往往需要经过比较长的时间和比较复杂的过程。变形部位因长期挤压已形成顽固的变形状态，矫形工具一旦拿开，外部的应力撤销后变形位置很可能会再次复原，因此要不断调整，保持矫形的作用力，一段时间后应力释放才会慢慢起效。整个过程中都要注意力度，避免因求快而加大作用力，从而对文物造成再次损伤。

（3）修补配缺：由于该铜罍腹部缺失严重，可根据青铜罍的纹饰特征和左右对称的特点，利用青铜罍造型的对称性，在与残缺部位相对应的部位用石膏翻制出局部模具，制成缺失部位的蜡模，修饰蜡模后，翻制青铜铸造件进行修补残缺部位。

（4）修复拼接：采取锡焊工艺，将配缺部分连接起来，以达到基本恢复受损铜罍文物原有形状的目的。

锡焊是修复青铜器常用的方法，主要是锡焊所需的温度低（在 250℃～450℃的范围内），热度对焊件的影响小，不会造成铜器的氧化，且具有操作方便、容易掌握等优点。焊接时首先将缺口边缘进行打磨，去除断口的腐蚀层，露出铜胎，把补块拼接好，采用点焊法将其预连接起来，看是否到位，做好相应的调整以后，再把余下的缝隙焊接起来。

（5）随色做旧：把焊接的缝隙部分打磨平整，根据铜罍的原有色泽，使用漆汁调和矿物颜料，对焊道及补缺部位进行着色做旧处理，以毛刷弹拨做锈色，使全器再现文物古朴的风格色调。

（6）缓蚀封护：采用苯并三氮唑（BTA）进行缓蚀处理。该缓蚀剂用在青铜器的保护上，具有良好的效果，它可以在青铜器表面形成一层具有链状结构的配合物保护膜，该膜紧贴在铜器的表面，覆盖透明性很好，可将青铜器表面与腐蚀产物分开，使金属的溶解或离子化程度大大降低，从而起到保护的作用。

整个修复过程有完整的修复记录档案。修复后的青铜罍基本恢复原貌，显得古朴典雅，体现了该罍的美学价值和艺术性。修复前和修复后的西周青铜罍见图1-9-4、图1-9-5。

图1-9-4　修复前的西周青铜罍

图1-9-5　修复后的西周青铜罍

第十章
一件宋代武士石刻的保护与修复

一、概 述

泸州历史悠久，文化灿烂，有丰富的文物古迹。在泸州众多的可移动石刻文物中，除了汉代的画像石棺，还有宋代墓葬出土的石刻。这些宋代石刻，在泸州境内分布广泛，主要采用高浮雕、浅浮雕、阴刻、镂空等雕刻形式，题材内容丰富、包罗万象，主题大多取自世俗生活，其构图巧妙、形象生动、主题鲜明，雕刻技艺精湛，极富艺术感染力，在不同程度上反映了南宋时期四川地区的社会经济、民风民俗、建筑风格及丧葬文化，为后人提供了大量宋代社会的信息，是一部四川地区南宋时期的"清明上河图"，对我们研究工艺美术史、音乐舞蹈史、建筑史、社会生活史具有十分重要的历史价值和艺术价值。

此次需修复的武士石刻，为砂岩石质，长165cm，宽53cm，厚9cm，是宋墓石刻的主要类型之一，武士形象的石刻一般雕刻在墓室两门柱的内侧。该武士石刻身披铠甲，头戴兜鍪，鍪上有璎饰，双目圆睁，手执兵器，足蹬长靴，脚踏云台。其采用高浮雕雕刻，修复前该件武士石刻已断裂为四大块，且断裂呈斜片状，有少量石块缺失，浑身布满灰尘和泥土，破损病害较为严重。

据《武经总要》记载，宋代甲胄已形成定制，胸、背部均用铠甲遮护，并用绳带从肩上系连；腰部用绳带从后往前束紧，并在腰前束结；腰下有甲裙遮护两腿；上身有披膊遮护上臂；头鍪（兜鍪）呈圆覆钵形，后缀防护颈部的顿项，兜鍪顶部缀有一束长缨以彰显威猛。

二、武士石刻表面风化机理分析

石刻表面的风化由多种因素综合作用形成，主要由结晶盐和文物保存过程中温湿度的变化所引发。这件石刻，在出土前长期埋在地下，受到地下水渗透的影响，因此，石刻长期被水浸泡，淤泥堆积甚为严重。而这些地下水含有的可溶盐等成分，在石刻表层富集成含结晶水的盐类，随着环境水分的不同变化，这种盐类会失去全部或部分结晶水，体积收缩，形成粉末，当处于多水环境时又吸水膨胀，重新结晶，同时产生压力，这种体积的反复变化加速了石刻表层石质颗粒的岩胀作用，致使石质颗粒间胶结强度减弱，逐步产生空鼓、酥粉脱落等现象。另外，文物出土入库后，即受库房保存条件的影响，在没有调控设施的情况下，库房内的保存环境随自然环境变化而出现较大幅度的波动，这会加速石刻内含有的结晶盐的结晶—溶解—再结晶过程；温湿度的变化会使石刻处于不稳定的湿度环境中，反复的干湿交替，会使石质强度降低，产生粉化，进而产生酥粉等风化现象。

三、病害检测与分析

通过调查，这件需修复的石刻的主要病害为破损、残缺、断裂、风化酥粉、脏污、表面泛盐等。我们主要采用扫描电子显微镜、X光衍射仪、X荧光分析和超景深显微镜等器材，对现场提取的残损脱落的石材进行检测分析，进一步确认了这件武士石刻的物象和病害，为下一步保护修复提供科学依据。

（一）扫描电子显微镜检测分析

检测目的：了解这些石质文物的元素组成，可溶盐的成分及含量，评价可溶盐对石刻文物所造成的劣化影响。

检测方法：用热场发射扫描电子显微镜（SEM-EDS）对样品进行检测分析。

实验仪器：JSM-7100F 场发射扫描电镜、X射线能谱仪。

测试条件：WD=10mm，HV=20kV，样品表面覆有Pt。

检测结果见图1-10-1。

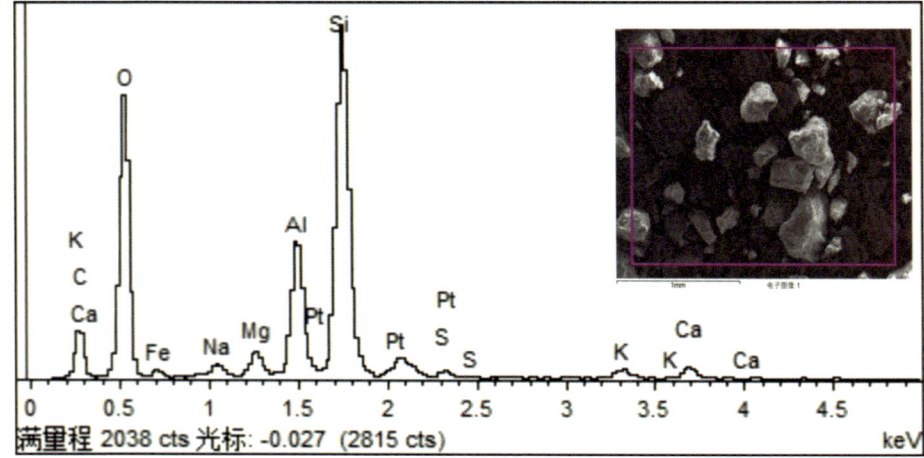

元素	质量百分比/%	原子百分比/%
C K	29.14	37.79
O K	55.71	54.24
Na K	0.58	0.40
Mg K	0.73	0.46
Al K	3.17	1.83
Si K	7.97	4.42
S K	0.18	0.09
K K	0.24	0.10
Ca K	0.36	0.14
Fe K	1.92	0.54

图1-10-1 扫描电子显微镜能谱分析结果

根据能谱分析结果可知：样品中除了都含有碳、氧、镁、铝、硅、钙、铁7种元素外，还有钠、硫、钾、钛、锆等。能谱分析表明，样品的主要成分为碳、硅、氧，确定含有石英矿物成分。除此之外，还含有铝、铁、硫、钾，说明其可能含有硅铝酸盐矿物。

（二）X光衍射仪分析

检测目的：通过对样品的X光衍射检测分析，判断石质文物岩石的属性，评价此类岩石的劣化机理。

检测的仪器：Bruker D2 PHASER 多功能衍射仪。

测量配置和参数：常规光源，300W Cu靶，工作电压及电流为30kV、10mA，LynxEye探测器。

DS狭缝：1.0度。索拉狭缝：2.5度。测角仪半径：141.0mm。

扫描速度：6度/分。

检测结果见图1-10-2。

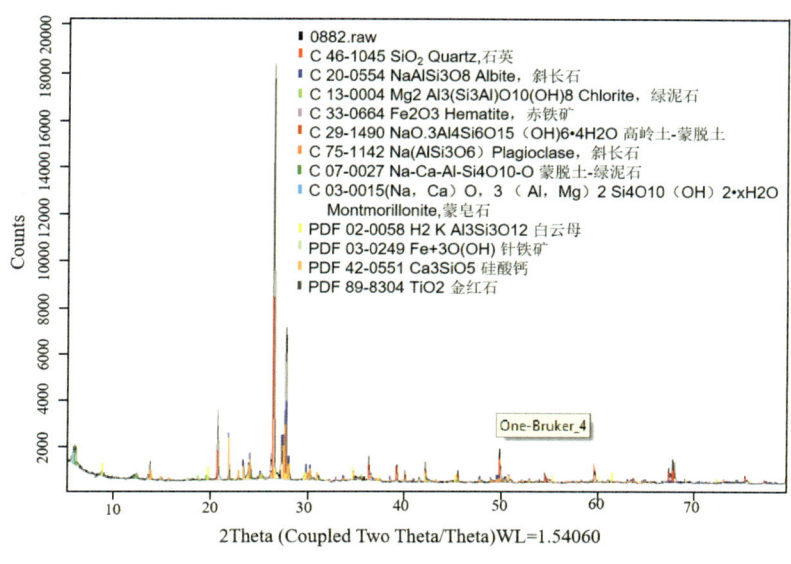

图 1-10-2　X 光衍射仪分析

结论：通过 X 光衍射分析，获得样品的结构信息，各个物相的含量百分比如下表所示。

矿物名	所占比例 /%
石英	78
斜长石	7
高岭石	3
绿泥石	4
赤铁矿	6
赤铁矿	1
其他	1

（三）超景深显微检测分析

检测目的：通过对石材样品的超景深显微观察分析（见图 1-10-3），评价该类砂岩石的颗粒胶结情况和孔隙大小对石质文物的劣化影响。

检测方法：我们选取了现场石刻掉落的一小石块，通过对其新断面进行超景深显微观察分析，可以看见明显的胶结颗粒，孔隙适中。

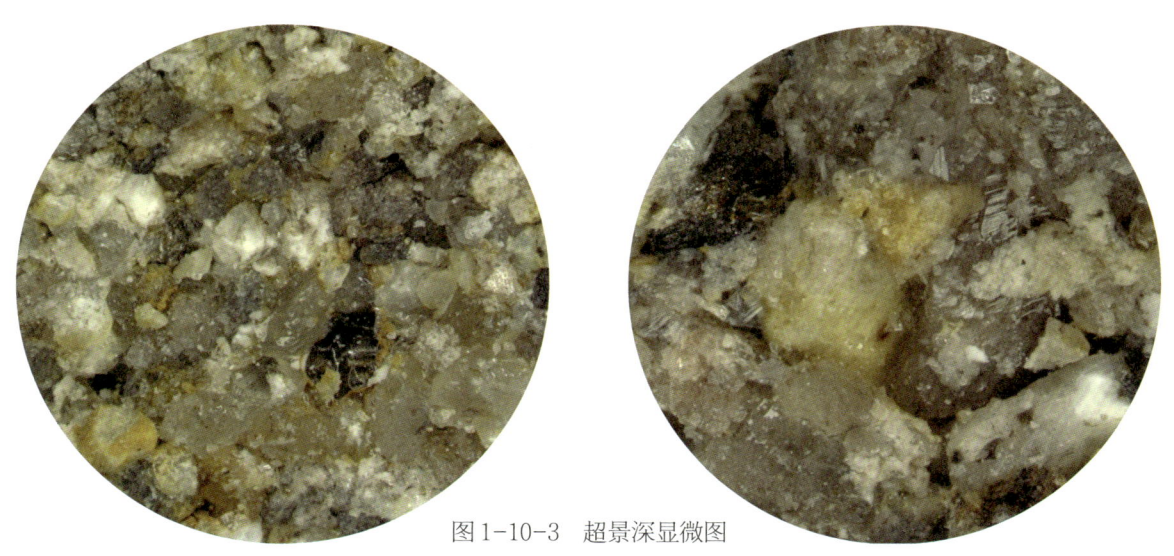

图 1-10-3　超景深显微图

（四） X 荧光检测分析

检测目的：通过对石质文物表面附着物进行 X 荧光检测分析，评价表面这些附着物的元素成分，以及这些物质对石质文物的劣化影响。

检测方法：石刻表面泛白现象在泸州地区的石刻中比较普遍，我们选取其中一件比较典型的石刻，用X荧光分析仪进行检测分析，得到的数据图谱见图1-10-4。

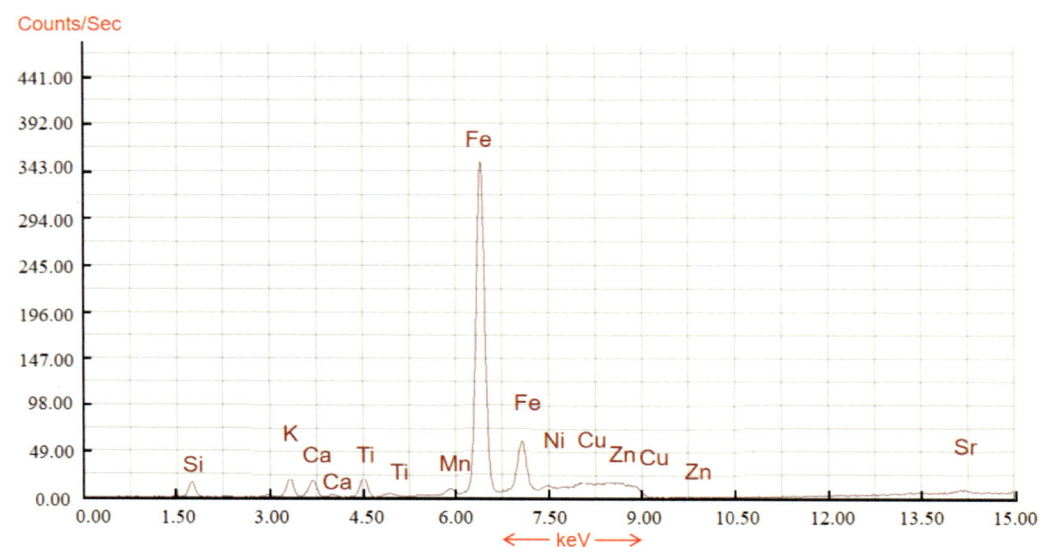

图1-10-4　检测数据图谱

根据检测数据分析得出如下结果：该石刻表面的物质主要是硅盐、铁盐、钙盐等的混合物。

（五）初步结论

根据病害调查和检测分析可知，该石刻常年埋藏在地下，征集回来后，没有进行过必要的保护处理，堆放在库房，且库房自然通风，处于常温环境。从检测的结果看，该石刻为砂岩石质，颗粒度及空隙适中，表层除附着大量的污泥、灰尘等以外，还存在可溶盐，表面的颜料难以辨认，石刻表层风化和断裂损伤情况较为严重。四川博物院根据这些病害特征，综合其他检测分析，采用目前较为成熟的保护材料和技术方法并制定了相应的技术路线。

四、前期保护研究

根据保护修复工作目标和病害调查检测的结果，在遵循国内相关石质文物保护修复方法的基础上，对拟使用的保护技术和材料进行了保护前期的一些研究，进一步论证拟采用方法的可行性、有效性，并为下一步制订具体技术路线及保护修复方法提供依据。

（一）表面清洗及脱盐研究

拟对主要的清洗材料、清洗方法、工艺和清洗效果进行前期研究和评估。拟了解清洗过程中温度、化学试剂对石质文物的影响，以及清洗完成后所用的化学试剂或其反应产物如何从本体中清除。

由于可溶盐对石刻风化的影响比较大，因此，对石刻进行清洗、脱盐是实施加固保护的前提，可选用去离子水进行石刻的表面污泥的清洗，而脱盐拟选用"去离子水多层纸张贴敷法"（图1-10-5、图1-10-6）。

图 1-10-5　宣纸贴敷

图 1-10-6　塑料薄膜包裹的石刻

清洗利用了石刻内部的毛细作用和纸张纤维纹理的协同抽吸作用。先用去离子水清洁石刻表面灰尘、泥浆，在石刻有溶盐的部位贴敷多层纸张用排笔等软刷蘸取去离子水，或喷洒去离子水，使纸张紧贴石刻表面，再在纸张上均匀地铺一层纸浆，用塑料薄膜包裹后，等纸张干翘后（经过两个星期左右），揭去纸张，用盐度计测量，如高于0.2%，则重复上述方法，直到石刻表面可溶盐小于0.2%即可。

该贴敷法安全环保，对人体无任何伤害，在实际使用后，经盐分检测仪检测，其脱盐效果比较理想。

（二）表面渗透加固研究

目前，石质文物上常用的风化加固材料种类繁多，拟修复的石刻本体中浸入的大量有机质色素，在局部预加固的过程中极易引起文物颜色的改变，因此，在表面渗透加固时尽量选取对文物本体颜色改变较小的加固剂。基于该石刻的材质的特点，选取了一块与该石质类型相似的石材进行试验，并选用了文物上最常用的 Remmers 300、Remmers 500 这两种硅酸乙酯材料和 Paraloid B72（简称 B72）加固剂作为表面渗透加固材料的筛选对象。

实验方法：如图 1-10-7 所示，将一块较为平整的沙岩作为实验样品，选取石块上 4 处较为平整的部分，采用色差计先分别测定其色度系数，再对各区域分别滴渗加固剂，自然干燥后，测定滴渗加固剂后的色差改变值 ΔE。

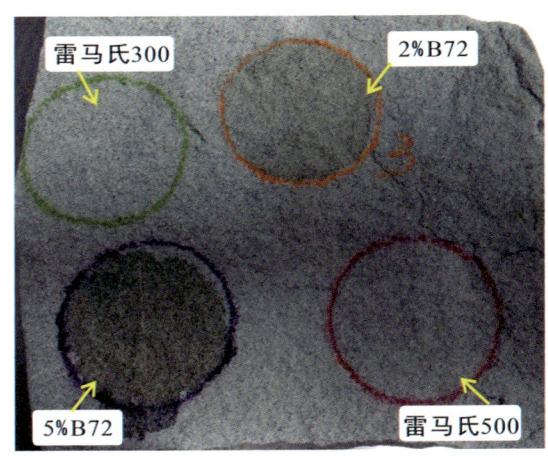
图 1-10-7　加固后的颜色变化图

实验结果：从石刻表面滴渗加固剂后的颜色变化情况可知（见表1-10-1），2%B72和5%B72加固剂均会引起石刻表面不同程度的颜色改变，且随着B72的浓度增加，石刻表面会出现泛光；而Remmers 300和Remmers 500加固剂均不会引起石刻表面颜色的改变。因此，考虑到石刻表面有酥粉情况，为了提高加固强度，以滴渗的方式缓慢而均匀地将Remmers 300滴渗到文物表面风化层，分多次渗入，每次3~5分钟。

表1-10-1 文物表面加固试验效果表

预加固材料	加固次数	渗透性	处理前后	色差值				表面变化
				L^*	a^*	b^*	ΔE	
2%B72	3次	良好	滴渗前	57.75	-2.71	7.37		颜色加深
			滴渗后	53.66	-2.71	8.88	4.36	
5%B72	3次	较差	滴渗前	58.50	-2.80	7.43		颜色明显加深，表面有泛光现象
			滴渗后	48.12	-2.60	9.19	10.52	
Remmers 300	3次	良好	滴渗前	56.69	-2.90	7.36		颜色未改变，无泛光现象
			滴渗后	56.78	-2.87	7.34	0.09	
Remmers 500	3次	良好	滴渗前	58.43	-2.40	7.46		颜色基本不改变，无泛光现象
			滴渗后	57.88	-2.29	7.50	0.56	

五、技术路线及修复步骤

针对这件宋代石质文物的实际病害状况，根据病害检测分析数据，依据前期试验研究数据的结果，选用成熟技术和保护材料，本着"保持原貌，最小干预，可识别"的原则，对脏污、泛盐、表面风化用清洁、脱盐、表面加固增强等保护技术手段加以处理。对断裂和缺损部分，采用拼接、锚固、黏接、修补等修复技术手段。为基本还原文物病害前的状况，采取如下主要技术路线：档案资料留取、建立→前期检测分析、试验、研究→表面预加固及清理→脱盐→拼接、补配、加固→抗风化补强→封护→效果评估、形成保护修复技术报告。

修复操作的步骤包括以下方面。

（一）预加固处理措施

保护修复实施前应对酥粉、层片状脱落严重的部位进行保护性预处理加固，拟先采用整体补强材料对于上述部位先处理一次，处理方法及工艺参见整体补强部分。

预加固处理使用的材料需具备一定的渗透能力和弹性。

（二）清理表面浮尘、泥土及其风化物

在清理表面时，特别在石刻表面有可溶盐的情况下，可先用软毛刷配合空气吹洗清理掉表面风化物，清洗以热蒸汽吹洗和人工清理为主，清洗过程中要尽量减少水的使用量，以手工机械清理为主，除去离子水、酒精、丙酮外，不引入其他化学制剂。

(三）表面脱盐

采用去离子水多层纸张贴敷法进行脱盐处理，排除石材表层过多的可溶盐，减少可溶盐的破坏作用，这样做有利于后期保护效果的长期保持。脱盐宜采用去离子水多层纸张贴敷法。去离子水多层纸张贴敷法采用定制的医药级过滤纸张，这种纸张具有极高的内表面积，孔隙率及纯度高，其pH值为8左右，密度约为1.1g/cm³。具体处理步骤如下：

（1）现场检测（水来源种类判别、石刻本题表面含盐量检测）；

（2）脱盐区域划定，周边及地面的保护；

（3）采用软毛刷或压缩空气去除表面可溶盐结晶；

（4）可在质地较软或基面吸水太大的部位先铺一层韧性较好的Coocon脱离纸巾，用去离子水贴敷平整；

（5）采用刮灰刀将纸浆刮贴到脱盐部位，施工量6~7kg/m²，湿膜厚度1cm左右，防水24小时，养护24小时；

（6）2～6周后小心撕掉纸巾；

（7）基层取样，分析可溶盐含量；

（8）进行二次脱盐工艺，直到基面含盐量少于0.5%为止；

（9）清理表面残留，清理场地，完成脱盐。

（四）裂隙处理

对于石刻开裂的部分，采用针管灌浆的方法进行处理，隔离封闭后，由下至上逐渐注入浆料（见图1-10-8）。

浆料配比：环氧树脂　　　100
　　　　　稀释剂　　　　 30
　　　　　固化剂　　　　 11～13

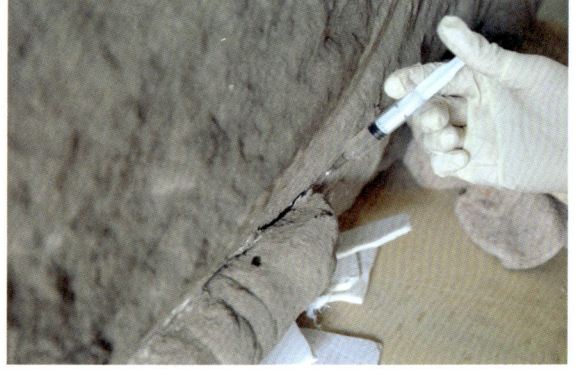

图1-10-8　滴注加固

（五）拼接锚固与黏合处理

由于石刻断裂成四大块，需要对石刻进行拼接锚固黏接，以增加强度，在固定时，要预先对石材断裂处的接触面进行处理，如用B72的丙酮溶液（10%~15%）涂底胶，进行隔离保护处理。石质文物的黏接依靠胶黏剂或借助机械手段实现，应当遵循可再处理原则，选择强度适宜、安全、耐久的黏合剂。可用添加有其他材料（抗紫外线剂、抗氧化剂、消泡剂等）的环氧树脂与固化剂，砂岩岩粉（150目）调和成砂浆，从下至上进行复原黏接，在结构部位可以用机械锚固的方法对碎裂进行处理。处理前必须进行隔离保护处理，以免浆料污染石刻。

根据对石刻文物的现场调查，由于断裂的石刻文物体积大而沉重，在只借助环氧树脂黏接的情况下，石质本体难以承受重力和压力，容易产生新的损害。需要对断裂面进行锚固、加固处理。拟在不开冲力的情况下，用冲击电钻对断裂面进行打孔，再采用不锈螺纹钢进行锚固，螺纹钢粗细依石刻断面和石刻碎块的大小来确定。打孔前，需要确定每个打孔断裂面的位置（打孔位置应选择断裂面较厚处进行打孔），再插入螺纹不锈钢。最后，要对打好的孔内进行环氧树脂的灌浆，其目的是增强文物在黏接后的稳定性，提高承载能力，并能有效地防止文物的变形和黏接部位的松动（见图1-10-9）。

（六）补配

对于残缺的部分，采用传统工艺和现代材料相结合的方式进行补配修补。缺失较大的采用接近砂岩的材料塑形，黏接归位，小的可用Remmers修复砂浆补缝，缝隙或缺失较小的部位直接采用Remmers修复砂浆补缝修补。补配的原则为：补全使用的材料和工艺要尊重文物的原材料、原工艺；补配工作应有充分依据；补配要具有安全耐久性；补配要保持文物的艺术美感；补配部位应具有可辨识性（见图1-10-10）。

（七）做旧和整体补强

对黏接、修补的部位出现的色差进行随色，将矿物颜料和Remmers加固剂混合均匀，作为做旧材料，提升石刻的艺术观感。

整体补强利用Remmers 300与Remmers 500两种硅酸乙酯材料对石刻进行整体梯度渗透补强处理，即补充石材中的胶结质，以提高其抗风化能力。由于石刻原为整块石材，故而不能简单采用喷

图1-10-9　锚固打孔

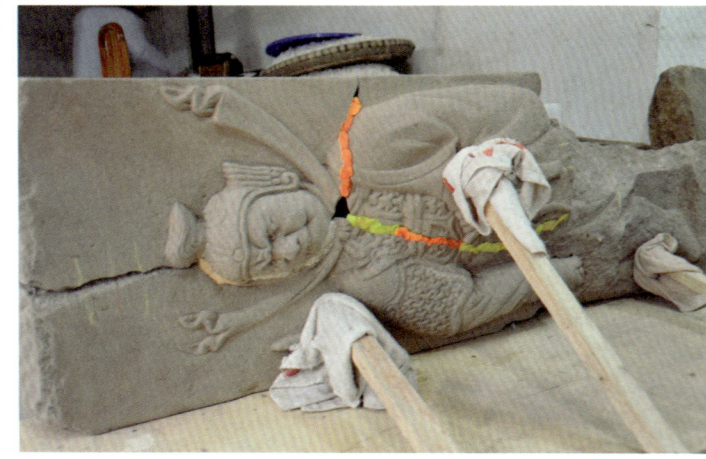

图1-10-10　拼接补配

淋方式，需结合包裹灌注的方法，必要时可在无纹饰区钻孔植入针头，采用打点滴的方法加强渗透，渗透时间在 1 小时以上，确保有效渗透深度超过 5cm。

（八）封护处理

待渗透补强剂完全渗透加固后（大约一个月），再采用 Remmers 100 材料，用喷雾器均匀地喷涂在加固处理后的石刻表面，形成保护封护膜，隔绝外部灰尘、水汽等有害物。

上述保护修复恢复了宋代武士石刻文物的原貌，保持了石刻文物的完整性，提高了石刻文物的艺术观赏性，增强了文物自身防护性能和强度，延缓了文物的老化速度，延长了文物的使用寿命。保护修复后的石刻，可以满足陈列展览、研究和收藏的需要（见图 1-10-11）。

图 1-10-11　宋代武士石刻修复前后对比

第十一章
合江汉代画像石棺的保护修复

一、概　述

合江是四川汉画像石棺出土最多的地区，迄今已发现并出土33具，并拥有国内唯一一座汉代画像石棺博物馆。合江汉画像石棺，一般用本地产的青白石料，整石雕琢而成，再运入墓中。石棺均为长匣形，由棺盖和棺身组成。合江汉画像石棺上所刻的画像，既有人间现实的场景，又有天上的神仙境地，内容十分丰富。其既是合江县悠久灿烂文化的历史见证，也是历史文化艺术的载体；是研究合江地区乃至川南地区的社会历史、文化、艺术、民俗民风不可多得的宝贵实物资料。保护修复工作应严格遵循真实性原则、最小干预原则、可再处理性原则和可识别性原则，结合科学检测分析技术，对文物进行科学、系统、全面的保护，使其满足保存、展示、研究的需要，并最终达到使文物包含的信息得以更加长久保存的目的。

本次进行保护修复的6具汉代石质石棺文物表面没有彩绘层，棺体四面有浅浮雕，石棺表面已严重风化，自考古征集回来后并未得到合理保护。由于石质文物存放条件拥挤，部分棺盖断裂、碎成块面，加上文物表面酥粉，又有裂隙，如果挪动容易造成文物新的损害，加之文物本体沉重，难以搬运，无法对文物进行正面拍摄。为避免文物的二次损伤，在实施保护修复时，采用在原址就地保护处理的方式。

二、文物基本信息

本次保护修复的汉代石棺共计6具，文物具体情况见表1-11-1。

表1-11-1 合江县石棺文物基本信息表

编号	名称	时代	尺寸/cm×cm×cm	病害描述
001	辒车画像石棺	汉	210×71×69	两侧棺身和一侧挡头均有断裂和缺失，表面粉化剥落，有裂隙，表面泛盐。
002	仙境—宅第画像石棺	东汉	214×70×73	石棺棺身一面断裂，一侧挡头有断裂、缺失，表面粉化剥落，微生物侵蚀，表面泛盐。
003	仙境—宅第画像石棺	东汉	214×70×73	棺身三侧均有断裂和缺失，表面粉化剥落、泛盐。
004	燕居画像石棺	东汉	226×80×82	石棺表面粉化剥落、泛盐、有附着物，棺盖断裂成两部分且中间有小部分缺失。
005	篷车临门画像石棺	汉	237×64×85	棺身完好，棺盖三分之一处断裂，表面有粉状化剥落，表面泛盐。
006	养老画像石棺	汉	200×70×76	棺盖较为完整，棺身残缺、断裂严重，石棺表面粉状化剥落，表面泛盐。

三、保护修复原则

根据《合江县汉代画像石棺博物馆馆藏汉画像石棺抢救性保护修复方案》,本次保护修复以保护石质文物本体为主,以不改变文物为基本原则,对现有病害进行处理,对潜在可能发生的病害进行预防。在修复保护过程中,坚持按照保护修复方案进行实际操作,坚持最少干预的原则进行保护与修复,尊重历史、尊重文物原貌。

四、石棺病害检测及保护修复的材料筛选

在修复前,应对石棺的病害状况进行必要的检测分析,确认石棺存在的病害,以便为下一步的修复技术路线提供依据。

(一)病害检测

本次检测采用了超景深显微系统进行微观观察,并通过扫描电镜(SEM)检测分析石棺样品的组成元素,可溶盐的成分及含量,以评估可溶盐对石棺文物可能造成的劣化影响。

样品一:见图 1-11-1 ~ 图 1-11-3。

图 1-11-1 取样部位

图 1-11-2 石材表面结晶盐颗粒
(放大倍数:100 倍)

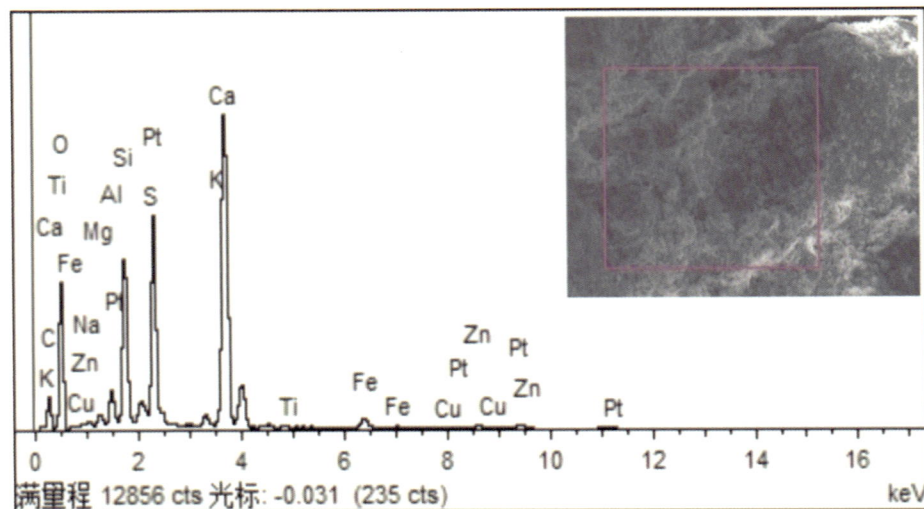

元素	重量百分比/%	原子百分比/%
C K	26.41	35.21
O K	56.67	56.73
Na K	0.31	0.22
Mg K	0.41	0.27
Al K	0.85	0.50
Si K	3.38	1.93
S K	4.47	2.23
K K	0.20	0.08
Ca K	6.56	2.62
Ti K	0.06	0.02
Fe K	0.36	0.10
Cu K	0.08	0.02
Zn K	0.23	0.06

图 1-11-3　扫描电镜能谱图及元素含量表

样品二：见图 1-11-4 ~图 1-11-6。

图 1-11-4　取样部位

图 1-11-5　石材表面的结晶盐
（放大倍数：100 倍）

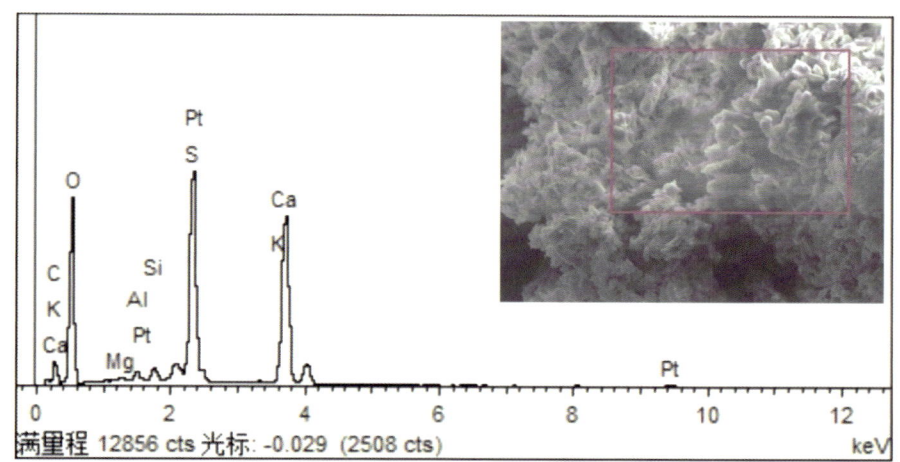

图1-11-6　扫描电镜能谱图及元素含量表

结论：从检测分析的结果看，石棺本体结构酥松，内部有较多白色结晶盐颗粒。表面有白色的结晶盐覆盖，可溶盐在结晶—溶解—结晶的周期变化中，产生的挤压力和膨胀力，导致岩石破裂、剥落和酥粉脱落。

通过扫描电镜能谱图及元素含量表可以看出，该白色结晶物中含有大量Ca元素和S元素，可推知其主体成分为硫酸钙（$CaSO_4$）。因此，在后期选用加固剂的时候，建议选用不影响岩石本体透气性的加固剂。

（二）修复材料筛选

1. 加固材料选择及配比

所选4种材料的有关性能描述如下：

（1）硅酸乙酯：硅酸乙酯是一种有机硅材料，属渗透加固材料的一种，在渗透到石质内部5~15mm时，和空气或基材的水发生化学反应，固化后形成的SiO_2胶体在石材内部，可使石材强度增加，副产物为挥发性的乙醇，没有对文物有害的成分。加固后的最大特点是不具憎水性，且反应过程可在一定潮湿环境中发生，在固化反应开始后（一般在6h左右），水环境对其影响不大；该材料为单一组分，无须现场配制，易于使用。常用产品有德国雷玛士公司生产的Remmers KSE 300（简称KSE 300）等。

（2）Paraloid B72：Paraloid B72（简称B72）是现今世界文物保护领域中使用最广泛的一种聚合物材料。该材料是一种无色、透明的热塑性树脂，可以用作文物保护加固剂、文物保护黏接剂、文物保护封护剂等。B72是由66%的甲基丙烯酸乙酯和34%的丙烯酸甲酯构成的聚合物，是一种用于文物保护的非常稳定的树脂。

（3）聚乙烯醇：聚乙烯醇是文物保护中广泛使用的一种水溶性树脂，可用作文物保护加固黏合剂等。

（4）甲基三甲氧基硅烷：甲基三甲氧基硅烷是一种广泛应用于石质文物保护的有机硅材料，可经过水解缩聚生成聚硅氧烷，并在岩石的孔结构中沉积，从而起到加固作用。甲基三甲氧基硅烷兼有无机和有机材料的性质，具有高渗透性，与石材相容、疏水等特点。

此次选用的加固剂和配比见表 1-11-2。

表 1-11-2　加固剂和配比

编号	名　称	组成及状态	浓度配比
1	KSE 300	正硅酸乙酯二聚体，无色透明溶液	不稀释，直接使用
2	B72	丙烯酸甲酯和甲基丙烯酸乙酯的共聚物	2% 乙酸乙酯溶液
3	聚乙烯醇	白色片状颗粒，可溶于水	3.2% 水溶液
4	甲基三甲氧基硅烷	无色透明液体	甲基三甲氧基硅烷、乙醇、水按 10:10:1 混合

2. 渗透加固保护方法

样品制备：选取当地新鲜砂岩，切割成 5cm×5cm×5cm 的试样块备用。

加固过程：先将岩石试样在加固剂中浸泡至饱和（约 0.5h），然后将处理后的试样置于温度为 25℃、相对湿度为 50% 的环境中，防止溶剂快速挥发引起表面浓度较大而结壳或颜色变深。1 周后外露，再于室内干燥 2~3 周。每种加固剂至少进行 3 次平行实验（见图 1-11-7 ~ 图 1-11-10）。

图 1-11-7　KSE 300

图 1-11-8　B72

图 1-11-9　聚乙烯醇

图 1-11-10　甲基三甲氧基硅烷

3. 加固剂性能检测

（1）保护处理前后色度变化：

砂岩质地文物有着明显的文物特征和属性，其选用的保护加固材料必须在"不改变文物原貌"的基础上进行，保护材料应以不影响文物本身色泽为宜。本实验采用CR400型色差计测量试样块保护前后的色度变化，其ΔE值越大，表明色度变化越大。从表1-11-3可以看出，加固剂对岩石样块表面颜色影响程度由深到浅为甲基三甲氧基硅烷、聚乙烯醇、B72、KSE 300（见图1-11-11、图1-11-12）。

图1-11-11 保护处理前

图1-11-12 保护处理后（从左至右依次为KSE 300、B72、聚乙烯醇、甲基三甲氧基硅烷）

表1-11-3 加固剂和色度变化

加固材料	A为保护处理前 B为保护处理后	L^*	a^*	b^*	ΔE
KSE 300	A	53.44	8.07	12.82	4.80
	B	48.85	8.86	13.99	
B72	A	50.65	8.85	12.37	6.45
	B	44.21	8.98	12.66	
聚乙烯醇	A	52.03	8.57	12.40	7.92
	B	44.24	9.44	13.56	
甲基三甲氧基硅烷	A	51.91	8.49	12.87	15.93
	B	36.06	9.77	13.77	

（2）保护憎水性能测试：

水的侵蚀是露天条件下保存的砂岩风化的主要诱因，保护材料必须具备良好的憎水能力。本实验采用JC2000D1型接触角测量仪测量保护处理后试样表面接触角，接触角大于90度，其表面具有憎水性，接触角小于90度，其表面具有亲水性；接触角越大，表明憎水性能越好。从表1-11-4可以看出，憎水能力由强到弱为甲基三甲氧基硅烷、KSE 300、B72、聚乙烯醇。

表1-11-4 加固剂和接触角

编号	保护加固材料	接触角
1	KSE 300	109.5°
2	B72	85°
3	聚乙烯醇	84.5°
4	甲基三甲氧基硅烷	124.5°

(3)酸碱老化试验：

试验过程如下：

① 将样块置于 105℃±2℃烘箱内，干燥24h，取出，放入干燥器内冷却至室温，称得其质量 m_0。

② 取两个反应容器，将样块放置于容器1和容器2中，样块与样块，及样块与容器壁间隔不小于10mm，在容器1中加入1%（V/V）H_2SO_4溶液，容器2中加入1%NaOH溶液浸没，液面高度至少应高于试样顶部50mm，盖上容器盖，在室温下放置24h后，取出室温放置14天。

③ 烘干，冷却至室温，称得其质量 m_1。

④ 计算相对质量变化。相对质量变化 $\Delta m=(m_0-m_1)/m_0\times 100\%$。

从酸碱老化后的结果可以看出，经过碱老化的试样表面没有明显腐蚀现象，而经过酸老化后的试样表面出现白色物质，可能是岩石被酸腐蚀后的产物堆积形成的（见图1-11-13、图1-11-14）。

图1-11-13 酸老化后（从左至右依次为KSE 300、B72、聚乙烯醇、甲基三甲氧基硅烷）

图1-11-14 碱老化后（从左至右依次为KSE 300、B72、聚乙烯醇、甲基三甲氧基硅烷）

材料的耐腐蚀能力越弱，试样腐蚀越严重，相对质量变化越大。从表1-11-5中可以看出，4种材料的耐酸老化能力由强到弱为 KSE 300、聚乙烯醇、B72、甲基三甲氧基硅烷，耐碱老化能力由强到弱为 KSE 300、B72、聚乙烯醇、甲基三甲氧基硅烷。

表1-11-5 加固剂和质量变化

	编号	加固试剂	试验前质量 m_0 / g	试验后质量 m_1 / g	质量损失量 / %
酸老化	1	KSE 300	264.81	264.50	0.11
	2	B72	255.53	254.97	0.21
	3	聚乙烯醇	278.61	278.20	0.15
	4	甲基三甲氧基硅烷	272.79	271.10	0.61
碱老化	5	KSE 300	268.28	267.92	0.13
	6	B72	280.21	279.67	0.19
	7	聚乙烯醇	271.60	271.02	0.21
	8	甲基三甲氧基硅烷	272.21	271.21	0.36

（4）可溶盐试验

石材内部的可溶盐随着水分及毛细运动在石材内部的迁移运动，可能造成表面结构的破坏及外观的改变。可溶盐实验模拟石材内部可溶盐在石材表面循环溶解析出的过程。

① 将样块在温度为 23℃ ± 2℃、相对湿度为 50% ± 5% 的环境中放置 24h。

② 将样块在 10% 硫酸钠溶液中浸泡 24h。

③ 取出样块，风化面朝上置于室温自然干燥 4 天。

④ 重复②③步骤，循环处理 10 次以上。

从试验结果来看，KSE 300 及甲基三甲氧基硅烷加固后的试样具有较好的抗可溶盐破坏的能力，B72 和聚乙烯醇加固后的试样表面有起甲开裂现象。综合以上实验结果，选择 KSE 300 作为本次石棺保护修复的加固剂（见图 1-11-15）。

图 1-11-15 可溶盐试验后（从左至右依次为 KSE 300、B72、聚乙烯醇、甲基三甲氧基硅烷）

五、保护修复步骤

根据修复前的试验结果，本次保护修复总体采用如下修复步骤。

（一）预加固

预加固前，首先要对加固点进行简单的清洗。根据分析检测报告，选择材料 B72 的丙酮溶液（10%~15%）进行预加固，使用笔刷将其平涂在需要加固的部位，待其从表面渗入内部、完全干透之后进行下一步骤。

（二）清洗

清洗前应对文物进行仔细观察，根据表面污染物的不同类型划出相应的标准区，做清洗方法试验块，选择出适宜的方法及试剂。先用机械法清除，在其不奏效时，再使用化学方法。可以用去离子水、酒精、丙酮溶剂里由轻到重进行清洗。如果有微生物（如：菌类、藻类、地衣）附着石质文物表面，可采用 2.5%R80 液体广谱杀生剂（2.5% 浓度，用量杯量 97.5 份乙醇，2.5 份 R80），杀灭；或者用 6.25% 氨水加纸浆贴敷（25% 氨水溶液，用去离子水稀释，按 1∶3 比例配制）1 小时后，再用去离子水清洗文物表面。

（三）脱盐

石质文物脱盐采用去离子水加纸浆贴敷，方法为先对文物表面进行清洗，再用去离子水浸泡纸浆，待纸浆完全浸湿后将其贴附于要脱盐的区域。贴敷后用保鲜膜密封脱盐部分，待纸浆干透后，将纸浆除去并放入去离子水中洗干净、晒干，待下次使用。

由于石质文物会因可溶盐溶解和结晶作用而收缩和膨胀，日久便会出现表面酥解和粉化，所以需要对石棺进行脱盐。脱盐方式采用"去离子水多层纸张贴敷法"，即利用石质文物内部的毛细作用和纸张纤维纹理的协同抽吸作用除去盐分。

具体脱盐操作步骤如下：

（1）用毛刷蘸取去离子水，清洗干净石刻表面的灰尘、泥浆，在石刻有溶盐的部位贴敷多层纸张，用排笔等软刷蘸取去离子水，或喷洒去离子水，使纸张贴于石刻表面（见图 1-11-16、图 1-11-17）。

图 1-11-16　表面清洗

图 1-11-17　纸张贴敷

（2）将纸浆浸泡在去离子水中，等纸浆汲取饱和的去离子水后，用网筛挤出多余水分待用（见图1-11-18）。

（3）将纸浆敷于纸张表面，用手掌轻轻拍打使纸浆紧贴在纸张表面，用保鲜薄膜包裹住贴敷部位（见图1-11-19、图1-11-20）。

（4）等纸张干翘后，揭去纸张，这样反复几次后，经盐分检测仪检测，脱盐效果比较理想。石棺脱盐前后的盐度检测见表1-11-6。

图1-11-18　纸浆浸泡筛挤及贴敷

图1-11-19　纸浆贴敷

图1-11-20　薄膜包裹

表1-11-6　盐度变化

编号	脱盐前盐度/($\mu S \cdot cm^{-2}$)	脱盐后盐度/($\mu S \cdot cm^{-2}$)
01	1.2	0.0
02	1.4	0.0
03	1.5	0.0
04	1.7	0.0
05	1.7	0.0
06	0.3	0.0

（四）预拼接

将石质文物断裂成块的部分进行预拼接。由于石质文物的块面较大而沉重，为了更好地与断裂面吻合，需借助机械手段将其吊起，再进行拼接比对（见图1-11-21）。

（五）锚固

除借助环氧树脂黏接，需要对体积大而沉重的断裂面进行锚固处理。拟用冲击电钻在不开冲力的情况下，对断裂面进行打孔，再采用不锈螺纹钢进行锚固，螺纹钢的粗细、大小按石刻断面和石刻碎块大小程度确定。打孔前，需要确定每个打孔断裂面的位置（打孔位置应选择断裂面较厚处进行打孔），再插入不锈螺纹钢。最后，对打好的孔进行环氧树脂的灌浆。

图1-11-21　比对拼接

（六）黏接

黏接固定时，要预先对石材的接触面进行处理，先用B72的丙酮溶液（10%～15%）涂底胶，进行隔离保护处理，再用环氧树脂黏接剂进行黏接（见图1-11-22、图1-11-23）。

（七）灌注

用针管顺着裂缝向裂隙内挤注20%的环氧树脂加固材料，待其彻底固化后，方能进行下一步工作（见图1-11-24）。

（八）补配

用雷马士石粉填补勾缝，大面积缺失的部分可先用石块堆砌好，再用石粉填满表面和缝隙。

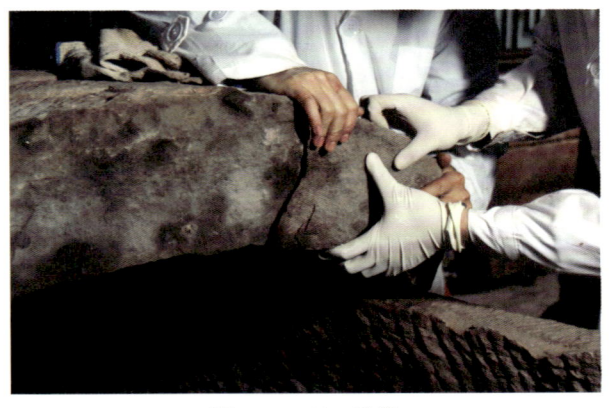

图1-11-22　黏接

图1-11-23　施胶

图 1-11-24　灌注　　　　　　　　图 1-11-25　加固封护

（九）加固

使用 KSE 300 加固材料，用喷洒或毛刷涂刷法对文物表面完成加固。

（十）封护

待加固剂保持稳定一天后，进行表面的封护。先将表面用去离子水清洗一下。待表面干燥后，将表面封护剂摇匀，用刷子将其均匀的涂布在石质文物上，让其充分渗透，并补涂渗透较快的地方。封护达到饱和后，把表面未渗透的材料用吸水纸吸走。封护材料可选择 KSE300（见图 1-11-25）。

修复后的石棺，相关病害被去除，文物的原貌得以恢复，本体得到加强，可以满足陈列展览和收藏的需要（见图 1-11-26、图 1-11-27）。

图 1-11-26　修复前的汉画像石棺　　　　　　图 1-11-27　修复后的画像石棺

第十二章
三件陶瓷文物的修复

一、概 述

陶瓷是我们在日常生活中接触得最多的材料之一。习惯上我们把陶和瓷统称为陶瓷，其实，陶和瓷还是有所区别的，虽然二者都是用泥土烧制而成，但前者的原料主要是硅酸盐矿物组成的黏土，后者的原料是富含石英等矿物质的高岭土或瓷土；前者烧成温度要低一点，在 800℃左右，后者要高得多，在 1200℃左右；在硬度上，前者要低一些，后者硬度比较高；此外，相对来说，陶器的吸水率比瓷器要高。在保护修复上，这些因素都非常重要。

陶器是人类社会的重要发明，也是人类文明进步的重要标志，它的出现，与人类的社会生活活动密切相关。

从现有的考古资料得知，陶器的制作方法主要有以下几种：一种是捏制法，就是用手捏制，这是一种最简单、最实用的方法，但陶器造型粗糙，不规整，适用于小型器物，大型器物不太适用；另一种是贴筑法，即将泥团捏成片，在物体的外部一块块贴敷整合成型，用这种方法制作的陶器同样厚重、粗糙、不规整；再一种是盘筑法，就是将泥土搓揉成条状，用从下往上盘筑成型，然后再用木拍和抹子拍打、抿抹成型。这三种方法是目前发现最原始的陶器制作方法。经过一段相当长的发展时期后，轮制、模制、雕塑等比较成熟的陶器制作工艺技术逐渐出现了。

瓷器脱胎于陶器，因而出现的时间比陶器要晚。中国是瓷器的故乡，大约在商代就出现了瓷器，由于烧制温度较低，制作粗糙，因而其被称为原始青瓷，比较成熟的瓷器直到东汉才出现。宋代是瓷器发展繁荣的一个高峰，出现了官、哥、汝、定、均五大名窑；到了元代，被后世称为"瓷都"的江西景德镇开始登上历史舞台，青花瓷成为其主要代表产品之一。明清以后的瓷器百花齐放，绚丽多彩，为中国瓷器发展史留下了浓墨重彩的一笔。

二、需修复的陶器和瓷器基本情况

此次需修复的几件陶瓷器为东汉时期的陶舞俑、宋代五管龙泉青瓷瓶和明代的青花瓷瓮盖。

四川地区出土的大量汉代陶器，均出自汉墓之中。由于其埋藏时间久远，陶质酥松，受地下水的侵蚀，出土时均有不同程度的破碎和酥粉，这些出土的陶器与汉代厚葬之风的盛行有关，究其原因，与汉代"事死如事生"的黄老思想有很大的关系。一是灵魂不灭的观念，"以为死人有知，与生人无以异"，即把死人当作活人对待，迷信人死之后有另一个世界，鬼神和活人一样需要饮食起居，也就是所谓的"鬼犹其食"。所以，死人的生活要和活人一样讲究，因此，把生活中需要的一切都带到坟墓里去，以便死者继续享用，即"厚资多藏，器用如生人"。二是在儒家思想中，孝道占有重要地位。汉代重孝，"孝"成了人们出仕入官的重要途径，而厚葬又是获得"孝"的名声的重要手段，"令先人坟墓俭约，非孝也"，故"世以厚葬为德，薄终为鄙"。

本次修复的汉陶舞俑，高46.5cm，宽21cm，左手扶腰，右手上举，宽袍大袖，神态安详，作舞蹈状。该陶俑是一件红陶明器，质地酥松，早年出土时已破损严重，裂成大小共13块，当初考古修复的黏接剂已老化发黑变脆，导致这件藏品自然解体。

宋代的龙泉窑青瓷，代表青瓷烧制工艺的顶峰，尤其是南宋晚期出现的粉青釉和梅子青釉，釉色温润如青玉。此次拟修复的这件宋代龙泉窑烧制的青瓷五管瓶，为简阳东溪园艺厂宋墓出土，瓶高11.7cm，宽12.7cm，釉色乳浊浑厚，玉质感强，釉薄处呈青灰，胎灰白。瓶身为圆筒形，器型矮胖丰满，折肩、收腹，肩上均匀竖立5支圆筒形管，管口内收，五管围绕中央圆筒、撇口瓶颈并与器腹相通。瓷瓶残缺严重，釉面布满棕色污垢，其中一管缺失，一管从肩部碎裂成3部分，其余三管均有部分缺失，中央瓶颈与瓶身相接处断裂，瓶口下方、底部圈足内有部分缺失。瓷瓶曾经修复，缺失处用灰白色石膏补全，石膏已老化，表面坑洼不平并且有缺失，断裂处的淡黄色黏接剂结块状并高于文物表面。

对这种造型的五管瓶的功用，有不同的解释：一种观点认为其源自东汉时期的明器五联罐（也称谷仓罐），是沟通天地的媒介；另一种观点认为其是日常生活的陈设用器，"五管"造型代表吉祥之意，更有将该五管瓶定名为"五管花插"的，认为其是一个插花的陈设瓶。这种瓶到底是干什么用的，业界并没有一个公认的准确说法。其实，这样大小的五管瓶，用来插花略显小了点，应该是日常生活用品，从其他各地出土的类似五管瓶的造型和大小来看，更可能是一种日常使用的灯台。

青花瓷是一种以氧化钴为原料描绘纹饰，经高温一次烧制成的釉下彩瓷，它因色彩稳定素雅而受到人们的喜爱，本次拟修复的明代青花瓷瓮盖，盖高18cm，盖径26cm，胎质细腻洁白，纹饰规整，釉色厚重沉稳，为国产青花料。其早年出土时已破碎，被修复过，原有黏接剂老化发黑脱落，亟待保护修复。

三、部分样品的检测分析和修复材料筛选

（一）检测分析

1. 宋五管龙泉青瓷瓶胎釉检测分析

（1）分析仪器及方法

用日本JSM-7100F场发射扫描电镜和英国OXFORD公司INCA型X射线能谱仪对样品进行表面形貌观察和能谱分析。分析的工作电压为20.0kV，工作距离为10.0mm，探针电流为10μA。能谱分析时的采集计数率小于50%，输入计数率大于1kc/s。

（2）样品处理

用镊子夹起已脱落的芝麻粒大小的带釉瓷片作为分析样品，将瓷片竖直立在导电胶上，四周用导电胶固定，暴露出要分析的断面。由于瓷片本身的导电性很弱，在样品表面喷一层10nm左右厚的金属铂，以获得更真实的检测信息。

（3）结果分析

通过瓷胎和表层釉的扫描电镜二次电子图像，从图片可以看出瓷胎表面结构致密，内部有大量细小气孔，釉层表面结构光滑，内部零星分布气孔（见图1-12-1、图1-12-2）。对胎体和釉面分别进行能谱分析，结果见图1-12-3、图1-12-4。瓷胎的能谱图显示瓷胎含有的元素为Si、Al、C、O、K、Fe、Na、Mg，其中Na元素和Mg元素为微量，Si和Al的存在显示有瓷土矿物的存在，一定量的Fe元素说明瓷土中加入了含铁量较高的紫金土。釉层的能谱图显示含有的元素为Si、Al、C、O、K、Ca和Fe，说明釉可能为石灰釉或者石灰碱釉，符合古代龙泉青釉的特点。

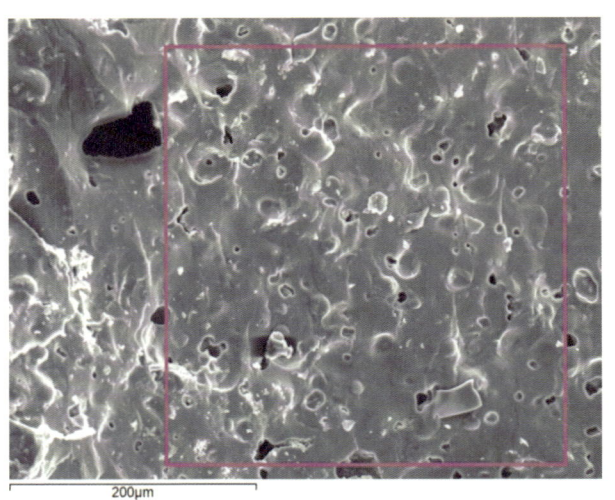

图1-12-1　瓷胎二次电子图像（X200）

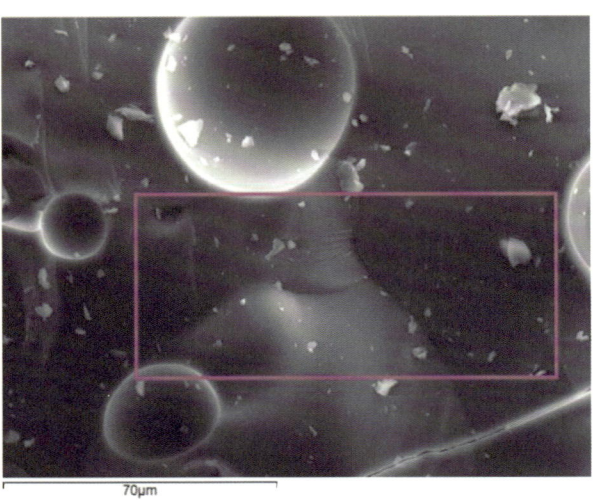

图1-12-2　釉层二次电子图像（X250）

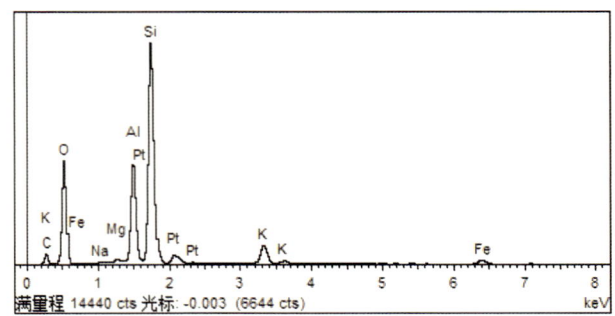

图1-12-3　瓷胎二次电子图像框选区域的能谱分析结果

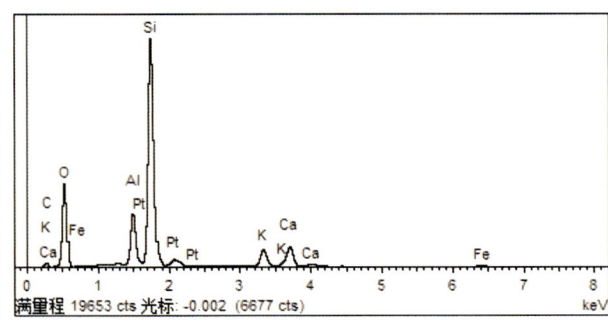

图1-12-4　釉层二次电子图像框选区域的能谱分析结果

2. 原修复黏接剂检测分析

陶器和瓷器以往修复时均使用黏接剂进行了黏接，黏接剂呈黄褐色，已老化开裂，通过提取样品，采用傅里叶红外光谱仪进行检测分析，结果见图1-12-5。

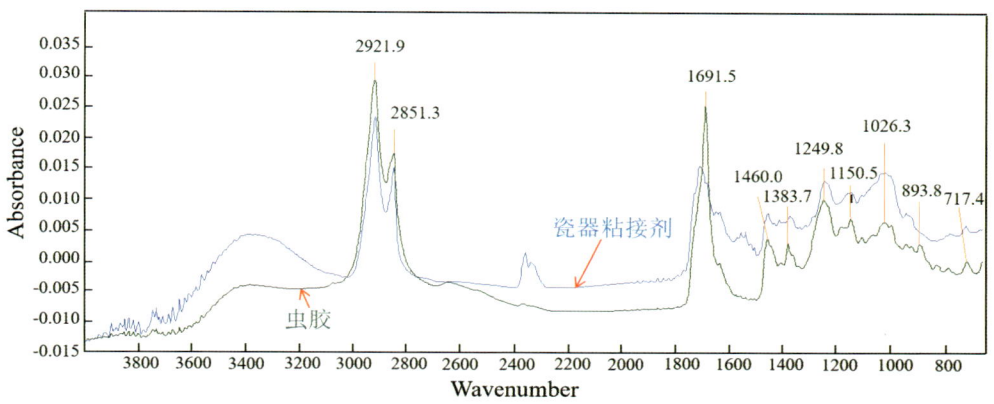

图1-12-5　黏接剂与虫胶的红外光谱对比

分析结论：红外分析结果显示，黏接剂与虫胶的红外光谱具有相似性，说明黏接材料为虫胶。在后期拆解修复时，可使用酒精将其软化、溶解后剔除。

（二）修复材料筛选

1. 黏接剂筛选

环氧树脂具有黏接强度高、固化收缩率小、耐化学介质稳定性好、工艺性能良好等优点，在文物修复领域中得到了广泛的应用。环氧树脂是高分子链结构中含有两个或两个以上环氧基团的高分子化合物的总称，属于热固性树脂。长期的实践证明，尽管环氧树脂胶黏剂具有上述诸多优点，但也存在较明显的缺点。一方面，操作难度大，在一定程度上给施工带来不便，且固化后气泡较多；另一方面，环氧树脂胶黏剂最突出的缺点是抗光老化性能差，主要是因为太阳辐射的280～400nm波段的紫外线对环氧树脂基具有破坏作用，致使其迅速老化泛黄，老化黄变成为妨碍其进一步推广使用的致命弱点。因此，对环氧树脂胶黏剂进行改性，提高其耐光老化性能，对文物保护修复有着特别重要的意义。

气相纳米二氧化硅具有常规二氧化硅所不具有的特殊光学性能，它具有极强的紫外吸收特性。许多研究表明，纳米二氧化硅对波长400nm以内的紫外光吸收率可以达到70%以上。加之其粒径小、表面严重的配位不足、比表面积庞大、分散性好等特点，被广泛应用在橡胶、塑料、涂料和胶黏剂等领域，尤其是纳米二氧化硅因表面欠氧，表现出极强的活性，很容易与环氧树脂中的环状分子发生物理或化学作用，从而提高分子间的结合力。疏水性气相纳米二氧化硅是通过亲水性气相纳米二氧化硅与活性硅烷发生化学反应而制得的，在有机溶剂中具有良好的分散力。通过在环氧树脂中加入一定量疏水性气相纳米二氧化硅来对环氧树脂进行改性，并对改性环氧树脂的耐紫外光老化性能进行系统研究，可知疏水性气相纳米二氧化硅具有保持环氧树脂原有透明度，提高环氧树脂的耐紫外光老化性能，延缓黄变的作用。

（1）实验过程：

① 实验材料和试剂。

环氧树脂胶黏剂：文物修复过程中最常用的环氧树脂胶黏剂为双酚A型，通常由环氧树脂（A组分）和固化剂（B组分）两部分组成。环氧树脂分子结构中含有大量羟基和醚基，可通过与固化剂发生反应生成具有很高内聚力和黏附力的交联物，因而是常用的有机高分子胶黏剂。

疏水型气相纳米二氧化硅（Hydrophobic-170型）：一种白色、松散、无定形、无毒、无味、无嗅、无污染的非金属氧化物。粒径介于 7～80nm 之间，比表面积一般大于 100m^2/g。由于其能产生纳米效应，在材料中表现出卓越的补强、增稠、触变、绝缘、消光、防流挂等性质，因而被广泛应用于橡胶、塑料、涂料、胶黏剂、密封胶等高分子工业领域。

乙酸乙酯：环氧树脂的非活性稀释剂，本身不参与环氧树脂的固化反应，常用于降低环氧树脂胶黏剂配方体系的黏度，改善工艺性能。

② 改性环氧树脂胶黏剂的制备。

将一定量疏水性气相纳米二氧化硅首先均匀分散于乙酸乙酯中（超声波中分散30分钟），得到澄清透明的混合液，将该混合液加入适量的环氧树脂胶黏剂A组分中，充分搅拌，再向该混合体系中加入与A组分等量的B组分，搅拌均匀后即得到改性环氧树脂胶黏剂。

将未改性环氧树脂胶黏剂和改性环氧树脂胶黏剂分别均匀涂刷在书写垫板上，自然晾干。取下薄膜后，一部分剪裁成 5cm×5cm 的方片，作为色差测量的样品，一部分剪裁成 2cm×2cm 的方片，作为红外光谱测量的样品，剩余的部分制作成扫描电镜观察样品。

③ 仪器及测试条件。

色差测量：采用 CR-400 色彩色差计。主光源：D65。光学结构：d/0 结构。由于制备的样品均为无色透明，故应在样品下方垫一块 5cm×5cm 的白色瓷砖，以减小测量误差。

傅里叶变换红外光谱测量：采用 660 傅里叶变换红外光谱仪。样品和背景的扫描次数：64次。波数范围：600~4000cm^{-1}。测量附件：单反射 ATR。

扫描电镜分析：采用 JSM-7100F 场发射扫描电镜。加速电压：20kV。工作距离：10mm。表面喷有 Pt。

（2）实验方法：

分别对所制得的色差测试样品和红外测试样品进行色差测试和红外光谱测试，再将样品置于紫外老化试验箱中老化一定时间，定期测定样品的色度值和红外光谱，从而研究材料的耐紫外光老化性能。

（3）实验结论：

① 色差：通过测量未改性环氧树脂和改性环氧树脂老化前后色度值，可以得知老化前后颜色的改变程度，结果见表1-12-1。国际照明委员会在1976年确定 $L^* a^* b^*$ 颜色空间，称之为 CIELAB 颜色系统，即所有颜色可用 L^*、a^*、b^* 三个轴的坐标来定义。L^* 为明度指数，L 为 0 时表示物体对光完全吸收的黑体，L 为 100 时表示物体对光完全反射的纯白物体；a^* 为红绿色度指数，代表红－

绿轴上颜色的饱和度，为正时表示红的程度，为负时表示绿的程度；b* 为黄蓝色度指数，代表蓝 - 黄轴上颜色的饱和度，为正时表示黄的程度，为负时表示蓝的程度；ΔE 表示色差值，其大小决定了物体整体颜色变化的程度，数值越大，颜色改变得越多。紫外光老化过程中，未改性环氧树脂胶黏剂和改性环氧树脂胶黏剂的颜色变化见表 1-12-1。

表 1-12-1　紫外光老化过程中未改性环氧树脂胶黏剂和改性环氧树脂胶黏剂的颜色变化表

老化时间 /h	未改性环氧树脂胶黏剂				改性环氧树脂胶黏剂			
	L^*	a^*	b^*	ΔE	L^*	a^*	b^*	ΔE
0	85.80	-0.45	0.97		85.40	-0.52	1.37	
24	85.03	-5.75	18.60	18.43	85.43	-1.63	5.55	4.44
48	84.20	-6.71	25.58	25.45	85.72	-2.48	8.55	7.48

L 值的变化：在光老化前后，未改性环氧树脂胶黏剂和改性环氧树脂胶黏剂的 L 值变化都较小，在 1.5 左右波动，说明光老化过程中物体表面亮度的改变不大。

a 值的变化：未改性环氧树脂胶黏剂的 a 值波动较大，说明老化过程对其红绿颜色影响较大；改性环氧树脂胶黏剂的 a 值变化较小，说明老化过程对红绿颜色影响较小。

b 值的变化：未改性环氧树脂胶黏剂的 b 值波动很大，说明老化过程对其黄蓝颜色影响很大；改性环氧树脂胶黏剂的 b 值变化波动较大，说明老化过程对黄蓝颜色也有一定的影响。但两者的 b 值的变化范围却有着明显的差异，未改性环氧树脂胶黏剂的变化值明显大于改性环氧树脂胶黏剂，这说明未改性环氧树脂胶黏剂的泛黄程度远远大于改性环氧树脂胶黏剂。

ΔE 的变化：光老化过程中未改性环氧树脂胶黏剂和改性环氧树脂胶黏剂的 ΔE 值都有一定程度的改变，但未改性环氧树脂胶黏剂的 ΔE 值大于改性环氧树脂胶黏剂的 ΔE 值。说明纳米二氧化硅的加入，能够减少紫外线对环氧树脂的降解作用。

② 红外光谱：在紫外光的作用下，未改性环氧树脂明显泛黄，说明发生了一定程度的老化降解，因此其分子结构必然发生了相应的改变。通过测定未改性环氧树脂（见图 1-12-6、图 1-12-8）和改性环氧树脂（见图 1-12-7、图 1-12-9）老化前后的红外光谱图可推测其老化程度。谱图中 $2924cm^{-1}$ 为 -CH2- 的 C—H 伸缩振动，$1361cm^{-1}$ 为环氧树脂中双甲基对称变形振动。由图 1-12-6 和图 1-12-7 可见，经紫外线老化后，环氧树脂比改性环氧树脂的红外光谱曲线变化得更多，说明未改性的环氧树脂内部的化学键已经开始断裂并逐渐老化。

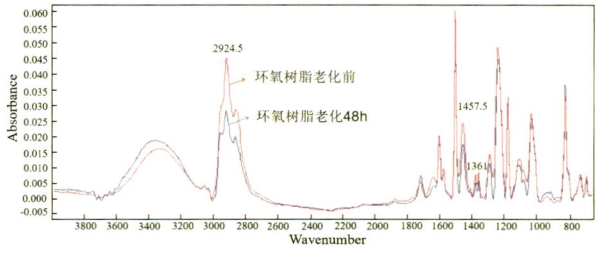

图 1-12-6　未改性环氧树脂老化前后红外光谱的变化

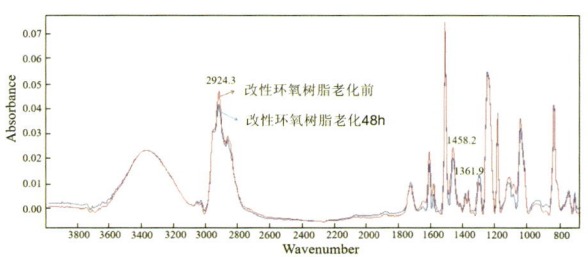

图 1-12-7　改性环氧树脂老化前后红外光谱的变化

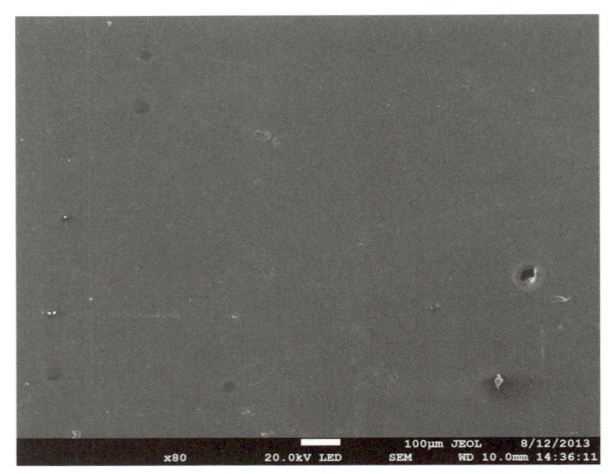 

图1-12-8　未改性环氧树脂薄膜二次电子图像　　　　图1-12-9　改性环氧树脂薄膜二次电子图像

采用一定量乙酸乙酯对疏水性气相纳米二氧化硅进行分散，再将分散液与环氧树脂混合，该方法得到的改性环氧树脂胶黏剂具有两大优点。第一，乙酸乙酯能够降低环氧树脂的黏度，这既可以提高操作性能，又能减少固化后气泡的产生。第二，文物保护修复过程中"不改变文物原貌"的基本原则，要求所用的保护修复材料不应该使文物外观产生明显的改变。乙酸乙酯的分散作用，减少了纳米颗粒的团聚，使纳米粒子能够分散均匀，从而保持了环氧树脂原有的透明度，不会影响改性环氧树脂成膜后的外观。实验测试结果表明，气相纳米二氧化硅在一定程度上能够有效地防止环氧树脂氧化黄变，保持环氧树脂原有的透明度。因此，用疏水性气相纳米二氧化硅改性后的环氧树脂是一种适宜于文物修复使用的胶黏剂。

2. 仿釉材料的筛选

（1）选择要求：

在为器物上色时，选择的仿釉材料应满足以下五点要求：第一，便于施工；第二，固化后釉感好；第三，涂层附着力好；第四，能够与颜料很好地结合；第五，稳定、不易变色。

（2）选择的种类：

仿釉材料的种类主要有：醇酸清漆、硝基清漆、丙烯酸清漆、氟碳漆。仿釉，是陶瓷修复中极为重要的一步，也在很大程度上影响着修复后陶瓷的观赏性及保存情况，因此，仿釉材料的选择显得尤为重要。此次实验从硝基清漆、丙烯酸清漆、氟碳漆、醇酸清漆4类清漆中选出11种常用品牌的清漆进行紫外线老化试验，并对不同的仿釉材料进行了对比。

（3）试验步骤：

把11种清漆均匀涂在玻璃试片上，待其凝固之后将其放入紫外老化箱中老化后进行测试。仿釉材料受紫外线影响，老化较为明显，分别记录8h后、16h小时后紫外老化试验的色差，结果见表1-12-2。

表 1-12-2　紫外光老化过程中仿釉材料的颜色变化表

名　称	老化前			老化 8h				老化 16h			
老化过程	L^*	a^*	b^*	L^*	a^*	b^*	ΔE	L^*	a^*	b^*	ΔE
紫荆花木器漆	85.02	-2.16	4.64	82.75	-3.40	18.73	14.32	76.50	0.53	38.55	35.06
骆驼牌硝基木器漆	84.26	-1.94	3.75	82.97	-2.53	12.81	9.27	76.13	1.45	32.4	29.97
骆驼牌硝基王	77.52	-1.61	7.98	74.85	-1.24	18.56	17.57	69.13	2.16	35.67	29.24
三联硝基清漆	78.73	-0.96	6.67	76.72	-2.19	19.16	11.23	72.39	0.80	36.93	30.88
水性木器漆	84.48	-1.71	2.63	84.12	-1.71	3.34	6.43	83.14	-1.51	5.21	2.91
防紫外线面漆	86.38	-1.46	0.61	84.12	-1.71	3.34	6.43	86.04	-1.31	0.53	0.38
三和牌手摇自动喷漆	85.91	-1.44	0.84	85.70	-1.35	0.83	0.72	85.67	-1.31	0.08	0.28
立邦喷得丽手动喷漆	86.08	-1.54	1.11	84.99	-1.57	1.65	1.23	85.78	-1.76	2.23	0.18
氟碳漆	86.19	-1.49	0.09	85.07	-1.37	0.70	1.13	86.04	-1.41	0.76	0.79
骆驼牌硝基木器漆	83.97	-1.37	1.06	83.39	-1.31	1.19	0.60	83.21	-1.36	1.28	0.32
骆驼牌硝基王	81.63	-1.45	1.35	80.25	-1.46	1.38	1.37	81.31	-1.43	1.34	0.41

通过观察试验结果，拟选择氟碳漆作为此次修复中的仿釉材料。

四、修复的技术路线和步骤

（一）汉陶舞俑的修复

根据该陶俑的实际病害状况，拟采用的技术路线为：前期准备、图像拍摄、修复档案建立→预加固、清洗、脱盐→预拼、拼接、黏接→配补→随色→封护。

对该陶俑进行保护修复处理的具体步骤包括以下方面。

1. 建立保护修复档案

对该件陶俑进行修复前的全方位图像采集，建立修复档案，包括文物的基本信息，如藏品号、名称、年代、级别、尺寸、病害描述等，用以记录保护修复前后的状况及保护过程中各种人为干预，即保护处理方法、使用的材料、工具等情况。

2. 预加固

对于陶俑表面酥粉、易脱落的部位，先进行预加固后再进行清洗。加固试剂选用 B72 乙酸乙酯溶液，加固剂浓度为 1.5%~2%，通过多次加固，酥粉和陶胎之间形成一定黏附强度。陶俑表面起翘部位，则用注射器滴注的方式来进行，B72 的浓度可在 3%~5%。

3. 清洗

应在不伤及陶俑本体的前提下，尽可能把陶俑表面的污染物清洗干净。清洗时应对陶俑仔细观察，选择不起眼的隐蔽处，找出典型的污染物，做好档案记录。

对于陶俑表面的泥土及疏松污染物，可先用蘸有蒸馏水或酒精和丙酮的混合溶液的棉球将其润湿软化，再用竹签、毛刷及洗耳球等工具剔除、清理，最后再用去离子水清洗干净；对于陶俑表面较硬的钙质硬结物，可机械剔除或采用激光清洗机来清理，力度要掌握好。

4. 脱盐

该件陶俑经检测有泛盐现象，应用纸张贴敷脱盐法进行脱盐处理。具体操作：将吸水性好的纸张（如宣纸）浸泡在蒸馏水中，再将纸张包裹在陶俑表面。在毛细作用下，陶俑中的可溶盐就被吸附到纸上。应多次更换纸张，直至将陶俑中多余的可溶盐去除掉。可采用盐度计在泛盐陶俑文物的底部进行盐度测量，盐度低于 0.2 为脱盐成功。

5. 预拼、拼接、黏接

拼接前，先对陶俑碎块进行预拼接，可采用装饰纸胶带暂时固定并观察试拼的效果，确定拼接部位准确无误后标记拼接顺序。对试拼好的残片进行黏接时，采用改性环氧树脂作为黏接剂进行黏接，在黏接前，需要在断面上涂刷一层隔离层，可选用 5% 的 B72 乙酸乙酯溶液涂刷至黏接面，待其阴干后再黏接，黏接时应在断面的中间部位均匀涂胶，要尽可能薄而少地涂抹。

6. 配补、打磨

拼接后，陶俑仍然有不同程度的残缺，对于小面积的残缺如黏接缝、小缺口等，用石膏进行填平、修补，配补后先用手术刀削去较为突出部分，再用砂纸打磨平整。

7. 随色

对补配处进行上色做旧处理，使其颜色与原文物颜色协调；颜料主要选择虫胶、矿物颜料和研磨的类似陶粉；上色采用刷、弹、点等手法。

8. 封护

修复完成后，为防止外界污染物再次侵蚀，在陶俑表面涂一层保护层，可用 1.5%~2% 丙烯酸树脂的酒精溶液或者 2%~3% 的 B72 乙酸乙酯溶液，均匀地涂抹在陶俑外，使得陶俑表面更加坚固，同时亦能隔绝空气、水分、光线等有害物的接触，从而起到保护作用。修复陶俑效果见图 1-12-10、图 1-12-11。

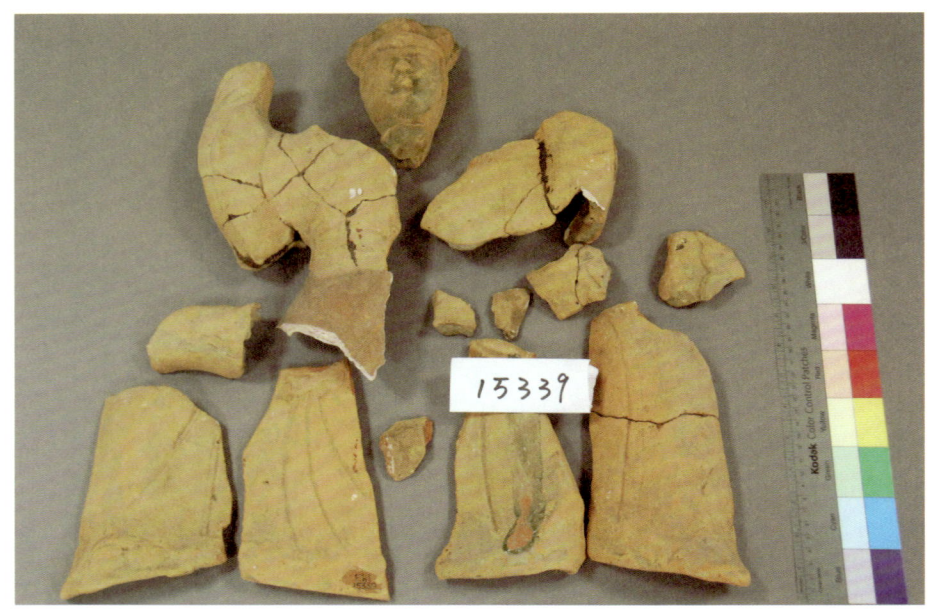

图 1-12-10　修复前的汉陶舞俑

图 1-12-11　修复后的陶舞俑

（二）宋五管龙泉青瓷瓶修复

根据该五管青瓷瓶的病害情况，拟采取的技术路线为：拍照、建立修复档案→清洗→拆分→拼接、补配→打磨、全色→封护。

具体修复步骤包括以下方面。

1. 建立修复档案

先对瓷瓶进行全方位拍摄，特别是对瓷瓶以前的修复痕迹和病害处的局部进行拍摄，拍摄时要尽可能多地展现瓷瓶的信息，观察瓷瓶表面和内部的破损情况，并建立修复档案，记录内容的要求与陶器修复类似。

2. 清洗、拆分

该瓷瓶以往曾被修复过，所使用的配补材料为石膏，黏接材料为环氧类黏接剂，现已老化变黄；黏接痕迹较为明显且黏接较牢固，需要去除。先用棉团蘸取20%酒精溶液，在器物表面反复擦拭，再把文物放入超声波清洗器中进行清洗。用保鲜膜、棉团和丙酮溶液包裹文物曾经的黏接处，12小时之后拆开。此时曾经修复所用环氧树脂黏接剂已变软，用手术刀将其剔除，再对瓷瓶拆分出的部分进行逐一清洗，清除原修复痕迹。

用小牙刷蘸酒精溶液，反复擦拭拆分出的各个部分，用手术刀刮掉断面的黏接剂，再用棉团蘸取丙酮反复擦拭断面。之后，采用去离子水对器物进行冲洗，直到清洗干净为止。

3. 拼接、补配

先对五管瓷瓶进行预拼接，从瓷瓶底部开始向上拼接，每片拼好后，用热熔胶对其进行暂时固定，并标记出拼接的顺序，之后按照顺序开始黏接。黏接前，在断面处先涂抹5%的B72乙酸乙酯溶液，作为隔离层，待其阴干后，再在瓷片拼接的断面处，均匀涂抹改性环氧树脂黏接剂，黏接时用力挤压拼接处，尽可能减小拼接缝，用调刀刮去多余的黏接剂，再用热熔胶再次固定好拼接处。

用改性环氧树脂黏接剂和滑石粉调成面团，对器物缺失部分进行配补，依次补全缺失的部位。

4. 打磨、全色

对补配部分进行反复的填补和打磨，选用400目、800目的砂纸和打磨膏对配补部分进行打磨，打磨时要注意在需打磨处周围贴上透明胶带，以防止损伤瓷瓶原釉面。

全色之前，先将光油与稀释剂按约1:1的比例进行调和，并用毛笔蘸取，将配补部分均匀平涂在缺失部位和裂缝处，待其干透之后进行打磨，目的是使配补表面更加光滑、致密，为接下来的全色打好基础。全色时用毛笔蘸取，调出稍浅于釉面的颜色，对瓷瓶的补全处反复上色，借助颜色层的堆积，做出类似釉层的玻璃质感效果。修复五管瓶的效果见图1-12-12、图1-12-13。

（三）明代狮钮青花瓷瓮盖修复

该件藏品的修复与五管龙泉青瓷瓶类似。修复均按照艺术修复的要求进行，修复后用肉眼一般难以识别修复的痕迹，修复本身不对文物造成任何损伤，选用的材料可以轻松地去除，完全满足文物修复的再处理原则。修复狮钮青花瓷盖的效果见图1-12-14、图1-12-15。

第一篇 保护修复

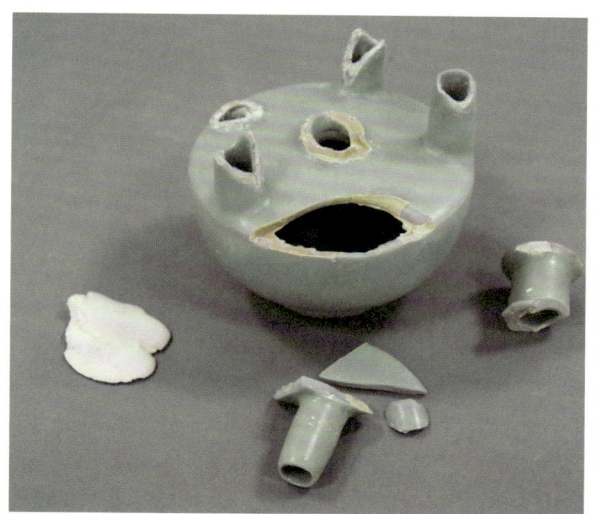

图 1-12-12 修复前的五管瓶

图 1-12-13 修复后的五管瓶

图 1-12-14 修复前的狮钮青花瓷盖

-123-

图 1-12-15　修复后的狮钮青花瓷盖

五、讨 论

上述 3 件陶瓷文物的修复，采用的均是艺术修复方式。

目前国内文物保护修复界把文物修复分为 3 类：考古修复、博物馆修复和艺术修复。在这 3 类文物修复中，前两类修复是采用最多的修复方式，争议最大的就是艺术修复，社会上称为商业修复。艺术修复的争议主要在是否可识别上。一部分人认为在不能识别（看见）修复痕迹的情况下，观众不知道这件文物的真实情况，会受误导，文物在搬运和保存时可能留下隐患。甚至有人认为，为了追求看不见的修复痕迹，可能会对文物一些信息造成新的遮盖或损伤。另外一部分人认为，文物原本就是这样，艺术修复只是恢复它原来的模样，这可以提升观众的参观体验。

其实，对于一件待修复的文物，不论采取什么样的修复方法，都或多或少存在干预。毫无疑问，艺术修复是这三种修复中最难、最费时间、最花钱的修复方式。在实践中，每一种修复其实都与修复师的技术、投入的时间和资金有相当大的关系，都是这三者融合后的结果。

对文物修复的可识别性，国内现在并没有一个规范性的要求，所谓的"远看看不出，近看能识别"的说法本身就不科学。多远是远？多近算近？没有一个量化的标准。肉眼看不出，只是对一般人而言，对有经验的修复人员来说，还是很容易看出来的。另外，在灯光的照射下也能看出来，借助现代科技手段，如在 X 光照射下，修复痕迹更是无处遁形。文物修复的最高境界应是还原修复，也就是艺术修复，最难的也是这类修复。修旧如旧，绝不是简单的拼接修补。

　　我们在参观博物馆时，对于那些展出的青铜器和书画作品，除部分展品和新作之外，有多少人能看出这些文物曾经是修复过甚至多次修复过的呢？而石刻、砖瓦、陶器、木器、漆器、纺织品等质地的文物，很多都能看见明显的修复痕迹，因为这一类的文物要么经济价值不高，要么修复难度和需投入的资金量实在是太大了，所以，能不能看出修复痕迹，不是衡量文物修复好坏的唯一标准，只是修复程度和水平高低的体现。俗话说，"没有金刚钻，不揽瓷器活"，这是对瓷器修复甚或对艺术修复的最好注脚。

第十三章
文物的数字化保护

一、概 述

2018年巴西国家博物馆和2019年法国巴黎圣母院的火灾，给全世界的文物安全工作敲响了警钟。在竭尽所能地做好文物安全工作的同时，如何实现对文物的保护和永续利用，是摆在我们每一个文博人面前的严峻问题。

现代科技的飞速发展，3D计算机图形、高分辨率渲染、人工智能、3D打印等数字技术的出现和成熟，为文物保护修复提供了更多技术层面的支持和选择。文物的数字化保护，就是利用计算机图形学、图像处理和虚拟信息技术，为这些文物的数字化建模、模拟修复、数字展示、非接触性复制等提供技术支撑。法国巴黎圣母院早在失火前，就曾耗费数年的时间，利用激光扫描技术，收集了超过10亿个数据点，精确地记录了巴黎圣母院的全貌，为最大程度重建、还原巴黎圣母院提供了可能，至少让后人可以在虚拟世界里一睹这座雄伟美丽的建筑的曾经的样子。文物信息资源数字化和数字化保护是"再现"博物馆里那些被毁文物的最后机会，起到了容灾备份（也称"备胎"计划）的作用，是保护文物的最后一道屏障。

目前，数字化技术已普遍应用于博物馆的各个领域，然而，由于传统博物馆在信息技术推广应用方面普遍较弱，大多数博物馆缺乏数字化保护方面的专业技术人员，这导致承担文物数字化保护工作的多为跨行业、跨领域的电子信息或互联网企业，他们在文物保护和陈列展示设计等相关方面缺乏经验，研究、发掘文物价值的能力欠缺，因此，在制定文物数字化保护技术路线时，工作的重点更多地放在数字化传播、数字化教育、数字化服务等数字化应用上，在文物数字化信息获取的精准度方面，更注重于满足具有视觉冲击效果的3D投影、AR、VR、透明屏、AI等酷炫的数字化展示的需要，而往往把数字化保护项目做成了数字化展示项目，这使得获取的文物数字化信息不能用于文物保护方式的研究、文物修复材料和修复技术的研究、文物的复原及辅助修复、3D打印等，从而本末倒置，在一定程度上造成了人力、资源的浪费。

我们知道，博物馆的基础是文物，没有文物的博物馆，很难称为一个博物馆。同样的道理，数字化保护的基础，应是文物基础数据的采集整理精准度，所有的数字化演示、传播，应是建立在基础数据之上的，采集整理的文物基础数据精准度，直接关系到今后的应用效果和质量，其他都是空谈。由于我们以往关注的重点在数据的演示和传播方面，因而，部分信息被信息网络技术人员所忽略，他们采集的数据是一些仅能用于展示的"低模"数据，这些数据供陈列展示和信息传播没有多大问题，但无法满足文物保护修复、研究等方面的高精度、高准确度要求。因此，我们会发现一个奇怪的现象，博物馆的同一件文物经常会反复拍摄、采集，这就反映出采集精准度不足的问题。要做到"一次采集，终身受益"，除了对精准度做要求，别无他法。

二、3D数据中的低模与高模

文物3D数字化信息采集是文物数字化管理、数字化保护、数字化展示和数字化传播等一切新技术应用的起点，是一项非常重要的基础性工作，信息采集不仅应满足文物展示的需要，更应满足文物保护，修复技术、修复材料的研究，以及文物复制、文创产品开发的需要，是抵御随时可能发生的自然或人为灾害，以及岁月对文物侵袭的重要方式。所以精准性是三维采集工作的重点，是构建可用于3D打印的精细化数字模型的质量保障。

这里就引申出一个问题，构建什么精度的模型才能终身受益？才能成为文物的"备胎"？

从文物信息采集到成果输出，文物数字化保护的技术和质量标准都需达到测量记录的最高标准，构建的文物数字模型必须能用于文物高清三维数字化复原及辅助修复和3D打印复制等，因此必须构建高精度的数字模型，即高模。

从文物信息采集到成果输出，文物数字化展示需要满足多平台展示性，其构建的数字模型应顺畅地用于PC端及社交平台文物的3D展示，文物的物理细节信息被大量抹去，因此只需要构建低精度的数字模型，即低模。

我们通常采集的数字模型有高模和低模之分。那么，高模和低模具体指什么呢？

高模是高精度模型的简称，保存了文物真实、翔实的三维模型数据，可用于藏品管理系统数据存储备份和文物的数字化保护、研究等。其优点是细节丰富、尺寸精准、颜色信息多，缺点是文件体积大，对处理设备要求高。高模的获取方式是通过精细高精度激光扫描，近景测量，以及高精度结构光扫描等。其尺寸精度普遍要求不大于0.01mm，分辨率在0.01mm以下，模型面数不少于100万面，如附带色彩纹理贴图，分辨率为4K或以上。

低模是低精度模型的简称，主要用于多平台顺畅展示，其优点是文件体积小、对处理设备要求低（例如手机、平板、低配置电脑等），但缺点是90%以上的文物物理细节信息需要被抹去。低模的获取方式是，通过一般激光扫描，近景测量，以普通结构光扫描等获取；普遍要求精度不大于0.1mm，分辨率在1mm以上，模型面数在5万面~30万面，如附带纹理贴图，分辨率在4K以下。

因此，这两者的技术要求显然不在一个量级上。高模可以经过后期制作，转化成低模，而低模不可逆向转化为高模。博物馆行业正在制定的馆藏文物三维数据采集的相关技术标准中，扫描精度误差为≤0.2mm；对扫描精度误差的要求明显太低，导致白模细节缺失较多，纹饰细部丢失严重，不能满足文物复制、3D打印要求；采用这种精度要求采集出来的数据，很显然是一个"低模"。而《中华民族文化基因库数据采集标准（试用稿）》，对数据采集的要求比博物馆行业正在制定的标准要高一个台阶，但就是这样一个标准，也不是真正意义上的"高模"，或者说按照这个标准操作采集出来的三维数据，最多也只是介于低模和高模之间的"中模"（见图1-13-1）。

图 1-13-1　图中左为低模，右为高模，高模可以看到人物手部的细节，手指及衣褶等，低模完全不能体现足够的细节

数字化保护与数字化展示在文物信息采集方面的技术要求和质量标准存在巨大差异。

采集设备不同：不是一种设备就能达到采集要求。文物的材质不同、反光度不同、纹理深度不同，决定了其不能用一种设备完成数据采集。因此需要多类型的设备扫描建模，利用多模融合技术才能将其整合成一个可以用于文物保护和研究的高模。

建模精度要求不同：建模精度有低模与高模之分。高模减面可以变成低模，而低模却不能通过增面变成高模。这就像我们日常使用的相机一样，用手机或卡片机拍摄的图像平日里看着没有什么区别，但能与专业相机拍摄的图片相比吗？很显然，专业相机的图片，经过压缩、裁剪后，变为普通的图片，而卡片机拍摄的图片却永远也不可能达到专业相机拍摄的图像质量。由于照相技术已经普及了上百年，一般大家都知道这个道理，然而，很多人并不了解 3D 数据采集的设备情况，更不清楚后期数据建模的要求，往往看见灯光布置炫目，摄影箱、高级相机都用上了，甚至 4K、8K 等摄像机也用上了，感觉应该没有问题；对显示屏上演示的效果也感觉不错，但恰恰忘记了木桶效应，其中的一个短板，就已经决定了数字信息采集的精度不会高。

建模用途不同：低模具有多平台展示性，用于 PC 端及社交平台文物的 3D 展示；高模具有复用性，用于文物高清三维数字化复原及辅助修复或 3D 打印；输出文件数据的大小也不同，低模展示用为 3~10MB；而高模为 300~500MB。另外，在管理要求和架构设计方面两者也存在着本质的不同，建立集运营管理为一体的高效运行的文物保护数字化管理系统，实现文物保护全过程的管理，让文物"活"起来而不仅仅是"动"起来，这才是文物数字化保护的核心所在。

以数字化技术为基础，集合人工智能图形分割算法、多模态影像融合、3DWEB 渲染技术、3D 数据传输优化技术，并结合 3D 打印技术，对甄选出的馆藏珍贵文物进行精准的数字化采集，构建可用于陈列展示、文物保护及 3D 打印的精细化模型，是文物保护方式、修复技术、修复材料的研究及文物复仿制，文创产品的开发，数字博物馆的建设等的基础，也是我们数字化信息采集追求的质量目标。因此，在文物数字化信息采集时，更应注重对文物的每一个细节、纹饰的精准采集和还原，采集质量应当秉承"就高不就低"原则，做"加法"不做"减法"，做到"一次采集，终身受益"，避免因应用技术进步带来的多次采集浪费。

三、多模态影像融合技术

前述如此高的精度要求，一般的三维数据采集和后期处理很难达到，这就需要运用多模态影像融合技术的支撑。

"多模融合"技术是"多模态影像融合"的简称，它是以数字化技术为基础，集合人工智能图形分割算法、3DWEB 渲染技术、3D 数据传输优化技术等，对文物精准采集的数字化信息进行多模态影像融合的技术。比如医疗上常用到的 CT、MRI、B 型超声等，每种设备各具优势，各自输出图片和诊断，将这些不同多种方式采集的图片和诊断数据，同时合成在一个可视的三维模型中，可帮助医生更直观地进行诊断和治疗，这种技术在医学上也刚刚被突破并进行临床应用。

目前，国内博物馆界 3D 数据普遍采用的方式是贴图法。首先，使用激光扫描仪进行 3D 数据扫描建模，精度一般设定在 ≤ 0.3mm 以上，有的部分扫描采集还使用贴点、喷粉等方法获取三维图像，对布光也有较高要求；然后，采用数码相机拍摄 6~8 张彩色图片；后期处理先建一个模型，再将图片贴上去，这样一件文物的三维模型就完成了。采用这种方式，采集、处理的速度快，可以满足一般网络平台鉴赏、陈列演示的需要。但细节丢失严重，拼图接缝明显，变形误差较大，造型复杂（如镂空）的阴暗面的数据采集不到，对部分透明、反光较重的文物，如果不在文物上贴点或喷粉，更是束手无策，如果将贴的图片拿掉，文物就变成了光溜溜的没有细节只有形的裸模，甚至就是一张二维图片。所以，这种低模数据，不可能成为"备胎"。

多模融合技术本质上是一种复杂的数学计算。运用这种技术构建的三维模型细节精准不会丢失，能将文物的纹理色彩信息真实还原，达到浑然一体的效果，完全反映了文物的真实面貌，其细部表现，有时候已经超出了人眼识别的范围，使文物在硬盘里得到"永生"，其数据不但可供文物保护修复、复制、研究、3D 打印使用，经过减面，也完全可以满足陈列展示、宣传、网络交互、出版等需要；3D 打印出来的成品的几何尺寸与原文物别无二致，是真正的克隆和"备胎"。其唯一的缺点就是数据太大了，需处理的时间比较久，一般的电脑难以显示，对存储设备有很高的要求。

文物上的多模融合就是根据文物的形状、材质及纹理深度，在数据采集时，兼顾多种类扫描设备和技术的优势，用近景测量技术、结构光扫描和激光扫描等方式完成一件文物数字信息的高标准采集，后期将构建的多个数字模型融合在一起，有效规避采集过程中的环境影响，弥补采集设备的短板,准确还原文物的尺寸精度和纹理信息(见图 1-13-2)。简单地讲,多模融合后的数字模型尺寸精准,细节丰富,其色彩及纹理是通过"算法"算出来的,而不是用照片贴出来的。目前,文物上的多模融合技术还是一道难题,国内很多在博物馆从事该项研究的技术人员还没有攻克这道难关,国内只有极少数医疗机构部分人员自主研发的软件可以实现。因此,目前国内博物馆 3D 数据采集普遍使用贴图法也就是可以理解的了。

从图 1-13-3 和图 1-13-4 两张图的对比可以看出来,画像砖采用的是多模融合技术,在保留物理细节的前提下,其色彩分辨率更高。而青铜鼎的模型细部完全丢失,色彩图就像穿了件衣服一样,没有任何纹饰肌理。

图 1-13-2　激光扫描→近景测量→多模融合后

图 1-13-3　高精度彩色模型的几何细节还原及其着色后的图像对比,细节没有任何变化

图 1-13-4　国内某博物馆没有贴图的裸模与贴图后的三维图对比，可见细节完全丢失

文物数字化保护，是对文物进行抢救性记录和保全文物全面信息，将文物资源由物质资源向数字资源转化的工作，是永续的文物保护研究和不断挖掘转化利用文化资源的基础，也是实现文物资源长久保存并发挥其更大作用的基础性工作。博物馆数字化保护的基础和核心要求，就是采集数据的精度和纹理还原的精准性。只使用一种方式构建的模型不能达到精度的要求，用"贴图法"还原纹理信息难以满足精准性的需要。目前，多模融合技术是解决文物数字化信息采集精度和纹理还原精准性的最佳途径。

四、文物修复中的有限元分析技术

在文物修复中，我们往往并不清楚已经修复的文物强度到底如何，特别是焊接、黏接的部位是否牢固，我们不可能对已经修复好的文物进行破坏性拉力试验，有的修复后的文物需要在展出中进行悬空吊挂，这对修复后的强度提出了更高的要求。同时，这也涉及文物今后的搬运、存放、展陈方式等安全问题。因此，评价所采取的修复技术和使用的修复材料是否安全，以往很难做到，只能凭"感觉"或"经验"去判断，这一直困扰着从事文物保护修复的技术人员。

要做到既不伤害文物，又能知道修复后的黏接部位的强度，受力面在哪里，应力是多少等，甚至筛选出最佳的修复方法和材料，就需要运用到数字化技术中的有限元分析技术。

在工业领域，有限元分析技术已广泛使用。有限元是那些集合在一起能够表示实际连续域的离散单元，利用数学近似的方法对真实物理系统（几何和载荷工况）进行模拟，利用简单而又相互作用的元素（即单元），就可以用有限数量的未知量去逼近无限未知量的真实系统，用较简单的问题代替复杂问题并求解，它将求解域看成是由许多被称为有限元的小的互连子域组成的，对每一单元假定一个合适的（较简单的）近似解，然后推导求解这个域总的满足条件（如结构的平衡条件），从而得到问题的解。需要说明的是，由于大多数实际问题难以得到准确解，所以这个解不是准确解，而是近似解。有限元不仅计算精度高，而且能适应各种复杂形状，因而能成为行之有效的工程分析手段。

文物修复上采用的有限元分析技术，主要作用是计算修复后的黏接面的应力，科学判断修复后的黏接效果，是否能满足今后文物搬运、承重、悬挂等要求，避免文物再次断裂或损坏。

这里以一件战国青铜编钟的模拟修复为例。该编钟由于在出土时已经碎裂成若干块，并经过了修复，在多年的悬挂展出中，原修复的吊耳因承受不住长年悬挂而脱落。

首先，使用三维扫描仪进行高精度文物数据采集，并进行数据的匹配拼接，保证高精度扫描数据收集，设置采集精度为0.02mm，并对局部进行超高精度扫描收集细节结构，建立仿真模型（见图1-13-5、图1-13-6），再进行模型配准，分别将模型导入有限元分析软件中，采用自动和手动相

图1-13-5　仿真模型

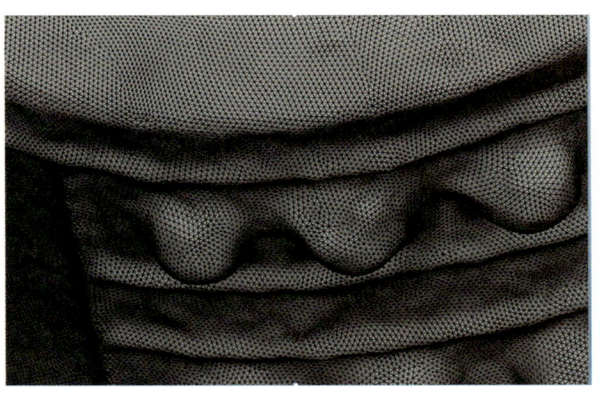

图1-13-6　仿真模型的局部放大图

结合的方法对整个结构进行有限元网格划分（设定网格大小0.5mm）。

之后，定义文物（青铜）、修复焊接材料（锡）等力学属性，设定边界、接触条件及载荷。由于编钟为悬挂模式，载荷设定为自重与引力，钟钮集中受力，设定接触面为钟钮的上部和舞部连接部承受编钟整体的重量。然后带入有限元分析软件，对拟采用的4种拟修复方式进行技术分析。通过分析，筛选出其中最佳的修复方法（见图1-13-7）。

由此，我们知道有限元分析技术运用在文物保护修复上，可以做到无害无损分析，提高文物修复质量，为我们的文物修复及研究提供全新的解决思路。同时应该看到，有限元分析的基础数据来源于3D扫描等数据的采集精准度，以及后期建模的质量精度，它直接关系到有限元分析结果的准确度。因此，有限元分析所使用的基础数据一定是高模数据。

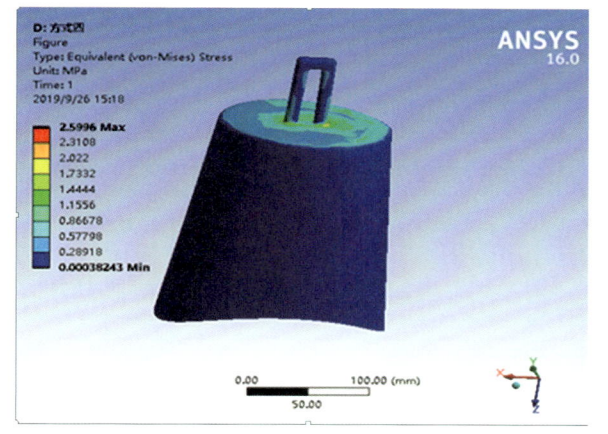
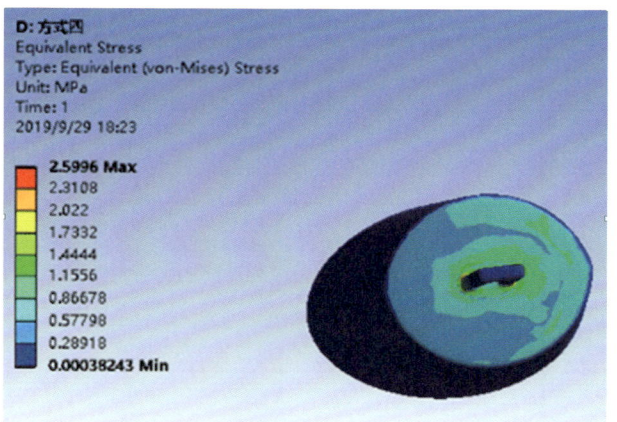

（a）分析云图

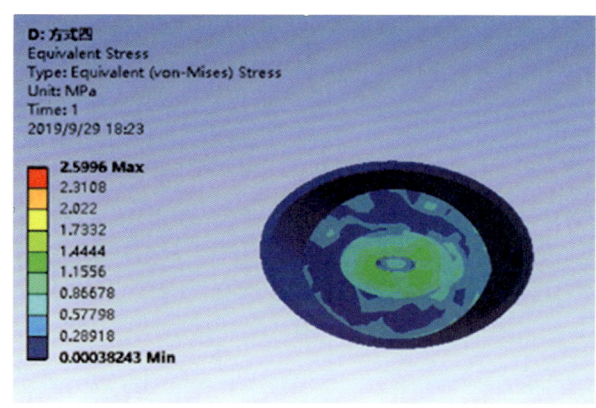
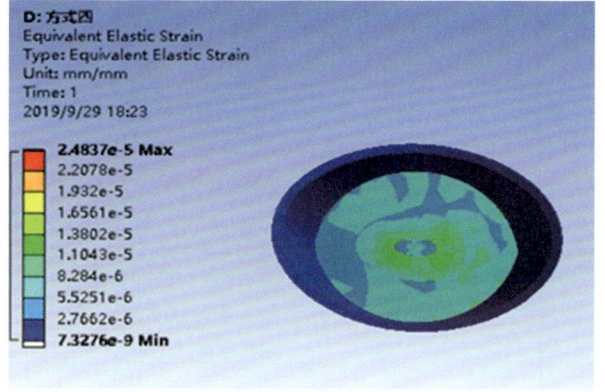

（b）应力云图　　　　　　　　　　　　（c）应变云图

图1-13-7　对拟采用的修复方式的技术分析

五、文物的虚拟修复与复制

文物除了传承历史文化，还可供艺术鉴赏。修复，除了祛除文物的病害，尽可能延长文物的寿命，还可恢复文物的艺术特征。传统的文物修复和复制，是经验的积累，文物修复的质量，在很大程度上与修复人员的个人认知水平和长期实践有较大的关系。在难度较大的情况下，修复所花费的人力物力也较大，时间相对也较长，即使这样，修复后的效果也不一定达到预想的要求，特别是对文物进行复制时，部分文物由于其珍贵程度和脆弱程度，已无法在原物上直接翻模，因此，如何借助现代科技手段，提高修复质量，缩短修复时间，是广大修复技术人员一直在思考和探索的问题。3D技术在文物修复和复制上的实际应用，无疑为我们提供了一条新的修复和复制路径。

以往在遇到缺损文物的修复时，会遇到缺失部位的补配问题，这种时候，一般采用塑型补缺，或者是在另外相同且完整的部位翻制一个模进行补配。修复的结果是否合适，这在之前并不完全清楚，为此，应借助3D虚拟修复技术，在虚拟世界里进行修复或补配，通过检验今后修复的效果，选出最佳的修复路径。

比如，在修复一件汉代说唱陶俑时，除了本体断裂需要黏接修补之外，这件陶俑在当初出土后，工作人员用水泥和石膏对其右胳膊进行了补配，受技术的限制，补配部分非常死板，极不自然，与原文物在材质、纹理、肌理等方面均有较大差别，需要剔除重新修复补全。为此，应采用三维激光扫描技术，结合三维近景摄影测量技术进行数据采集，再运用多模融合技术进行模型融合，最终构建高精度的数字化文物模型。

模型建立后，在模型上模拟去除原水泥修复部位，并结合人体工学、文物原材质、纹理、肌理等重新进行修复补块、材质渲染，并在模型上进行多角度的虚拟比对，选择确定较为可行的方案。最后，将成果通过3D打印的方式打印出实物模型，用于相关修复方案的论证。这样，可在不接触和尽可能不伤害文物的前提下，虚拟今后的修复方法和效果（见图1-13-8a、图1-13-8b）。

图1-13-8a　说唱俑破损前（高66.5cm）

图1-13-8b　3D打印的缩小版汉代说唱俑（高16.5cm）

在对馆藏珍贵文物的保护修复研究中，修复和还原有着相当重要的地位。缺损部分用传统工艺修复时，需要进行大量的试验并制作一些复制品，这不但会花费大量时间，同时也增加了成本，即使这样，有时也不一定能得到较好的修复和还原效果。利用数字化技术，不仅可以非接触式地对文物进行复制，对修复技术和修复方式进行研究，以及快速汇集各方面的意见，还可以在精准建模的基础上对缺损文物进行虚拟修复、对修复所需的补片进行精准塑形，避免了翻模对文物造成的二次伤害，为珍贵文物的保护方式、修复技术、修复材料的研究提供支撑。

比如，在修复一件青铜香炉文物时，修复前该文物缺失了一脚，并伴有较大的破洞，采用3D技术，选取香炉中一只完好的脚进行3D扫描建模，根据破损缺失处的状况，模拟还原补全修复，最终形成缺失模块的模型，通过3D金属打印，打印出需补全的金属模型进行无缝拼接锡焊，再修缝随色，完成该文物的修复。整个修复的时间比传统修复大大缩短，而且是金属补金属，效果也较理想（见图1-13-9a，图1-13-9b）。

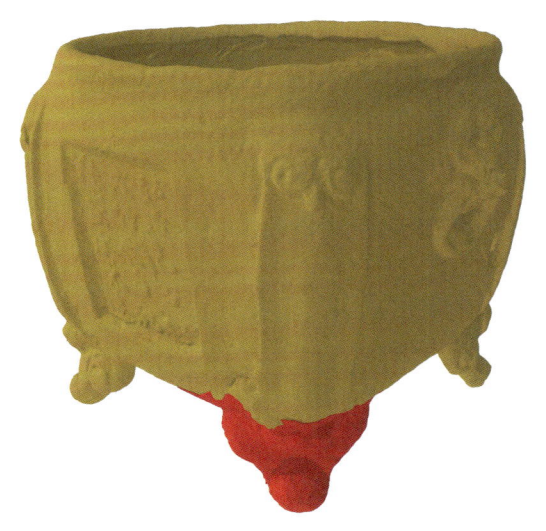
图1-13-9a　缺失部位的3D模拟修复设计图

图1-13-9b　修复后的香炉

以往复制文物时，需要直接接触文物，需要在文物上翻模制作，此类复制，容易对文物本体造成损伤，对于本体风化或锈蚀较为严重的文物，还不能直接翻制，特别是珍贵文物的复制，更要慎重，原因就在于此。而有的造型复杂的文物，很难完整地翻制模型，所以，对文物的复制（包括拓印），国家文物局专门出台了《文物复制拓印管理办法》进行规范，就是为了确保珍贵文物的安全。

随着科技的进步，新材料、新技术、新手段不断涌现，其中的三维数据扫描及3D打印技术，非接触式的无损文物复制，无疑是成熟度较高的一种新技术。

汉代画像砖是汉代砖室墓中用于装饰的一种模制的图画砖，是一种以浅浮雕和线刻为主的艺术表现形式，其以神秘精美的纹饰图案，独特的艺术魅力，为世人所赞赏。但这类文物为泥土烧制砖，空隙率较大，千余年的历史，使其风化程度也较重。如果采取传统的复制方法进行翻制，一方面，翻制用的材料有可能残留在画像砖的空隙里，难以完全剔除，甚至改变文物原有的颜色；另一方面，由于砖的表面风化，翻制脱模的过程，有可能对文物造成损伤，因此，不适合在砖上直接翻制。那么，在不直接接触文物、不对文物造成任何损伤的前提下，用什么办法进行复制呢？3D 技术的出现，为我们提供了一条新的解决途径（见图 1-13-10）。

（a）二十四字画像砖激光扫描获得的
点云及 STL 文件和建立的千万面级的
高精度三维模型

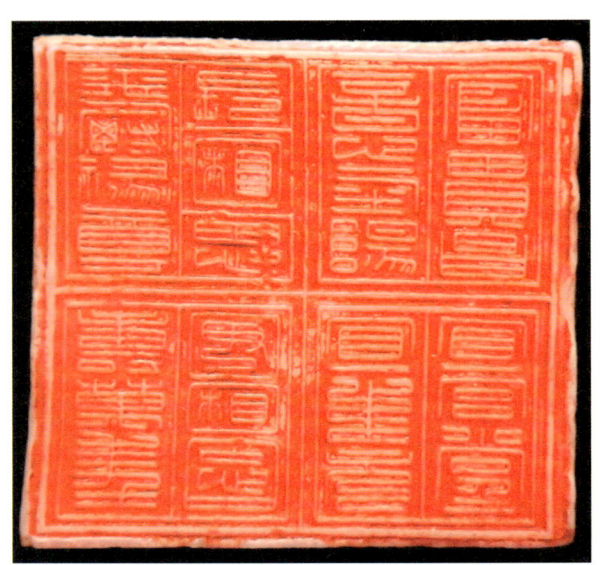
（b）缩小至 5cm 的画像砖 3D 打印模型及印迹（原大小
为 42.6x40cm），由此看出其精细程度

图 1-13-10　3D 技术用于文物复制

以数字化技术为基础，通过数字化保护，运用数字信息采集设备，将文物的现状信息安全快速、多角度且精准地记录下来，并忠实还原色彩和纹理信息。其构建的精细化数字模型，还可用于对陈列展示、文物保护方式、修复技术、修复材料的研究，文物复仿制及文创产品的开发、数字博物馆的建设以及 3D 打印等。前述介绍的汉代说唱俑缩小模型与画像砖极度缩小的模型，验证了建立"高模"的重要性和今后各种应用的广阔性。

因此，文物的三维数字化，一定是建立在高模技术之上的，而检验是否是"高模"的最简便和最直观的办法，就是将任意放大或缩小打印的模型与原件相比，看其是否变形，细部纹饰是否丢失。没有比较就没有伤害，我们不能再无休止地重复对文物的信息不停采集，这也是对文物的一种保护。

六、结　语

文物的数字化保护，以传统的测量方式，很难获得文物完整的几何、色彩以及表面残损等信息，同时测量过程不可避免会对文物造成二次伤害。采用非接触式的数字化保护技术，可以获取精准的文物现状数字信息，还原色彩和纹理信息，既快速精准、多角度，又安全可靠、可永久保存，还便于传递和交流，虚拟现实等技术让展览展示更加生动。

通过数字化保护，进一步梳理和挖掘文物的价值内涵，深入分析这些文物所蕴含的历史信息，在明确保护对象及其特征，充分分析其面临的威胁因素的基础上，系统科学地制定保护修复技术路线。

许多珍贵文物由于其稳定性差、展陈空间有限，且不易于异地交流。精准的文物数字化信息与智能化的互联互通技术结合，有助于远程专业研究及数字博物馆的建设；珍贵文物由于易损脆弱，不易于异地交流，只能常年深藏在库房里，使得更多的人一睹尊容的愿望难以实现。与虚拟现实技术结合，可对珍贵文物进行数字化的展示，不受时间空间的限制，信息量更丰富。在带来不一样的观展体验的同时，对珍贵文物的保护、研究和知识普及有积极推动作用。

以数字化保护技术为基础，集合人工智能图形分割算法、多模态影像融合、3DWEB渲染技术、3D数据传输优化技术，结合3D打印技术，对珍贵文物进行精准的数字化信息采集、加工，构建可用于3D打印的精细化数字模型，为文物保护方式、修复技术、修复材料的研究，文物复制及文创产品的开发，数字化博物馆的建设及应用等奠定良好的基础。

文物无时无刻不在面临重大自然灾害和不可抗力带来的风险。正如前文所述，巴西国家博物馆和巴黎圣母院的大火，为文物的保护敲响了警钟。文物数字化获取的文物信息，安全精准记录文物现状，忠实还原文物信息，是"再现"博物馆里那些被毁文物的最后机会；文物的数字化容灾备份保护，也称"备胎"计划，是文物保护的最后一道屏障。

第二篇

鉴赏篇

第一章
历代画像石棺石椁艺术赏析

画像石棺艺术是一种采用线刻、浮雕或镂雕等雕刻技法，将图像或文字雕刻在石棺上的一种装饰艺术。在文物考古学的分类中，它一般被归于画像石类，学术界称其为画像石棺。由于不属于平面绘画艺术范围，因此，美术史学家称其为"中国早期的雕刻"。

我国的画像石棺滥觞于公元前2世纪，至公元13世纪，历经了1500多年的历史发展演变，在这漫长的岁月中，其艺术风格、雕刻技术也发生了一系列重大变化，这些变化反映了中国美术发展史的一个侧面，其独特的风格和精湛的艺术赢得了世界雕塑史的一席之地，折射出中国古代民间艺术家所独有的审美情趣和审美观念；凭借其独特的艺术魅力，赢得了一门独立的研究学科的地位。

一、汉代画像石棺石椁艺术

汉代为中国历史上的第一个黄金发展时期，华夏民族自汉而始，称为汉族。汉代分为西汉和东汉，也称前汉和后汉，合称两汉。公元前202年，刘邦打败项羽，建立中国历史上继秦之后的又一个大一统国家，史称西汉；公元8年，王莽篡权，西汉灭亡。公元25年，刘秀匡扶汉室；至公元220年，曹丕篡权，汉朝灭亡，史称东汉。

汉代画像石棺，除少部分出土于砖室墓外，其余普遍存于汉代崖墓之中，特别是在四川地区。画像石棺所反映的内容可以分为四个类型：（1）反映日常生产、生活等现实世界的场景；（2）反映历史故事、列女孝子等题材内容；（3）反映未来世界，即理想中的天堂、仙界的生活场景；（4）各类动物、怪兽、仙巫传说或图腾；（5）几何纹、花卉等装饰性图案。

（一）西汉石棺石椁艺术

从文献以及考古发现看，以石为棺（椁）的葬制其实很早就已经在一些地区流行。晋人常璩在《华阳国志·蜀志》中记载有："周失纲纪，蜀先称王。有蜀侯蚕丛，其目纵，始称王。死，作石棺石椁，国人从之，故俗以石棺椁为纵目人冢也。"这说明商周之际在蜀地就有石棺石椁之葬制。吉林辽源市东辽县平岗镇共安村出土的两具商周石棺，进一步证实石棺这种葬制至商周时已较为成熟，但这一时期的石棺石椁由于出土数量不多，且基本上没有雕刻纹饰，其作为一种艺术表现形式还处于萌芽状态。

直至西汉，作为一门装饰艺术，中国画像石棺才真正开始起步和发展。西汉早期的画像石棺（椁），所表现的多为简单的门阙、穿璧、常青树、楼堂人物等内容。这一时期的石椁数量较少，主要见于山东邹城龙水、滕州庄里西、临沭曹庄、临沂庆云山等汉代墓地。如现藏于临沂市博物馆的一具石椁，为1984年临沂市册山乡庆云山南坡出土，石椁两挡头和两壁，用阴线雕刻，其上西侧的画像分为三格，中间刻一屋宇，垂幛悬挂，屋内两人相斗，左者持戟冲刺，右者执刀、盾抵御，屋外两侧各植一株常青树。石椁左右两边皆刻玉璧纹，璧间饰不规则的多边纹、三角形纹（见图2-1-1）。石椁南壁挡头四周边饰阴线刻菱形纹、三角纹，中间刻两人，戴长冠、着长袍、腰佩长剑，相对而立，作交谈状（见图2-1-2）。

西汉晚期，石椁墓的分布范围明显扩大，发现数量急剧增多，覆盖了整个苏、鲁、豫、皖交界地区，四川、重庆地区也有部分出土。其题材内容也逐步扩展，不仅表现社会生活方面的内容，如狩猎、出行、乐舞等图像增多，神仙、怪兽等内容也开始出现，尤以西王母、伏羲、女娲等的图像引人注目，还出现了历史人物图像，如老子出函谷关、伯乐相马等历史故事与传说。不仅如此，单个石椁墓的图像比起早期的墓也丰富了许多。山东邹城卧虎山、兖州农机学校、微山县微山岛、金乡香城堌堆、江苏沛县栖山等地发现的石椁墓是其中的代表。这一时期的石椁画像无论是雕刻技法，还是题材内容都呈现出发展的趋势，并演变为画像石室墓。

例如，藏于济宁市汉任城王墓管理所的济宁市肖王庄一号石椁，长272cm，宽90cm，高86cm，棺椁四周雕刻有乐舞、谒见、凯旋、双阙、车马等图案，内容丰富，雕刻手法古朴，表现了死者对生的眷恋，及其将生前的奢华生活带到未来世界的希望（见图2-1-3～图2-1-5）。

图2-1-1 璧、常青树、建筑

图2-1-2 人物

图2-1-3 乐舞、谒见

图2-1-4 凯旋、谒见、车马

图2-1-5 双阙

山东邹城博物馆所藏的郭里镇出土石椁,题材内容丰富,用阴线雕刻有豫让二刺赵襄子等历史传说,有雷公、雨师、风婆、西王母等神仙人物,还有建筑、人物、制车、射猎、建鼓、百戏等日常生产生活(见图2-1-6~图2-1-8)。

总之,现存于世的西汉时期的石棺石椁数量不多,能提供的信息有限,但即使这样,我们也能从这些图案纹饰上窥见西汉古朴的石棺雕刻艺术的风采,其简洁的线条,古拙的装饰表现手法,为后来的东汉石棺艺术的大发展和繁荣奠定了基础。

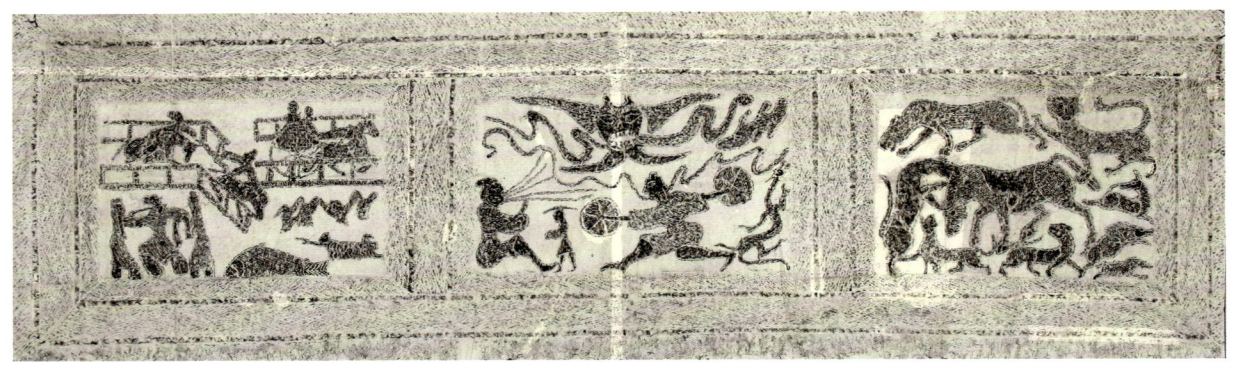

图2-1-6 历史故事、雷公、群兽

图2-1-7 建鼓、百戏、西王母

图2-1-8 建筑、人物及制车、弋射

（二）东汉石棺石函艺术

东汉是画像石棺艺术发展的高峰，与西汉时期多由石板组合而成的石椁相比，东汉的石棺大都是以整石凿成，应是真正意义上的石棺。从发现和出土的数量来看，东汉的石棺也是最多的，基本上占据已发现石棺石椁的一半左右；而从分布情况看，东汉石棺主要集中分布在西南地区，特别是四川和重庆地区的河流沿线一带。

庄园经济的发展，以及平民化的发展，造就了东汉多姿多彩的画像石棺艺术。就地取材、部分与崖体相连而"伴生"的石函，即崖棺也出现了。这些石函、石棺的材质大多是酥松的砂岩，这与川渝地区的地质结构有关，这种红色的砂岩分布广泛，利于开凿雕刻，使这类葬具有被普遍使用的可能。

东汉时期，厚葬之风越演越烈，原始的道教思想、神仙思想和奢靡享乐主义充斥着人们的日常生活，也反映在了丧葬习俗上。从石棺的内容来看，其涵盖了东汉社会的方方面面。

1. 神仙人物及图腾崇拜

在佛教还没有传入时，当时的原始崇拜还主要是对自然图腾的崇拜，崇拜对象包括：代表日神与月神的人首蛇身的伏羲、女娲，坐在龙虎座上、能使人长生不老的仙界西王母，各种祥瑞的珍禽异兽，以及代表方位、镇守四方和避邪的四灵等。

伏羲、女娲和西王母的艺术形象，是东汉时期石棺、石函画像的主要题材。1972年，郫县（今成都市郫都区）竹瓦铺东汉砖石墓出土的一号石棺后挡，上刻人首蛇身两尾相交的伏羲女娲，左边的伏羲手执日轮，轮中有金乌；右边的女娲手执月轮，轮中有桂树、蟾蜍（见图2-1-9）。二号石棺的前挡用阴线雕刻坐在龙虎座上的西王母，头戴胜，饰灵芝，构图简洁饱满（见图2-1-10）。

图2-1-9 伏羲、女娲

图2-1-10 西王母

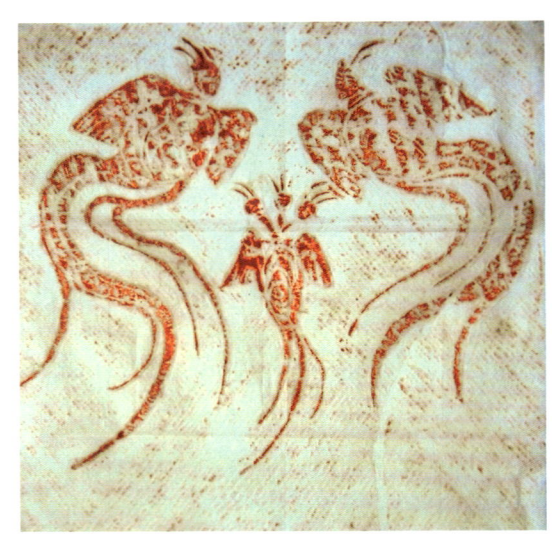

图 2-1-11　羽蒙

现藏于新津县文物管理所的四号棺，为 2000 年 9 月在新津县邓双镇龙岩村出土，其前后挡上雕刻的人头鸟身羽蒙、天鹿和六博、师旷鼓琴，无不使人产生无限的遐思（见图 2-1-11、图 2-1-12）；而四川博物院所藏的郫县二号石棺棺盖上所雕刻的青龙白虎，动态十足，栩栩如生，是东汉石棺雕刻艺术的杰出代表（见图 2-1-13）。除主图为青龙白虎衔璧之外，棺盖上还雕刻有牛郎织女图：牛郎头上戴冠，用力拉着牛，织女头梳双髻，长袖飘飘，面向牛郎手执绕线板，真实生动地再现了当时夫唱妇随男耕女织的农耕生活。

图 2-1-12　六博、师旷鼓琴

图 2-1-13　龙虎、牛郎织女

2. 丰富多彩的现实世界市井生活

汉初休养生息和轻徭薄赋的政策，使得小农经济飞速发展，经济文化空前繁荣，谷物堆满粮仓。《汉书·食货志》记载："至武帝之初，七十年间，国家无事。非遇水旱，则民人给家足，都鄙廪庾尽满，而府库余财，京师之钱累百钜万，贯朽而不可校。太仓之粟陈陈相因，充溢露积于外，腐败不可食。"

在藏于乐山麻浩崖墓博物馆的一口石棺上，我们可以清晰地看见人们席地而坐，开怀畅饮，各类豪华车马来来往往，富豪们日常出行前呼后拥的生活画面（见图2-1-14）。而藏于四川博物院的郫县一、五号石棺"宴饮、杂耍、乐舞图"（见图2-1-15、图2-1-16）和"曼衍角抵、水嬉图"

图 2-1-14　宴饮、出行

图 2-1-15　宴饮、杂耍、乐舞

图 2-1-16　饮宴、乐舞

（见图2-1-17）更是用线刻的艺术表现形式将对汉代市井生活的刻画推向了极致，难怪《后汉书·仲长统传》里描述："豪人之室，连栋数百，膏田满野，奴婢千群。徒附万计……妖童美妾，填乎绮室，倡讴伎乐，列乎深堂。"东汉生活的奢靡由此可见一斑。另外，大量表现农业生产、渔猎、养老等题材内容的画像，也广泛见于这一时期的画像石棺上。

3. 历史故事与传说

这一时期在文化上注重礼仪与孝道。二十四孝的出现，以及烈女、孔子与老子等历史故事和传说故事的大量出现，都是这一思想的具体体现。

现藏于四川射洪县的一具东汉石棺，侧面雕刻有"鲁秋胡戏妻""季扎挂剑"的故事：在一树下，一女子身着长裙，正躬腰采摘树上的果实，树腰挂一竹篮，其身后有一头戴冠、身着长衣、腰佩长剑、牵着马的男人，伸手作调戏状；马后一树上挂着长剑，一男正躬身作揖（见图2-1-18）。

1999年，在合江县城出土的一具画像石棺，现藏于合江县汉代画像石棺博物馆，棺的一侧雕刻"董永侍父"的故事，图中左边大树下，一执杖的老者坐在独轮车上，其前一人，手执一锄，右边

图2-1-17　曼衍角抵、水嬉

图2-1-18　鲁秋胡嬉妻、季扎挂剑

刻一辆车，车旁一御者，正赶马车前行（见图2-1-19）。而新津县（今成都市新津区）邓双镇崖墓出土的石棺一侧，表现了汉武帝封方士栾大为"天道将军"的故事。图中六人，其中二人，体长羽毛，是古籍中所记载的"羽人"。左起第三人为汉武帝，跟随其身后手上捧笏的二人为侍者，左起第四人为栾大（见图2-1-20）。

"孔子问礼"在东汉画像石棺中也多有发现，现藏于四川博物院的画像石函和新津县的东汉画像石棺都表现了这一题材（见图2-1-21）。

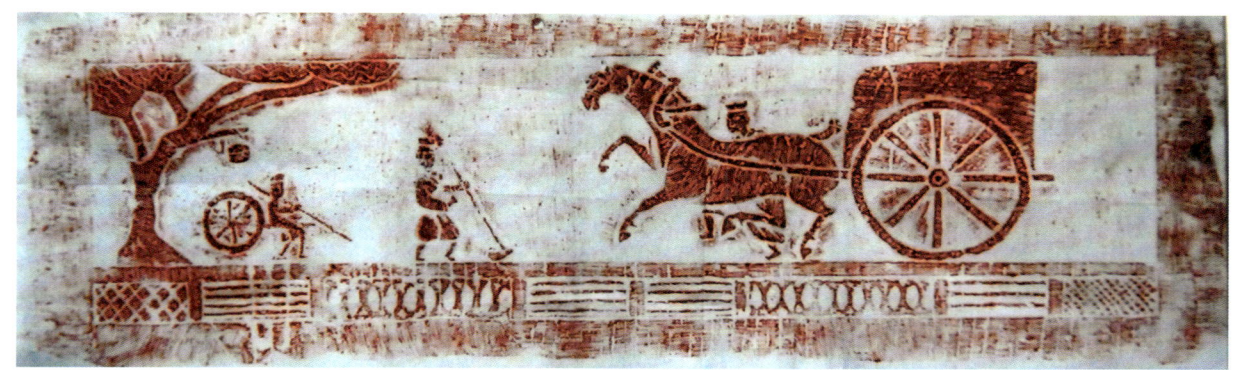

图2-1-19　董永侍父、车马

图2-1-20　封栾大

图2-1-21　孔子问礼

烈女是夫权思想的产物，从一而终的烈女的故事，作为封建礼教禁锢了中国妇女千百年来对爱情和幸福婚姻的追求。梁高行是烈女的代表。《列女传》记载了她为夫守节挥刀自劓的故事。新津县邓双镇崖墓出土的十三号石棺表现了这一题材（见图2-1-22）。图右二人，较胖者右手执镜，左手持一把小刀，正欲挥刀自劓，此为梁高行。图中的持节者为使者，其左的扛幡者为随从。

上述这些例证，从侧面反映了东汉推崇孝道礼教的社会风尚。

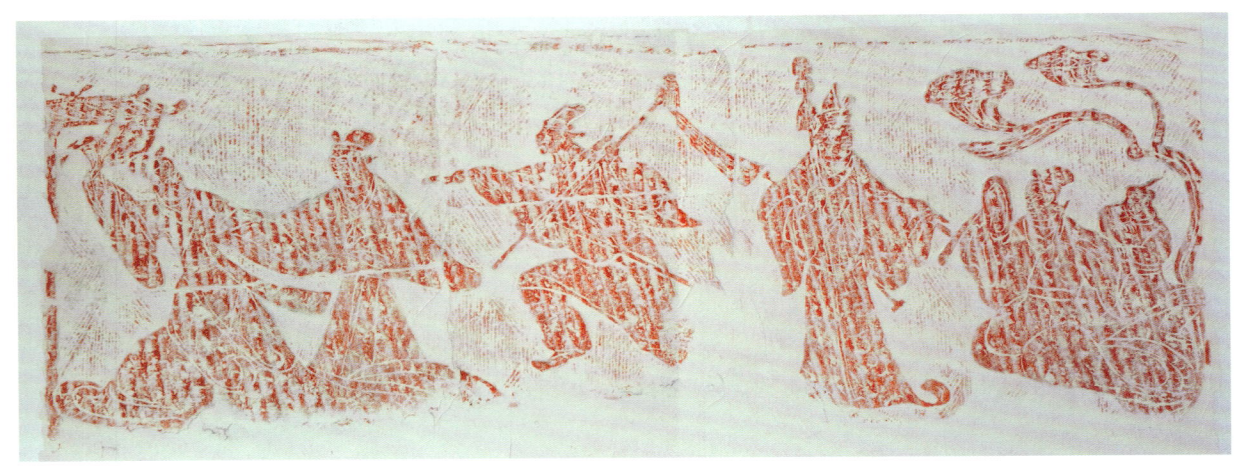

图2-1-22　梁高行

4. 装饰纹样

东汉画像石棺的装饰纹样一般以配角出现，少部分石棺用装饰纹样作主图，图案主要是几何纹、联璧纹、柿蒂纹等，这类纹饰大多雕刻在石棺的棺盖上，起装饰作用。藏于泸州博物馆的一具石棺棺盖上的纹饰，一头为柿蒂纹，另一头为青龙白虎（见图2-1-23）。而合江县白来乡碾子榜村出土的一具藏于合江县汉代画像石棺博物馆石棺，整个画面均刻有联璧纹饰，充分反映了当时人们对玉璧的重视与崇拜，而玉璧是礼天用的，是地位与权力的象征（见图2-1-24）。

图2-1-23　龙虎纹、柿蒂纹

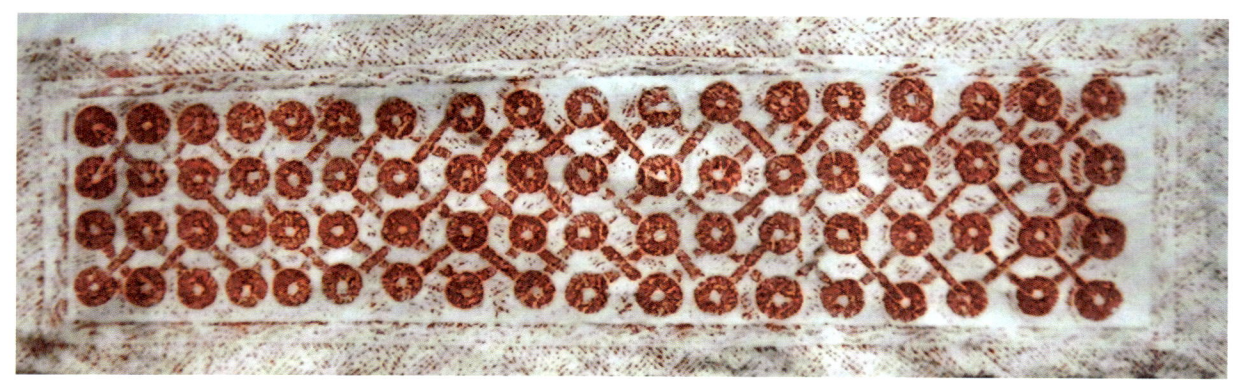

图 2-1-24　联璧纹

两汉时期的画像石棺,是中国雕塑史上的一朵奇葩,其中又以东汉时期的画像石棺艺术为最,其雕刻艺术粗犷豪放,充分展示了"汉八刀"的简洁的雕塑艺术风格,反映了汉代雄浑大气、灵动自然的艺术风尚。难怪一代大文豪郭沫若也感叹汉代的画像石棺"巨人米克郎吉乐,壁画犹传创世编"。

汉代画像石棺艺术的产生有其深厚的社会历史背景,东汉的政论家、文学家王符在其《潜夫论·浮奢篇》里对当时的社会风气有这样的描述:"生不极养,死乃崇丧,或至刻金缕玉。檽梓梗柟,良田造茔。黄壤致藏,多埋珍宝、偶人、车马。造起大冢。广种松柏,庐舍祠堂,崇移上潜。"这说明汉代厚葬之风盛行,除使陪葬的物品增多外,也带动了墓葬装饰上的攀比。装饰上出现的不拘一格的形式内容,从一个侧面反映出汉代思想的活跃,同时,也仿佛让我们看到当时人们的生死观,即对死的恐惧,对生的渴望和眷念。画像石棺留下的众多史料,为我们打开了一扇窗口,为今人研究那个时代的社会、历史、文化和艺术提供了难得的实物资料。

二、魏晋至隋唐时期的画像石棺艺术

从东汉灭亡到隋朝建立的360余年间,是中国历史上的魏晋南北朝时期,这一时期战争连绵不断,先后出现了几十个封建政权,长期存在封建割据,是中国历史上政权更迭最为频繁的时期。隋朝之后,中国很快就进入了历史上又一强大、繁荣的时期——近300年的大唐王朝,政治与经济空前强大,被称为大唐盛世。

在唐朝时期,随着佛教的引入,道教的兴盛,外来文化的渗透交融,唐朝在艺术上呈现出多姿多彩、灵活多样的风格,反映在其石棺艺术上,即是先前汉代石棺艺术的雄浑大气,神仙思想、历史传说、民俗民风等内容题材,已不占主导地位,雕刻技法趋于细腻繁缛,形制多样,大小规模不一,已不再是普通人可以随意采用的形式了。

(一)魏晋南北朝时期的画像石棺石椁

魏晋南北朝时期的石棺画像艺术,早期承接了东汉时期的遗风,特别是四川地区的石棺画像大多继承东汉时期的题材与风格,如历史人物故事、神话传说、神禽异兽、乐舞杂技等。但在雕刻艺术上已没有东汉时期的大气灵动与神秘怪异,世俗与现实内容逐渐占据主导地位。出土于四川江安的一、二号石棺为东汉末期的作品,其宴饮、杂技、瑞兽和荆轲刺秦、泗水捞鼎等画像(见图2-1-25~图2-1-27)的雕刻的技法已显呆板;它们与同是江安出土的魏晋时期的四号棺,在雕刻技法上如出一辙(见图2-1-28),能看出明显的继承关系。

山西、河南、陕西等地出土的画像石棺,主要属于北魏时期,其题材以孝子为主,雕刻的手法采用以平面阴线刻为主的剔地阳刻技法,如山西榆社县出土的一具北魏石棺,在其前挡中央所刻的

图2-1-25 宴饮

图2-1-26 杂技、宴饮

图2-1-27 瑞兽、杂技图

图 2-1-28 荆轲刺秦、泗水捞鼎

建筑内，有两人席地坐于平台宴饮，两旁有仆人及持刀者侍候，房外有朱雀一对，下有乐舞杂耍等。建筑上方刻有铭文 14 行，记录了墓主人的姓名、官职和生卒年月、榜题等。一口石棺上雕刻有如此之多的铭文、榜题及画像，集书画为一体、图文并茂，实属国内少见。而两侧雕刻的画像，将青龙白虎融入杂技、宴饮、出行等图案，已不似汉代，将青龙白虎单独成图那样在技法上显得幼拙古朴（见图 2-1-29、图 2-1-30）。

图 2-1-29 青龙

图 2-1-30 白虎

藏于美国堪萨斯城纳尔逊艺术博物馆的北魏孝子石棺，出土于河南洛阳，于20世纪30年代流落于此。石棺两侧刻有孝子故事图6幅，采用阴线雕刻技法，左侧图案榜题有"为尉""子蔡顺"和"子董永"；右侧图案榜题为"子舜""子郭巨"和"孝孙原榖"。每图选择了不同的生活场景，各场景之间用树木、山石隔开，人物形象生动、雕刻线条流畅娴熟，达到了很高的艺术境界（见图2-1-31、图2-1-32）。

山西大同北魏宋绍祖墓出土的石椁，为仿木构的三开间单檐悬山顶式前廊后室石椁，在造型上已完全引入了建筑结构式样的风格，除运用浮雕、圆雕等雕刻手法外，椁内壁还采用了彩绘手法，绘制了大量人物等图案，艺术表现形式丰富多彩，不拘一格（见图2-1-33）。椁内有石床，床上西部有两个椭圆形石灰枕，没有棺木，这是北魏时期流行的一种葬俗。

图2-1-31　北魏孝子石棺画像局部（郭巨）

图2-1-32　北魏孝子石棺画像局部（董永）

图2-1-33　北魏石椁

（二）隋唐时期的石棺艺术

隋唐是中国封建王朝的又一高峰，对外交流频繁，社会中享乐奢靡之风盛行，这些现象同样也反映在石棺（椁）上。从出土石棺（椁）的分布来看，以陕西、河南、甘肃、四川等地居多，这些石棺（椁）大多为皇亲国戚所使用，纹饰内容除承袭以往的四灵——朱雀、玄武、青龙、白虎和升仙思想以外，由于佛教不断地输入和传播，佛教题材的内容也开始大量出现。受佛教思想和波斯文化等外来因素的影响，佛教题材和佛教棺制成为这一时期的特色，如甘肃灵台县唐代舍利石棺、陕西西安唐代舍利石棺等，而反映劳动、市井等生产生活场景的内容却很少在石棺中出现。如图2-1-34所示，该石棺在侧面用浮雕的形式表现了释迦牟尼涅槃时的情景。释迦牟尼圆寂于灵床之上，双目闭合，右肱曲枕，迭足而卧；肉髻呈深蓝色，浑身贴金；灵床为长方形，后有半高床沿；两端各立一头挽高髻的女性，右者头后有圆形顶光，身向前，左手抚膺，右手附膝，作搥胸顿足之状。《佛母经》："佛母得一梦兆，五月下霜，两乳自然流，忧婆梨来告丧，佛母浑椎自扑，闷绝擗地，佛母至娑罗双树间，绕棺三匝。如来闻母声唤，金棺自开。"此处所表现的是佛之生母和另一位亲属绕棺呼唤的情景。灵床后方及左侧雕十弟子举哀图。床后三人只露上身。右起第一人双目圆睁，目光呆滞。中间一人左手扶榻沿，右臂支撑头部，闭目呜咽。第三人以手拭泪，哀恸欲绝。榻左七人分为上下二列。上列四人，第一人侧身向左，以袖掩面，第二和第三人相互抱扶，不胜悲怆。第四人头向右垂，欲哭无泪。下列三人，第一人躬身坐地，右手托腮，注视释迦。中间一人着红袈裟，仰身倒地，他年纪较大，可能是迦叶，后一人双膝跪地，以手扶持前者，仰望苍天，他年纪较轻，可能是阿难。继十弟子之后，是两个飞天，上者仰面屈身，两手指胸，下者俯身屈膝，头面着地，都表现出深沉的痛苦。以上15人，除释迦为全身，佛母及迦叶着红色，其余众人着蓝、绿衣，间施白彩，多留有描金痕迹。

图2-1-34 唐甘肃灵台舍利石棺

太原市晋源区王郭村1999年出土的隋开皇十八年（公元598年）虞弘石椁（见图2-1-35、图2-1-36），其椁壁四周用减地阳刻的雕刻方式，表现了宴饮、乐舞、射猎、家居、行旅等丰富的内容，人物皆深目高鼻，有的还有浓密的须髯，骆驼、大象等动物形象大量出现，表现了西域特有的风情，是文化交流繁荣的历史见证。

这一时期，棺椁的形式也开始发生变化，有部分棺椁仿自当时建筑式样，特别是棺盖，已出现歇山顶式样的棺盖，如上述的山西太原隋代虞弘石椁、陕西西安隋代李静训石椁等，并多以石椁的形式出现，以石板、石条等石块拼接而成，整块石料掏挖成独立的石棺少见。由于石材质地坚硬，不易雕刻，因此石棺（椁）上雕刻的纹饰以阴线刻居多，而且，石椁较多，所雕线条繁缛细密，内容除少量的升仙题材外，多刻人物形象和蔓草花卉等内容，人物形象端庄丰腴，花草雕刻灵动飘逸，手法细腻，且多装饰在棺椁的四周，如陕西乾陵唐懿德太子石椁、陕西乾陵唐永泰公主石椁和陕西三原县李寿墓石棺等，所雕人物面容姣好，发髻高耸，姿态优雅，线条流畅细腻，表现出雍容华贵的盛唐之气（见图2-1-37）。还有部分石椁是采用绘制的形式来表现的，如陕西靖边县唐代杨会石椁，采用宫殿建筑造型，椁内壁所绘人物着宽袍，点朱唇，更接近于真实的现实，是难得一见的珍品（见图2-1-38）。

陕西潼关税村2005年发掘的隋代石棺，其棺上的线刻纹饰，浓密细腻规整，达到了很高的工艺水平。1982年，在甘肃天水发现的隋唐时期的石棺床，床的左右各有3方彩绘画像石屏风，正面还有5方画像石屏风，共计11方画像石。该画像石屏风高87cm，宽30~40cm，底部镶嵌在床板边沿的凹槽内。画像石屏风的雕刻工艺采用平地减底的雕刻技法，内容为墓主人生前狩猎、宴饮、出行、泛舟等生活画面和亭台楼阁、水榭花园等建筑。其雕工精湛，部分画像石饰以红彩，外施贴金，显得十分华丽。

综上所述，魏晋南北朝时期政治社会动荡，思想文化活跃，科学技术成就突出，民族融合加强，而社会处于分裂割据状态，文化具有很强的地域性，南北差异明显。隋朝结束了长达300多年的分裂局面，开创了自秦汉以后又一个大一统的局面，为唐朝的繁荣奠定了基础；外来文化彼此交融并

图2-1-35　隋虞弘石椁

图2-1-36　隋虞弘石椁（局部）

图 2-1-37　唐懿德太子石椁（两宫女）

图 2-1-38　唐杨会石椁（侍女）

相互影响，呈现多元化发展的特点，对丧葬习俗也产生了较大的影响，反映在画像石棺上，其在雕凿形制、艺术表现、地域分布、题材内容等方面，都与两汉时期的画像石棺有较大的差别，与同时代的其他艺术形式相似，烙有明显的时代印记。

三、宋辽金元时期的画像石棺艺术

宋辽金元时期，是中国画像石棺艺术走向没落的时期，这一时期的石棺或石椁，其画像艺术已没有了隋唐时期的细腻丰满和南北朝时期的古怪神秘，更没有两汉时期的多姿多彩、光怪陆离，在雕刻技法上，再难以看到两汉的磅礴大气、简约率性的"汉八刀"风格，也难以见到隋唐时那种婉约细腻的笔触。

不论是从数量还是从质量来看，现在发现的宋辽金元画像石棺都不如前朝，就是在体量上，也难以与前朝相抗衡。此时画像石棺的内容多反映孝子烈女等题材，如出土于河南孟津县的北宋崇宁五年（公元1106年）张君石棺、山西芮城县元代至元六年（公元340年）潘德冲石椁，以及河南辉县北宋石棺等（见图2-1-39），这些石棺两侧线刻孝子烈女图二十四幅，每幅都还有榜题；也有部分画像的内容表现戏曲人物、散曲乐舞。表现四灵、西王母等神仙传说、市井风情等的画像已比较少见，更多的是表现世俗民风的，也有少量表现宗教题材的，如山东济南宋代舍利石棺，棺前挡雕死者灵魂出窍升天，外壁左右各浮雕四僧侣持不同乐器吹奏弹唱送葬（见图2-1-40）。

这时期的雕刻装饰手法更注重工艺，强调装饰性，不似汉代的简洁明快或隋唐的精细飘逸，雕刻技法多采用阴线刻，有少量是浅浮雕，其人物形象、装束或纹饰，有着明显的时代烙印，如河南辉县北宋石棺、河南修武金代石棺上线刻的人物的衣着打扮，无不反映出那个时代的特征。山东安丘宋代石棺由若干块石头榫卯组合而成，整体造型为仿屋庑殿式，此种体量的石棺，在汉代一般都由整块石材雕凿而成，由此看出，宋代的石材雕刻远没有汉代的来得大气（见图2-1-41）。而山西榆社县云竹镇出土的一具后唐天成四年（公元929年）的石棺前挡上，虚掩双门露出半个人物的表现手法，与四川雅安芦山出土的东汉建安十七年（公元212年）的王晖石棺前挡何其相似。时空

图2-1-39　河南辉县北宋石棺

图2-1-40　山东济南宋代舍利石棺

图 2-1-41 山东安丘宋代石棺

相隔九百余年、相距千余里的两地不约而同地采用了同一表现方式,折射出人性对生的眷恋这个的永恒主题(见图 2-1-42、图 2-1-43)。

在选择画像雕刻装饰的附着物上,宋辽金元时期,由于棺椁材料的多样化,已不再过多地注重对石棺的本体的雕刻,而是把更多的雕刻、壁画装饰在墓壁四周,如四川泸州地区出土的大量宋代

图 2-1-42 山西榆社后唐石棺

图 2-1-43 四川雅安汉代王晖石棺

图 2-1-44 四川泸县宋墓石刻

图 2-1-45 山西汾阳宋代砖石墓雕刻

图 2-1-46 山西垣曲宋代石棺

墓葬画像石刻,主要装饰墓室,题材内容涉及当时的民俗民风,人物形象沿袭典型的宋式造型(见图 2-1-44)。山西汾阳市西南部东龙观宋金砖石墓,墓室各壁之上雕斗拱,墓壁四周雕门窗、人物及花卉等图案,所有雕刻上施红、黑等彩。有意思的是,该墓南壁有幅图案,雕一妇人立于门缝中,面向门外,寓意应与前述的四川王晖石棺和山西榆社石棺上的内容相似(见图 2-1-45)。

这一时期的画像石棺开始注重标注年份,有部分石棺还直接将墓志铭等文字题刻在上,如山西垣曲宋代石棺左侧阴刻有"太平兴国三年九月二十日"(见图 2-1-46)。而河北宣化县出土的金大定二十六年(公元 1186 年)张时中石棺、山西芮城县出土的元代元统三年（公元1335年）宋德方石椁等均标注有年份。

从这些画像石棺分布的地域来看，宋辽金元时期的画像石棺于南北方各地均有出土，但主要集中在西南、中原等传统石棺出土地，远在东北的辽宁地区也有比较多的发现，如辽宁沈阳出土的四神石棺和李进石棺，其雕刻的内容比较单一，棺的前挡及门额上雕的朱雀虽然仍代表四神中的朱雀，但已经演变为胖乎乎的形象，更像是佛教里兜率托天中的"大鹏金翅鸟"了（见图2-1-47）；门扇也不再半开闭，而是紧闭并上锁，传递的信息与原先呈现出较大的差别，反映出不同地域的风俗习惯（见图2-1-48）。

图2-1-47 辽宁沈阳辽代四神石棺

图2-1-48 辽宁沈阳辽代李进石棺

到了明清时期，木棺的盛行，以及金属等其他材质棺椁的使用，使笨重的石棺被彻底取代，而墓室装饰也被墓内壁画这种装饰技法所替代，拥有1500余年发展历史的画像石棺走向没落，逐渐退出了历史舞台。

第二章
汉至隋唐时期的青铜镜赏析

青铜镜是中国古代青铜器中的一朵奇葩，它萌芽于夏商，兴于战国，盛于汉唐，而衰于宋元。镜背的图案纹饰，内容非常丰富，种类繁多，包罗万象。汉唐铜镜，在形制、工艺、纹饰上都达到了青铜镜发展的高峰。同时，中国青铜器是独成体系的妆奁用具及工艺品，与古代人们的日常生活密切相关。《释名》曰："镜，景也，言有光景也。"历代对镜子的称谓亦有不同，《广雅》载"鉴谓之镜"，说明"镜"与"鉴"同义。《说文解字》曰"鉴，大盆也"，可知鉴是盛水的盆，供古人照镜之用。铜鉴盛行于春秋战国之际，战国之后称铜镜，宋时又叫照子。

古铜镜独特的神韵和无穷的魅力主要表现在装饰铜镜背面的纹饰图案上。这些纹饰图案，内容非常丰富，题材繁多，从历史人物、典故到神话传说，从几何图形到动植物及神化、异化的珍禽异兽，从自然景观到世间的万事万物，皆囊括其中。随着时代的变迁，这些纹饰也在不断发生变化，不同的历史时期和阶段，铜镜的主题纹饰、艺术风格、制作工艺都带有自己所在时代的鲜明特点和个性风格。春秋战国以前，铜镜以素面为主，间或有几何图案和简单的动物图形纹；这些纹饰线条简单，制作手法和纹饰风格均显得古朴，与同时期的青铜礼器上的装饰纹饰很不一致，全无青铜礼器上常见的饕餮纹、夔纹等纹饰。这一时期铜镜的数量不多，但各具特点，无规范化与定型的纹饰，很难找到同一范式的铜镜，表明了中国铜镜此时尚处于早期阶段。

中国铜镜发展的第一个重要时期应是春秋战国。此时青铜礼器逐渐显露衰败的趋势，而人们日常生活使用的铜镜却迅速发展，其一扫前一阶段幼稚朴拙的风格，铸制轻巧，纹饰精致，线条流畅。纹饰题材内容丰富多彩，既有几何纹及植物纹，如山字纹、菱形纹、云雷纹、绹纹、叶纹、花瓣、花朵等；还有动物纹与人物图像，如饕餮、蟠螭、凤鸟、兽纹、羽状纹、狩猎纹等。这些纹饰的表现技法也多种多样，有浅浮雕、高浮雕、镂空雕、彩绘、嵌石、金银错等，其中以浅浮雕最为常见。为了弥补浅浮雕平淡浅近的缺点，一般采用地纹上饰主题纹饰的手法，地纹有羽状纹和织锦纹等，使用的是细线条，主题纹饰用粗线条构图，可使整个图案纹饰组织得完美而和谐。战国后期出现了三层花纹的重叠布置手法，层次丰富，主题明确，使整个图案具有空间透视感，其纹饰的表现技法之精巧，令人叹为观止。

秦汉时期是中国铜镜发展的又一重要时期。秦代时间较短，其铜镜尚有春秋战国遗风。汉代铜镜在主题纹饰和表现手法上不断创新，具有了新的审美情趣。神话传说、禽鸟、瑞兽、四神、羽人等形象是汉镜的主题纹饰。同时，其上开始出现铭文，并成为铜镜纹饰的组成部分，铭文内容丰富、种类繁多、排列灵活，文字形体以篆、隶为主，根据装饰特点略有变化，如与汉印字体有关的鸟篆体，装饰性较强的悬针篆等，也有笔画作刀斧状的。一般来说，西汉前期以小篆为主，字形与泰山石刻相似。新莽时，铜镜的主要铭文流行简化隶体。在纹饰表现技法上，汉代铜镜以单线条勾勒纹饰轮廓，地纹与主题纹饰之别消失，主纹成为铜镜的单一图案，在地纹上饰主纹的表现手法不再可见。东汉中期以后，又突破单线勾勒纹饰轮廓的技法，运用浮雕技术表现主题纹饰，使主题纹饰图案高低起伏、层次分明，显得生动、活泼、自然。纹饰的视觉效果由单一式的平面线条，变化为高低错落、赋有立体感的图案纹饰，开创了后世铜镜高浮雕的制作手法。

魏晋南北朝时期，由于战乱频繁，铜镜的制作虽然继承了东汉中期以来的传统，但制作工艺趋向下降，显得比较粗糙。随着隋唐封建王朝大一统的建立，政治经济文化的高度繁荣，铸镜业也开始走出低谷，铜镜显示出一派富丽堂皇、千姿百态的新面貌，中国再次迎来了铜镜发展史上的一个重要时期。

隋唐时期是中国封建社会的昌盛时期，起自隋而止于五代，政治上统一强大，经济、文化上高度繁荣。隋唐时期的文化科技在当时世界上居于领先地位，隋通过陆路、海路交通，同亚洲、非洲和欧洲的一些国家，尤其是同日本、高丽及中亚各国，进行了频繁的交往和贸易。文化在传播的同时，也在吸收外来的文化，有些外来文化，也反映在铜镜的纹饰、形制当中。

隋唐铜镜，其形制、花纹和铭文等都与汉式镜大不相同，呈现了全新的面貌，可称为"隋唐式镜"。隋和唐代前期的铜镜仍多为圆形。到了唐代中期以后，铜镜形制除圆形以外，还有方形、葵花形、菱花形、荷花形等，偶尔也有钟形、盾形和其他变形镜；此外，开始出现有柄铜镜，这是中国铜镜在形状方面的一次重大变化。镜钮以圆形居多，但也有采用兽形钮、龟形钮和花形钮的。镜上的花纹，在隋和初唐时，仍稍有类似汉式镜之处。盛唐时，则大量采用瑞兽、凤凰、鸳鸯、花鸟、蜻蜓、蝴蝶、葡萄、团花、宝相花及人物故事等新纹饰。其题材和风格，除反映当时新的工艺美术，有的还汲取了中亚和西亚的元素。有些铜镜的花纹构成一幅图画，不讲求对称于镜的中心和左右对称，却有上下之别。精致的唐镜还使用镀金、贴银、金银平脱、螺钿和宝石镶嵌等工艺。隋唐铜镜的铭文，以四言句为多，五言句次之，都属骈体诗文式。其内容如"灵山孕宝，神使观炉，形圆晓月，光清夜珠""赏得秦王镜，判不惜千金，非关愿照胆，特是自明心"等，以镜的本身为主题。铭文的字体都是正体楷书，与汉式铜镜多用篆书和各种简化字相比，也判然不同。此外，一般不用纪年，亦不记工匠的姓名。

本篇按时代先后，选择从汉至隋唐时期的17面青铜镜进行粗略介绍，所有的青铜镜均为四川省博物院馆藏之物。其中，关于隋唐铜镜的类型和分期，有部分专家将隋唐铜镜分为十六种类型、四个时期的演变，此处笔者根据铜镜的纹饰、花色和造型等将隋唐铜镜的发展演变划分为三个时期。

一、汉代的青铜镜

（一）西汉草叶连弧纹镜

草叶纹是汉代最具代表性的纹饰。此镜纹饰神秘怪异，做工精致，直径为18.1cm，圆形，圆钮，四瓣草叶形钮座，回凹四方形纹环绕钮座，四乳钉相间有篆字阳文铸造铭文，以两字为一词组四方连续，内容为"心思、美人、毋忘、大王"八字；乳钉向外间饰四蟠螭纹和复花瓣纹，四蟠螭的造型纹饰基本相同，线条简洁，蟠螭均作回首吐舌状，长舌上卷，两脚前撑后蹬，雄壮有力，十六连弧纹收边。从制作工艺看，该镜为汉镜中难得的精品，虽然破损为十余块，但修补得相当完好，不影响鉴赏（见图2-2-1）。

（二）西汉四螭铜镜

此镜于20世纪50年代出土于成都羊子山110号西汉土坑墓，直径为17.7cm，高龟形钮，圆斜纹钮座，内区十六连弧纹环绕，外区四柿蒂纹环绕四乳钉，乳钉之间饰四蟠螭成弓形回首状，十六连弧形收边，镜通体黑漆古浸色，古意盎然，可作为西汉的标准器（见图2-2-2）。

（三）汉尚方镜

"尚方"是秦时的"少府"所属机构，汉时沿用。"尚方"一词见于《汉书·百官公卿表》，其载少府之下有尚方令一人，御用及官制铜镜均由尚方制作。"尚方镜"系由少府管辖下的尚方工官制作的铜镜。此镜直径为13.7cm，圆形，圆钮，重圈纹钮座。内区六乳相间为圆浮雕禽兽纹，其中似一人作下跪状，两手前伸成掬捧之式，背有羽翅，应为仙人。"仙人"即羽人，指神话传说中身上长有羽毛翅膀的仙人，也有把道士称为羽人或羽士的。《拾遗记》曰："有人衣服皆毛羽，因名羽人。梦中与语，问以上仙之术。"秦汉时期道教思想兴起，升仙之说盛行，故铜镜中的仙人（羽人）是这一时期铭文和纹饰的主题内容。

跪坐的羽人前方，即左面，为一奔跑的青龙；羽人后方，即右面，是一白虎，与青龙相对应，上面另三个禽兽应是朱雀等瑞兽禽鸟，五禽兽张弛有力，与羽人组成一周圆弧。外区为一圈铭文，其中有几个字因锈蚀较难辨认，经查阅文献和汉尚方制镜铸铭习惯，结合已辨认的其他文字内容，考证此镜所铸铭文应为"尚方作镜真大好，青龙白虎居左右，昌（长）年益（宜）子孙"19个字。文字内容也印证了纹饰中羽人或求仙之人的左右为青龙白虎。镜边缘为一周栉齿纹和两周锯齿纹。铜镜做工精细，纹饰神秘古朴（见图2-2-3）。

图2-2-1　西汉草叶连弧纹镜

图2-2-2　西汉四螭铜镜

图 2-2-3　汉尚方镜

图 2-2-4　汉四乳规矩纹禽兽镜

（四）汉四乳规矩纹禽兽镜

该镜直径为 13.6cm，圆形，圆钮，四柿蒂纹钮座，回凹框四方形纹将钮座环绕。内区四乳相间为八个线条纹铸饰的珍禽异兽，有传说中的朱雀、玄武等"四神"，也有仙猴等灵兽。"四神"也称"四灵"，图案源于古代天文上的四象，古代占星术士以春分前后初昏的天象作为依据，把黄道附近的二十八星宿划分为四个星座，并将其想象成四种动物的形象；《三辅黄图》中说："苍龙、白虎、朱雀、玄武，天之四灵，以正四方。"古人将它铸造在铜镜上，有镇宅辟邪之意（见图 2-2-4）。

铜镜钮座方框的四角尖相对应四个凹纹 V 形角，两角之间为乳钉；外区为栉齿纹，边缘是一周凸锯齿纹和一周双线条锯齿纹。铜镜纹饰线条流畅，瑞禽灵兽造型各异生动活泼，体现了汉镜纹饰的神秘特点和对称排列的风格。

上述四款青铜镜，制作精致，纹饰内容反映了汉镜的神秘怪异，表现了"神"的一面，纹饰严格讲求对称排列，以镜的圆面中心"中心对称"或镜的圆面直径"轴对称"布局。此期铜镜不似以后的唐镜纹饰内容及表现手法生动灵活、纹饰题材丰富、更接近于人性化、生活化和世俗化；对称与中心或左右对称，在唐以后也不再是严格遵循的标准了。

二、隋至初唐时期的青铜镜

这一时期的四神十二生肖镜、团花镜、瑞兽镜较流行，以圆形镜最多；主题纹饰以灵异瑞兽为主，再配以吉祥祝福等言语的铭文，纹饰布局拘束谨严，但形象生动活泼、丰腴柔健，圆润的雕刻铸造技法逐渐显现。

（一）隋照胆（四神）镜

该镜直径为 15.6cm，厚 0.7cm，圆形，圆钮，连珠纹钮座。内区为四个形态不同的瑞兽同向流云纹，瑞兽外是一圈锯齿纹及一圈栉齿纹。外区铭文以一乳钉为界，内容为"同心照胆，知幽察微，珠惭朗润，月谢光晖，媛兵既弭，福庆斯归"24字。铭文外为一圈锯齿纹和一圈卷云纹缘。该铜镜无论是铭文、花纹，还是浸色或制作工艺，无一不精，达到了相当高的水平，是不可多见的精品（见图2-2-5）。

（二）唐初菱花镜

该镜直径为15.5cm，八瓣菱花形，圆钮，铜镜背面只竖书"贞观元年"四字铭文（见图2-2-6）。该铜镜的真伪存有争议，问题主要出在铭文中的"贞"字上，贞字少了一撇，有人认为该字可能是后世所仿造的，为了避讳。古时有避讳的习俗，应不足为奇。贞字少一撇有可能是制铸时疏忽所致；试想，仿造这么一面没有多少经济价值的实用型"素镜"，而不去仿造纹饰精美，经济价值高的铜镜，不知仿造者目的何在？笔者认为该铜镜反映了唐初百废待兴的经济状况，与唐初的社会经济状况比较吻合，不似以后大唐盛世时的雍容华贵和富丽堂皇。

（三）唐仙山镜

该镜也称四神镜，直径为19.2cm，圆形，圆钮，四叶纹钮座。内区凹形方框和V形纹将四神分割开，四神为走动状，V形纹接内圈锯齿纹并内嵌一兽头；两周锯齿纹与一周锯齿纹夹一圈铭文（见图2-2-7）。上书"仙山竝照，智水齐名，花朝艳采，月夜流明，龙盘五瑞，鸾舞双情，传闻仁寿，始验销兵"32字铭文，变形卷云纹缘。该镜的纹饰风格尚有汉镜怪异纹饰遗风，神兽雕艺技法有"曹衣出水"之韵。铜镜中两神兽身上有未揭取的粘贴纸，但难掩制镜工艺的精湛。该铜镜的铜钮因摩挲的缘故透出本色，呈白色，其余未摩挲处因氧化而透出红晕。判断铜镜的呈色时，应以铜镜中透露出的本色为准，一般观察经常摩擦或未锈蚀之处。铜质呈色的不同，可以成为判断铜镜时代和鉴别其真伪的重要参考依据，这是由于铜镜因金属含量的不同，其呈色有所不同。大致上战国时期铜镜的研磨面呈白色或淡黄色；汉

图2-2-5　隋照胆镜

图2-2-6　唐初菱花镜

图2-2-7　唐仙山（四神）镜

代铜镜多呈白色，少量呈微黄色；唐式镜几乎全呈白色；宋以后的铜镜呈黄色或黄赤色。

（四）唐四灵镜

该镜直径为13.4cm，圆形，圆钮，阳线条纹方框将圆钮包围，通体水绿色。内区以线条纹饰四灵，即上朱雀，下玄武，左青龙，右白虎。外区所饰的32字铭文内容与仙山镜完全相同。素缘，全镜因锈蚀有沙眼（见图2-2-8）。该铜镜纹饰虽简洁拙劣，但锈蚀的铜色——俗称"绿漆古"，透出浓浓古意，非常漂亮。

从纹饰和铭文的内容看，该镜复古意味浓郁，反映出汉代对长生不老和升仙的追求。此镜纹饰做工较为粗糙，呈色虽古，但与唐镜的精雕细刻相去甚远，且金属含量配比不似唐镜，有可能是后世所仿，值得商酌。

图2-2-8 唐四灵镜

（五）唐瑞兽满月镜

该镜直径为24.3cm，厚1.5cm，圆形、圆钮。钮座为十瓣莲花及断断续续的珠连纹。内区有八瑞兽，两两相对，成环行状；瑞兽外是一圈珠连纹及一圈倾斜面的栉齿纹。再往外是一圈铸铭，以星形纹隔断开头，铭文内容为"明逾满月，玉润珠圆，鸾惊钿后，舞□□前，生死上辞，倒井澄莲，精灵应态，影逐桩妍，清神鉴物，代代流传"40字。外区十四珍禽瑞兽同向环绕，外缘为一圈栉齿纹和。该铜镜较大且厚重，内容丰富，珍禽瑞兽形态各异，纹饰圆润且层次分明富有体积感（见图2-2-9）。

图2-2-9 唐瑞兽满月镜

（六）唐秦王镜

该镜直径为9cm，圆形，圆环座圆钮。内区为4只"功狗"同向环绕，呈追逐奔跑状（见图2-2-10）。"功狗"源自汉刘邦初定天下后，大封功臣，萧何位最高，众臣不服，刘邦说："夫猎，追杀兽兔者，狗也；而发踪指示兽处者，人也。今诸君徒能得走兽耳，功狗也；至如萧何，发踪指示，功人也。"（《史记·萧相国世家》）后代君王便常喻有功之臣为"功狗"。

铜镜外区为一圈铭文，以一乳钉为铭文起头标

图2-2-10 唐秦王镜

志，铭文内容为"赏得秦王镜，判不惜千金，非关欲照胆，特是自明心" 20 字，两周连珠纹缘。铭文中提及的"秦王"，应指唐太宗李世民。唐高祖李渊立长子李建为皇太子，初封次子李世民为尚书令，后封为秦王，因而在玄武门之变前，李世民的身份是秦王。该铜镜虽附着的油腻较重，但难掩精巧之形，作为玲珑小巧的铜镜，其携带方便，应是随身之物。

三、唐中期的青铜镜

此期大致为武则天至德宗以前，这一时期又以玄宗开元、天宝为界分作前后两段。前段流行瑞兽葡萄镜、瑞兽鸾鸟镜、雀绕花枝镜等，以圆形、菱花形镜为多；主题纹饰由瑞兽向花鸟过渡。后段流行对鸟镜、瑞花镜、人物镜，以葵花形镜最多；主题纹饰以鸾鸟、花卉、人物为主。

（一）唐双鹊衔绶镜

有部分书将这种纹饰造型的铜镜称作鸾鸟镜，但从该镜的鸟纹造型看，其尾翅直短，不似鸾鸟尾翅长而卷曲飘逸，且其头顶也没有凤冠一类的纹饰，因此，笔者认为称其为双鹊镜较为符合。铜镜直径为 15.2cm，八出葵花形，圆钮，素缘。钮上为一圆形月宫，月宫中一株树叶硕大的桂树，桂树左边为站立的玉兔在捣药，右边为向上跳跃的蟾蜍；钮的左右各有一只喜鹊，口衔长绶，昂首展翅飞向月宫；钮下为一盘龙从波涛汹涌的水面跃出，呈奔腾状，龙的左右两边各有一朵祥云在飘荡（见图 2-2-11）。整个铜镜构图简练且动感十足。

（二）唐瑞兽鸾鸟镜

该铜镜直径为 15.6cm，八瓣菱花形，圆钮，主纹为四枝卷曲的折枝花，将两个鸾鸟和两个瑞兽有机地分割开，鸾鸟和瑞兽形态各异，呈同向环绕追逐状（见图 2-2-12）。两鸾鸟昂头回首顾盼，鸟尾上翘，尾部区别较大，一个表现的是正面，一个刻画的是侧面。两瑞兽似艺术化了的狮子，起

图 2-2-11　唐双鹊衔绶纹镜

图 2-2-12　唐瑞兽鸾鸟镜

跳扑伏，狮尾高悬，活泼可爱。其边缘八瓣为四朵云纹和四蜂蝶采花纹相间环列。菱花形镜式为唐常用镜式之一，唐人杨凌在《明妃怨》中有"匣中纵有菱花镜，羞对单于照旧颜"的诗句。该镜保存完好，制作精美，纹饰清晰流畅，令人赏心悦目。

（三）唐海兽葡萄纹镜

该镜直径为16.2cm，圆形，伏兽钮。宋《博古图录》称之为"海马葡萄镜"，清《西清古鉴》称之为"海兽葡萄镜"，此外还有称禽兽葡萄镜、天马葡萄镜等。该镜因纹饰神秘且耐人寻味，故有"多谜之镜"的称谓。该镜内区兽钮周围为四瑞兽同向环绕，其中两个瑞兽似传说中的"飞马"形象，瑞兽相间有四串葡萄枝蔓，外区三只珍禽与三个瑞兽穿插于葡萄枝蔓叶实之间，禽鸟一站一腾一飞，三异兽与禽鸟相间为奔跑状，花云纹缘（见图2-2-13）。此镜构思精巧，浑然一体，鸾兽丰腴柔健。海兽葡萄镜是唐代铜镜的图案由瑞兽向花鸟和植物纹饰转变的产物，即由隋和唐初以瑞兽作为主题纹饰的铜镜增加枝蔓葡萄和飞禽走兽而来。早期其先是在内区表现瑞兽与葡萄纹的组合，瑞兽仍呈绕钮奔跑状，然后才发展成外区也出现瑞兽、禽鸟和葡萄纹的组合纹饰。

（四）唐宝相花镜

该镜为八瓣菱花形，圆钮，直径为10.8cm，以钮为中心形成一内向八连弧形钮座，连弧形的八角向外对称托举出两种不同的宝相花，向外为一圈凸纹，边缘八瓣处蜂蝶与折枝花相间环绕，折枝花二叶二苞或二叶一苞。该铜镜纹饰线条饱满，布局合理精确（见图2-2-14）。

图2-2-13 唐海兽葡萄纹镜

图2-2-14 唐宝相花镜

（五）唐鸳鸯双鸟荷花镜

该镜直径为11.7cm，八瓣菱花形，圆钮。钮左右两边各有一鸳鸯站在荷花上，荷叶下垂，钮下为一家雀振翅，呈向上飞行状，钮上是一戴胜昂首向上振翅飞升，戴胜的冠成半开合状，两朵祥云陪伴戴胜左右两旁。其边缘处有蜂蝶与折枝花相间环绕，折枝花二叶一苞，蜂蝶表现的是侧面（见图2-2-15）。该铜镜纹饰刻画精美，制作精巧，图案布置和谐大方，花鸟纹饰造型圆润丰腴，内容寓意深刻，应是盛唐之作。

四、晚唐时期的青铜镜

这一时期流行八卦镜、万字镜和瑞花镜，以亚字形和圆形镜最为盛行，主题纹饰多含宗教旨趣。此期流行的镜形和纹饰，标志着唐代铜镜从造型到主题花纹已发生了根本性的变化。

（一）唐十二生肖八卦镜

该镜直径为28.3cm，圆形，龟钮，八角形钮座。钮座向外辐射四圈，第一圈内为八卦文字，从乾字开始倒读为乾、兑、坤、离、巽、震、艮、坎；第二圈为对应八卦文的八卦图；第三圈为概念化的十二生肖纹饰；最外圈为二十字篆书铭文，内容为"水银呈阴精，百鍊（炼）得为镜，八卦寿象备，卫神永保命"，素缘（见图2-2-16）。该铜镜纹饰简单粗放，布局层层密密，一圈又一圈分割配置，十分单调乏味，以道教的八卦图符等作为主题纹饰，表现出强烈的宗教旨趣，显示出晚唐铜镜鲜明的时代特征。其八卦图的排列似乎与现在的八卦图排列不一样，比如乾与坤、震与巽等都不是相互对称排列。

（二）唐八卦镜

该镜为圆形，直径为23.1cm，圆钮，钮座为八瓣莲花纹饰，用三环分隔成三圈图案纹饰，八卦及铭文为最里层一圈，八卦图纹间隔铸有"武德军作院罗真造"八字铭文。第二圈图案为十二生肖同向追逐，十二生肖纹饰简单粗糙。第三圈为如意连枝卷草纹，素缘。该铜镜纹饰反映出晚唐社会动荡，铸镜业衰落，纹饰趋向简单粗放。八卦纹饰排列顺序与上面介绍的八卦铜镜纹饰排列一样（见图2-2-17）。

图2-2-15　唐鸳鸯双鸟荷花镜

图2-2-16　唐十二生肖八卦镜

图2-2-17　唐八卦镜

八卦即乾、坤、震、巽、坎、离、艮、兑，分别代表西北、西南、东、东西、北、南、东北、西八个方位。司马迁在《史记·补三皇本纪》中认为"蛇身人首"的伏羲"有圣德"。"仰则观象于天，俯则观法于地；旁观鸟兽之文，与地之宜，近取诸身，远取诸物，始画八卦，以通神明之德，以类万物之情。"这说明八卦是人首蛇身的伏羲所绘制的，象征宇宙万事万物生生不息。按照八卦的构图和解释，"一六居下，二七居上，三八居左，四九居右，五十居中"（《方舆汇编·职方典》）。《易经》中伏羲八卦（又称先天八卦）图符中，乾与坤是相对应的，震与巽、坎与离、艮与兑也是相对应的，如此构成一个圆周，圆周中为太极阴阳木鱼。上述两铜镜中的八卦图符是按照东南西北的方位排列的，不是以阴阳相对应而排列的。现今，一般八卦图是按照《易经》讲述的阴阳相生相克原理进行绘制的，符合《易经》里的八卦图符，这与唐代的八卦图按方位排列不一样。以上铜镜的纹饰、制作工艺等，反映了唐代晚期社会动荡、国力衰弱，表现在制镜上，即为铜镜由中期的千姿百态、富丽堂皇、极其精致的"盛唐气象"，开始逐渐走向纹饰简单粗放，内容单调乏味，宗教意味浓厚，制铸粗糙的衰落境地。

铜镜不但是研究中国古代冶金铸造技术、工艺美术、装潢设计、民俗民风、文字书法等其他科学文化的实物资料，还体现了古人借铜镜表现的深邃的哲学思想。《贞观政要·任贤》中载："以铜为镜，可以正衣冠；以古为镜，可以知兴替；以人为镜，可以明得失。"《孔子家语》也有"明镜所以察形，往古所以知今"的言语。一面小小的铜镜，可以从一个侧面折射出我国古代文化的博大精深。

本篇主要介绍铜镜的纹饰、内容、风格等方面。铜镜的时代区分是按照纹饰、风格进行的大致划分。如果对铜镜进行真伪鉴别，还应从铜镜的金属成分比例、浸色、型制、工艺等方面加以研究考证。熠熠古幽的铜镜不仅留给我们"自知之明"的理性思考，"破镜重圆"的哀怨缠绵，更留下"以正衣冠"的是非鉴别寓意和"照人心境"的感人诗篇。锈迹斑斑的铜镜如今早已退出了历史舞台，成为珍贵的历史文物，而它独特的艺术魅力则演绎着中国人对美的追求。

第三章
四川古钱范刍议

古钱范是古人制作钱币时所使用的模具，这些模具所用材料分为铜、铁、石、陶等。由于铸造钱币是一件意义重大的事情，历朝历代的统治者都很重视，对钱币铸造的管理有一套严格的规定，加之制作的钱范数量有限，完成翻制任务后，一般大都销毁，故经过历史岁月的洗刷，能留存于世的钱范是少之又少。这些钱范反映了当时的金属铸造工艺水平、文字书法、审美情趣、社会生活等各个方面的情况，是我们了解、研究该钱币所在时代的社会、文化和钱币发展史的有力实物佐证，同时也是我们判定钱币真伪的依据之一。

介绍钱币的专著比较多，而专门介绍钱范的却很少看到。古钱范现存于世的不多，且流散各处，故著于文字、见于报章的更是少之又少，为便于钱币爱好者欣赏、研究钱范，现将四川境内主要钱范的实物资料，以及相关钱范或钱范出土发现情况，做一简略的介绍和考证，以达抛砖引玉之意。

（一）高县"秦半两"残石范

石范为1980年四川高县文化馆征集的，于高县文江乡村出土。其为砂岩质，横长方形，阴刻钱模7行共28枚（残三枚），大铸口属"分流直铸式"工艺。范长24.4cm，宽18cm，厚5cm，重3420g。钱模直径约3cm，穿宽0.7cm，并有铸铜痕迹，为实用铸钱子范（见图2-3-1）。

图2-3-1　高县"秦半两"石范

《史记·西南夷列传》:"始楚王威时,使将军庄蹻将兵循江上,略巴、黔中以西……以其众王……秦时,常颓略,通五尺道,诸此国颇置吏焉。"高县至汉为犍为郡,正当秦五尺道与汉通西南夷必经之路。高县出土的半两钱范,当是秦汉开发西南地区的遗物。

秦半两钱为秦王嬴政二十六年(公元前221年)统一全国后,废除六国各种形制的旧钱而推行于天下的法定货币,与统一文字、度量衡等当为同一时期的政策,历史意义极为深远,对后世钱制影响重大。汉承秦制,更铸荚钱,高后行八铢钱,又行五分钱。汉文帝时铸四铢,钱文仍用半两,经实测得知轻重不一;汉武帝罢三铢后,又行三分钱,钱文仍用半两;元狩五年(公元前118年)行五铢钱,半两钱才真正废除,退出了历史舞台。

一般以钱径、钱的轻重区分是秦或汉。法定半两钱重半两,即十二铢,前人据史载"铜钱,识曰半两,重如其文",因而信其必重为十二铢;而从近年的考古资料发现,先秦半两钱大小不一,不一定尽重十二铢。如1979年11月,在陕西省凤翔县南指挥公社高家河之秦代地层发现一罐半两钱,形制相同,而大小不一,轻重、厚薄也不等,有的半两上还有柄(浇口荏),实际测量直径为2.0~3.4cm,重为2.25~12.0kg。《中国钱币学辞典》中对秦半两钱上文字的记载是"篆书,文字高挺,但不及战国半两。接体渐趋于方整,'半'字下横及'两'字上横较长。'两'字'入'竖笔渐短"。高县秦半两石范,范内钱横径约3cm,穿宽0.7cm,属秦之小穿大半两钱型,笔画粗犷,字文结构亦属秦钱。其浇铸工艺,为大铸口"分流直铸式",当属较早之秦半两范型,其成范时间似不到秦末,更不会晚至西汉。至于不用铜范,而用石范,疑为秦军所经之地方铸钱之用。

范体为横长方形,属大铸口"分流直铸式"工艺,近似"齐刀",其浇铸方法渊源亦甚早,古钱币学家蒋若是在《中国钱币大辞典·秦汉篇》标为秦范第四型之第一式。该范现藏四川省高县文管所。

(二)广汉两枚汉代铜范

1976年1月,"大泉五十"钱范发现于广汉农土产品部收购的杂铜中。该范身呈凸字形,长8.8cm,宽6.8cm,边框厚0.8cm,重200g。其被发现时为公母范全套的铜质钱范,母范钱模为"大泉五十"四枚。公范正面平整,四枚钱模外部直径为2.8cm,廓宽0.2cm,穿宽0.8cm。范身方形,四角略圆。钱模方穿二正二斜,穿中有直径0.4cm的小圆圈,四枚钱模外廓间距各为0.15cm,下方范边正中有一合范的小条方榫头。上方有长1.8cm、宽3.2cm的半圆形铜液浇铸流道,道槽上宽下窄,下二小流有道槽与左右钱模外轮相通,两边各一合范小条方榫头(见图2-3-2)。钱范背面满身绿锈泥垢,位于钱模的下凹部位,中间各有一直径为0.3cm的乳钉,与正面钱模方案圆圈对应,似为浇铸时多余的铜液流道所致,下凹呈四方格之间的间距宽约1cm,突起为隔梁,与边框连接,显得十分厚重坚实(见图2-3-3)。

图 2-3-2　广汉汉钱范　　　　　　　　　　图 2-3-3　广汉汉钱范背

此范阴刻的内外轮廓清晰，似为初铸钱范，可惜母范在一次文物展览中丢失。该范现藏于三星堆博物馆。

另一枚钱范，为西汉"大泉五十"铜范，于 1975 年由广汉公园移交县文管所，现为三星堆博物馆藏品，钱范长 8.7cm，宽 6cm，边框厚 1.2cm，重约 169.8g。该范范身呈圆弧，导槽上部略宽，下部二小流与钱模外郭相连，四钱模上阴刻"大泉五十"篆体字样，方穿两正两斜，其中三个钱模穿正中有一小圆孔，另一穿中为凹形小圆（见图 2-3-4）；范背凸起十字形结构，显得厚实（见图 2-3-5）。

"大泉五十"始铸于新莽居摄二年（公元 7 年）五月，为"钱货六品"之一，早于"小泉直一"两年，其余四品"货泉"三年，与"金错刀"一并铸行；其废止日期晚于其余五品六年（与货布、货泉并行六年），是"钱货六品"中铸行历史最长、铸量较多的，且品种众多，如逆读、易位、合面、合背等种，面又有重轮、重郭及额缘等。"大泉五十"，值五铢钱或"小泉直一"五十枚。"一直五十，与五铢钱并行。"（《中国历史大事年表》）清张崇懿在《钱志新编·卷四》中认为大泉五十钱币"轻薄如纸，穿极大"。从这两枚的钱范图情况看，其穿与其他钱币相比，似乎是有点大，但也并非"极大"，从钱模的深浅推测，厚薄也非"轻薄如纸"。

图 2-3-4　广汉"大泉五十"钱范　　　　　　　　图 2-3-5　广汉"大泉五十"钱范背

（三）成都出土的"大泉五十"铜母范

1956年10月，该范在成都外东跳蹬河土坑墓出土；1957年，由文物工作队移交四川省博物馆。钱范总体外呈圆角的正方形，内呈六边形；铜范长7.9cm，宽7.83cm，厚0.82cm，范廓呈斜坡状，便于取模，廓上宽0.45cm，下宽0.56cm，深0.38cm；范模直径2.85cm，穿宽1cm；范中有一凸乳钉，乳钉直径为0.88cm，高0.38cm；钱范左右一边一个三角形凹槽和三角形乳钉，钉高0.2~0.24cm，钉槽深0.19~0.24cm；范上边有一个凹箭头，下边为一凸箭头，箭尖相对，箭钉高0.3cm，宽0.7cm，长1.06cm，箭槽深0.27cm，宽0.74cm，长1.11cm。箭形槽钉与三角形槽钉的作用应是一样的，即固定范模。钱模为两正两背呈对称排列，共四个钱模，全为阳刻文饰，其中两个钱模上阳刻"大泉五十"篆体字样（见图2-3-6）。钱范背面为素平面。

图 2-3-6　成都"大泉五十"方形铜范

该铜范制作工艺精美，保存完好，"大泉五十"四字清晰可辨。从铜范的制作结构特点看，应只有这一个母模，在实际使用时，将压印出的两块子模的有钱模的一面相对扣，即构成一个完整的子范，此种结构构思巧妙，既节约了铜范的制作材料，又节省了子范的制作时间，可谓一举两得。

该铜范母现藏于四川博物院。

（四）西安"大泉五十"陶范

此陶范1959年5月于陕西省西安北郊郭家村出土，1963年由成都市博物馆移交四川省博物馆。该陶范为汉代王莽时期铸。陶范呈圆弧角长方形，范长12.9cm，宽8.5cm，厚0.8cm；钱模直径2.83cm，穿宽0.81cm，呈两列四行排列，其中四枚钱模上刻有"大泉五十"篆体阴刻字样，另四枚为无文钱背（见图2-3-7）。

陶范的中间为铜液的浇铸道口，呈漏斗状，道口外孔径1.03cm，内孔径为0.66cm。钱范的两边有榫头、榫眼各二，榫头直径0.58cm，高0.14cm，榫眼直径0.62cm，深0.2cm，其用以合范时固定之用。范背为素面。

该铜范现藏于四川博物院。

图2-3-7 西安"大泉五十"陶范

(五)德阳"大布黄千"铜范

1993年3月,德阳市博物馆征集到一方"大布黄千"铜范。该范为内铲形面范,范长8.2cm,宽6.3cm,重170g。范背外沿突棱厚0.8~1cm,中厚0.5~0.6cm。铲銎部为浇口,首宽2.7cm,内径1.95cm,首长1.3cm。范内两个布币型腔,浇道与型腔四个足部相连接。型腔长5.15cm、肩宽1.95cm,首长1.2cm,首宽1.2cm,足长1.2cm,足宽1.2cm。钱文垂针篆,阴文反书"大布黄千"四字,中央直线纹通顶,此为穿上,穿下直抵于档,此直线非界格;范两肩及足部正中有三个三角形槽口。浇口及范背有突出铜锈,为使用时溢出的铜液(见图2-3-8)。铸造出的钱币背与面同文饰。清钱帖《十六长乐堂古器款识》云:"文曰大布黄千,古衡字作横,横亦作黄,皆通用也。"该范由于几经转手,最初的发现地点不详,但据说发现时面范与背范是合在一起的。背范背部基本与面范背部一致,面部两肩及足部正中有三个三角形榫,其与面范的三个三角形槽口(卯)相结合,提高了合范定位的准确性。此铜范是研究新莽时期货币及其铸造技术、制范工艺的不可多得的精品。

图2-3-8 德阳"大布黄千"铜范

中国各地所发现的新莽时期的钱范以泥范居多,少有铜范,铲形铜范更为少见。西汉中期已经出现用铜模翻制的泥范,莽时大力推行这一新工艺。但由于王莽在短期内频繁地进行币制改革,新货币需求量大,部分地区仍沿用旧工艺铸造,铲形铜范主要流行于先秦至秦初,如陕西凤翔出土的铜范、陕西岐山铜范、西安未央区铜范等,均为铲形子范,其铸造工艺较为落后。铲形铜范应该是从布币向圜钱过渡的初期,从钱范形制来看,布币形制有所保留。新莽时期,王莽复古改制,重定货币制度。有学者在论及布币版型时,认为先秦耸肩足空首布起源于耒,与弧足布起源不同,此论极富见解。这块铜范小巧精致,古意盎然。但若认为新莽布币形制也是受耒的影响,笔者认为值得商榷。其实,我们从这块新莽时期"大布黄千"的铲形铜范上,可以看出新莽布币只是对先秦布币的仿制。

该范现藏德阳市博物馆。

（六）西昌"货泉"铜母范

1976年2月25日，四川省西昌县石嘉乡修筑机耕道时，在西昌县黄连乡东坪村发现铜器的窖穴。现经调查，其为东坪村古铜矿冶炼遗址，面积约10万平方米，文化堆积层中有成片铜矿渣，大量红烧土和钱范等。东坪村在今西昌城南约40公里，海拔1700米。背靠螺髻山脉，面向安宁河，距黄连乡5公里，两汉时属越西郡邛都县境。窖穴出土有铜范五块（两块残，三块完好），铜锤两件，铜锭四块。铜母钱范似盘状，呈圆角长方形。范四周有边框，框宽0.3cm，深0.5cm，陶范长10.06cm，宽0.75cm，钱径为2cm，穿宽0.75cm，范背均为素平面。范内整齐排列八枚"货泉"钱模，钱分二排，每排四枚，正反相交（见图2-3-9）。钱面阳刻着垂针篆体的"货泉"二字，"货"字在右，"泉"字在左。钱背为素面，钱面穿上无廓，仅背穿有廓，廓宽0.1cm。范的两侧等距离地列有棱形公母定位销各二道，以便浇铸时固范。范正中有凸起的圆柱体浇铸口一个，柱径0.8cm，深0.5cm。柱体下有浇槽四道，槽成斜坡状，分别通向四方。

铜锤，均为长方形，大小稍异，锤一边为扁形平头，另一端为宽厚的长条形刃，刃径使用已残缺。铜锭，形状一样，重量各异，孔下部铸有铭文（阴刻），能识别为"二百二十三""二百二十""二百一十"等，这些数字应为铜锭的编号。上述铜器均为黄铜，经光谱分析，内含铜、铅、铁等17种金属元素。此范的形制大小、字体，均与洛阳烧沟汉墓出土的第二种"货泉"相同，可能此范为官范。把铜锭（原料）、铜锤（工具）和钱范（母范）三者同窖一穴，说明钱范在当时仍具有重要的使用价值，所以未被毁弃。《汉书·地理志》称："邛都（今西昌境），南山出铜。"现在距黄连乡20多公里处有摆上顶和鹿马两个铜矿，所以铜锭应为本地所产。

图2-3-9　西昌"货泉"母范

新莽天凤元年（公元14年）始铸货泉。关于《金石契》中记载的建武年货泉范，钱币学家翁树培发现其误："因思历代钱文纪年号者，如又改元，则多不复铸者旧号之钱。若五铢、货泉，初无朝代年号，是以汉至隋俱铸五铢，即光武未复五铢之初，仍铸货泉，初不以为莽制而废之也……则异（历）代仍铸货泉，理或有之。然必谓此即太和泉货，而谓史云钱货当改曰货泉，则未可也。"后《金石契》改版时予以订正，并标注"依翁宜泉太史订正"字样。西昌货泉铜母范的发现，从考古学的角度，再次印证"货泉"的铸造时代与钱文特征。①

该铜范现藏于四川省凉山彝族自治州博物馆。

（七）广汉"货泉"母范

1982年2月，广汉废旧物资回收商店征集到货泉钱范。该范呈长方形，两边微向外弧，长12cm，最宽处7.8cm，厚0.5cm。四周边框高1cm，框边宽0.2~0.3cm，背面平素无纹（见图2-3-10）。

母范上有货泉钱模八枚，呈双行正反交叉排列。外廓直径2.2cm，宽0.1cm，穿径0.8cm。内外廓和钱文均为阳刻。钱模双穿与边框对应呈方形排列。钱范正中有直径0.7cm的圆柱，柱高与边框平齐，柱足四槽斜出与中部四枚钱轮相连，当为铜液浇铸的流道。两端四枚钱轮与中部钱模外轮两两相连。边框两边内缘有三角形榫头、榫眼各二，以便浇铸时合范定位。

范内外铜绿锈的积存较多，字迹模糊不清，悬针篆体的钱文隐约可见。货泉为王莽天凤元年（公元14年）废"宝货"更铸，与"货布"并行。该钱体小粗劣，似为汉晚期铸范，与四川西昌发现的"货泉"钱范大小、形状非常相似，可能是王莽政权统一颁发给各地的官范。

此铜范现藏于三星堆博物馆。

图2-3-10 广汉"货泉"母范背

---

① 刚写完此文，从四川省考古研究所传来消息，该所为配合道路修建，在东坪村现场考古发掘时又有新的发现，出土了大量钱范，再次证明此地汉时为铸币所在地。

(八)成都"汉五铢"铜母范

1963年1月,该范由成都市博物馆移交四川博物院。该铜范似铲形,上有柄,下开衩,中为凹槽,钱模呈四列八行斜行排列,中间为铜液浇铸道口槽,道槽长27.8cm,槽宽0.57~1.82cm,均深0.3cm,钱内阴刻篆体"五铢"二字,刀法犀利深刻(见图2-3-11);背有一脊,脊起于首下4.8cm处,脊长11.5cm,上宽2.2cm,下宽1.8cm,脊下紧连两个三角形残钮,两钮间距离2.7cm,上半钮高1.4cm,宽3.7cm,下半钮高2.7cm,宽3.5cm;该范长32.6cm,宽13.6~14cm,厚1.3cm,在下部中央开一半圆形衩,衩宽1.1cm,深1.5cm;钱模直径2.72cm,穿宽0.99cm,每穿中心有一凹圆,圆径0.22cm,深0.1cm,钱深0.14cm。

该范首部中央曾经断裂,有明显的修补痕迹,似用铁水黏接而成。从该铜范的造型和钱模刻文看,应为西汉时期铸造的官范。

该范现藏于四川博物院。

图2-3-11 汉"五铢"铜母范

(九)西昌"五铢"铜残母范

1984年6月,凉山彝族自治州博物馆在州日杂站废品仓库拣选文物时,发现一残缺五铢钱铜范(见图2-3-12)。该范残长10cm,宽8cm,钱径2.55cm,穿宽1cm。钱范似盘状,呈圆角长方形,范四周有边框,范背为素平面。范内整齐排列八枚"五铢"钱模,钱模二排,每排四枚(最下一枚残缺了一半),正反相交。钱面阴刻着"五铢"二字。"五"字交笔弯曲,与上下两横相接处呈垂直状,字体宽大。"铢"字"金"字头呈三角形,较大,四点较长。"朱"字头圆折。与洛阳烧沟汉墓五铢钱相同。

两汉时期,西昌属越西郡邛都县。据《后汉书·南蛮西夷列传》载:"更始二年,长贵(《汉书》作任贵)率种人攻杀枚根,自立为邛榖王……十九年,武威将军刘尚击益州夷,路由越嶲……即分兵先据邛都,遂掩长贵诛之,徙其家属于成都。"消灭了这支地方势力,西昌的社会局面才逐渐安定下来。据调查,此母范收购于黄连乡,西昌地区博物馆(现为四川省凉山彝族自治州博物馆)于

1976年在黄连乡发现东坪村古铜矿冶炼遗址，并出土了"货泉"母范和铜锤、铜锭等。

据《汉书·武帝纪》记载，五铢钱为汉武帝刘彻元狩五年（公元前118年）始铸。"元狩五年，罢半两，行五铢钱。"迄隋铸行不绝，唐高祖武德四年（公元621年）行开元通宝钱，历经七百余年。《中国古钱大系》中"五铢"条目记有"传世有元凤四年（公元前77年）、元凤六年（公元前75年）年款陶范母可据"。西昌发现的该母范为铜母范，从行制、铸造工艺到文字书写，笔者认为，此铜范应为东汉初期中央政权发给边远地区的母范。

该铜残母范现藏于四川省凉山彝族自治州博物馆。

图2-3-12 西昌"五铢"母范

（十）新津"四出五铢"残陶范

该范为四川新津县出土，1962年其被鉴定为东汉灵帝五铢。范模已变形，正面原被黏纸覆盖，后黏接时将其揭去，背面已变形成椭圆形，有四出文。该范长6.3cm，宽6.1cm，厚0.66cm；范模直径2.7cm，穿宽1cm。正面铜液浇铸道孔最宽处1.44cm，最窄处0.94cm。阴刻的"五铢"二字已很模糊，但还依稀可辨（见图2-3-13）。

背面浇铸孔最宽处1.38cm，最窄处为0.82cm，阴刻四出钱文。据《后汉书·灵帝纪》记载，为东汉灵帝刘宏中平三年（公元186年）二月铸。"四出五铢"又称角钱、中平五铢、四道五铢。因钱背内廓四角到外廓铸有四条直线纹，即所谓"四出文"而得名。

图2-3-13 新津"四出五铢"残陶范

虽然此陶范与该馆收藏的另一五铢残陶范的来源不同（1953 年 10 月，省文管会第二调查组在一姓杨的人手上收购），但二者大小、形状、材质以及钱纹较为相似（见图 2-3-14），应为同一时代、同一地点或地区所制。

根据钱模残缺、变形的情况，可知这两个陶范应为制模时出现的废范（废品）。从范的断面看，钱范的变形可能是范在烧结时窑温过高所致。

此残范与上述四出钱范现均藏于四川博物院。

图 2-3-14　方形五铢黑陶范

（十一）东汉灵帝八模"四出五铢"红泥陶范

1959 年 5 月，沈仲常在上海购得。陶范基本呈正方形，边长 8.63cm，厚 0.55cm，钱模直径 2.47cm，穿宽 0.81cm，八个钱模围绕铜液浇铸孔排列一圈，钱模阴刻篆体"五铢"二字（见图 2-3-15）。

浇注孔呈内大外小，孔径为 1.42~1.55cm，浇注道宽 0.6~1.42cm，浇道深 0.15cm。该范有一角断裂，断裂处有新近刚黏接的痕迹。范背有清晰的四出文，上有铜液浇铸过留下的高温痕迹，说明该范曾使用过。

该陶范在该馆藏文物登记卡片和文物册上，陶范的时代被定为"梁五铢钱陶范"，笔者认为值得商榷，大致有六点理由：第一，梁武帝普通四年（公元 523 年）开始铸造背有四出文的五铢，据有关资料记载，梁五铢钱径在 1.9~2.1cm 之间，厚约 1.5mm，而此陶范钱径为 2.47cm，比记载的梁五铢大得多；第二，《后汉书·灵帝纪》中有"中平三年二月，铸四出文钱"的记载，明人董遹在他所著《钱谱》中认为"四道五铢（即四出五铢），后汉灵帝铸，钱背内郭四角有路，抵于外轮"；清钱币学家翁树培也认为"四出之制，半两已有。今所见五铢钱中，惟有此钱可确定为东汉钱"。再次证明四出五铢出自东汉；第三，梁五铢四出的纹线，比灵帝五铢四出的纹线要宽，且制作粗糙，不如东汉四出五铢制作精美。而该陶范的钱文和四出文隽细精美，与已确定的东汉时的五铢实物、图片对比，如出一辙，因而也可推断其为东汉灵帝时所铸五铢；第四，从各种钱谱或钱币辞书的记载以及出土的实物看，梁五铢钱文多铸有"大通五铢""大富五铢""大吉五铢"等文字，或钱背多有"四柱""两柱"等印记，如《古钱大辞典》记有"民国二十四年十二月间（公元 1935 年），南京通济门外，出土萧梁（公元 502—557 年）四出五铢合土范"，范的钱文刻的是"大富五铢""大通五铢"等。而灵帝四出五铢上却未发现有这样的文字和星柱；第五，据《中国历史大事年表》和

图 2-3-15 八模"四出五铢"方形红泥陶范

图 2-3-16 四模"四出五铢"方形红泥陶范

史料记载,梁普通四年(公元 523 年)"铸五铢铁钱和女钱(周围无郭)",因私用古钱和私铸钱币屡禁不止,"罢铜钱,改铸铁钱"。由于彼此私铸泛滥和国力衰弱,所铸钱币必然偷工减料、粗制滥造。从该陶范的制作水平看,钱模制作精良,且不利于浇铸铁钱时铁水的流动;第六,该陶范与该馆另外一个四模五铢陶范,为同一人在同一地点同时购得,至今仍装在一个囊匣内保存,另一陶模的时代定为"东汉灵帝",但这两个陶模的钱文和四出文非常相似,且前述该馆的另外两个残四出五铢陶范的时代也定为东汉时期,在某些方面可以相互佐证。因此,基于以上认识,笔者认为,该陶范应定为"东汉灵帝四出五铢"较为妥当。

此陶范现藏于四川博物院。

(十二)东汉四模"四出五铢"陶范

该范为四川省博物馆的沈仲常于 1959 年在上海购得。该陶范也为正方形,范长 6.65cm,厚 0.65cm,钱模直径为 2.6cm,穿宽 1.04cm,钱模呈两列两行对称排列(见图 2-3-16)。

范模正中为铜液浇铸口,浇注孔径内宽外窄,内径为 1.55cm,外径为 1.15cm,四个浇注口分向四个钱模。钱文为阴刻篆体"五铢"字样,钱范背后有清晰的四出文,当为东汉灵帝时所制。

该范边缘及角在收购时已损坏,有明显的黏接痕迹。因其曾从中间断裂,原用生漆黏接,后脱落,又用 502 胶水黏接,因此,呈现 502 老化后发黑之色,对文物的损伤较大。从钱模中留下的不同颜色来看,该范也曾实际使用过,因而有高温留下的印迹。

现该陶范收藏于四川博物院。

（十三）成都"太平百钱"母范

1980年4月，成都市一建筑工程队在小通巷房屋管理所的建筑工地上，掘出大批锈烂的"太平百钱"铜钱和一件铸文有"太平百钱"的铜质母范。该范平面略呈椭圆形，三边微弧，一边平直，周有边框。范面正中一凸起的树干状轴将范面分为两部分，左右各双行排列钱模六枚，左为钱背，背纹为水波纹；右为钱面，钱文有隶书（右起第一枚）和隶篆合书（余五枚）两种，均书"太平百钱"四字。钱模直径为2.4cm，穿径0.8cm，浇道口宽3cm，深4cm，整个浇道长10cm，宽约0.5cm（见图2-3-17）。

钱文中的"太"字与新莽的"大泉五十"的"大"字相近，"平"字与新莽的一刀平五千的"平"字相似。"百"字与蜀汉的直百五铢的"百"字相同。钱文字体工整方正，朴素大方。范面左侧上下角各有三角形凹槽一个（左上凹槽已锈穿），凹槽边长约1.7cm，右侧上下角有三角形乳突与之对称。钱范背面平素无纹，浇道口位置内陷，是为节省铜料和减轻钱范的重量。此铜范是翻模

图2-3-17　成都"太平百钱"铜范

铸钱用的母范，用母范造陶子范，二模相合，乳突对凹槽，中间则自然形成一个喇叭形的浇灌孔道，将熔化的铜水经此孔道灌进模内，待冷凝后，去模而得钱树，剪下铜钱，修整边沿，一次浇铸可得十二枚太平百钱铜钱。这种制钱方法叫铜铸母范翻模铸钱法。

"太平百钱"有大小字体（隶书、隶篆合书）和背纹（水波纹、龟背纹和素面无纹）约十余种。关于钱文的读法，前人一种认为是"大平百钱"，另一种认为是"太平百钱"。这一钱范上右起第一枚隶书的"太平百钱"之"太"字，证明了后说的正确性，钱文应该读作"太平百钱"。太平百钱的铸造时代有孙权、赵廞、孙亮、张鲁、晋初平蜀等八九种说法，根据这次出土的钱范和文献资料分析，笔者认为"太平百钱"应是天师道（亦称五斗米道，或称太平道）在蜀地铸造的一种既能压胜，也能通用的钱币，比值直百，铸造时代为东汉末期张鲁行天师道时。

该范现藏于四川省文物考古研究院。

（十四）成都"蜀五铢"陶范

据《汉书·武帝纪》记载，五铢钱为汉武帝刘彻元狩五年（公元前118年）始铸："罢半两，行五铢钱。"迄隋铸行不绝，唐高祖武德四年（公元621年）行开元通宝钱时，遂废除。七百余年的使用留下了大量版本的五铢钱币，蜀五铢就是其中之一。1922年，该范在成都城心蜀藩邸中出土，蜀藩邸为清代设宝川局铸钱处（即今成都后子门街），此范由新繁县（现成都市新都区）余笑佛先生所得，由曾佑生先生于1957年12月生捐赠四川省博物馆。该陶范为淡黑色陶土，范长8.26cm，宽8.3cm，厚4.4cm。范面整齐排列八枚"五铢"，为正方形状，正中为铸口浇道，浇道口宽处为0.85cm，窄处为0.79cm。"五铢"直径2.1cm，穿宽0.9cm，外部较宽（见图2-3-18）。

图2-3-18　成都"蜀五铢"黑陶范

范背为无字素面钱模，其中的一个钱模因制模时，陶泥中夹有杂质，范制好后，发现范的表面有杂质并将其挑出，留下一个不规则的凹洞，浇注口堵塞严重。从此陶范烧结的情况来看，范中间有裂纹通达两面，有些钱模塌陷，并且浇注口已堵塞，因此该范应为废范。

该陶范在馆藏登记卡上被标为"南朝"陶范。笔者认为应是蜀五铢陶范较准确。第一，蜀五铢在体形上小于两汉五铢，背面肉好皆有周郭，"五"字两横，画不伸至郭，"铢"字的"朱"旁上下折笔长短接近相等，此陶范有此特点。第二，《中国古钱大系》介绍南朝五铢为萧梁武帝天监元年（公元502年）铸造，"钱文为玉箸篆，'朱'字头方折，面背肉好周廓，制作精良"，称为"天监五铢"，而梁元帝、梁敬帝铸造的是钱背带有两星或四星的五铢钱币（即两柱五铢和四柱五铢），从此陶范的钱文看，不似"天监五铢"。第三，从钱范的钱纹深浅、大小来看，该钱应较瘦薄，正反映了三国时期蜀汉经济状况。第四，重要的一点是，该陶范为出土物品，出土地点在四川成都，而三国时期的刘备正好建蜀国都城于成都，由于"成都军用不足……铸五铢平诸物价"（《古钱大辞典》）。因此，从陶范出土地情况、陶范的钱模径大小和钱文特征看，与刘备所铸"蜀五铢"较吻合。基于以上四点，笔者认为该五铢陶范的时代应定为蜀五铢较为妥当。

该陶范现藏于四川博物院。

第四章
数字花钱

花钱又称厌胜钱、压胜钱（押胜钱）、吉祥钱、绘钱、玩钱、杂钱等，是形状似钱币的一种"钱"，在战国时就已出现，历史可谓源远流长。花钱的种类繁杂，常见的有镇库钱、符咒钱、吉语钱、生肖钱、冥钱、上梁钱、春钱、佩饰钱、刻花钱、占卜钱等，其材质、制作精细不一，是钱币中的一朵奇葩。

花钱是一种非流通币，有部分专家学者将可以流通使用的纪念币、非正用品等也归入花钱类，笔者认为欠妥。花钱应是一种不具有兑换功能的货币，在实际生活中不承担货币职能，政府在对其进行制作、铸造时，根本就没有赋予它货币职能，只赋予了它其他功能；而纪念币、可流通的非正用品币，是具有货币功能的。因此，有没有货币具有的交换功能，是钱币与其他花钱的主要、甚至唯一的区别。

数字花钱，只是万千花钱中的一种，从一到十，从百到万，以数字打头，这些以数字打头的吉祥语花钱，寓意深远，寄托了古人美好的愿望，表达出他们良好的祝愿。

（一）"一品"花钱

该花钱面为楷书，横读为"一品"二字，宽缘；背为行楷，对读为"国恩家庆"四字，即国之恩德，家之欢庆之意，也为宽缘。我国古代封建社会实行九品官级制度，其中一品是官级制里级别最高的等级。此枚花钱直径2.9cm，为红铜质地，是清代所铸之物（见图2-4-1）。

图2-4-1 一品

(二)"二喜"花钱

该花钱面为楷书,横读为"二喜";背为行楷,对读为"人寿年丰",宽郭。我国古代社会是典型的以小农经济为主的社会,人添寿,岁无灾,即意味着天下太平,是风调雨顺、一团祥和的象征;二喜,即双重之喜也。此枚钱宽2.96cm,厚0.09cm,重4g,质地为红铜,时代为清代(见图2-4-2)。

图2-4-2 二喜

(三)"三元"花钱

该花钱面为楷书,横读为"三元";背为行楷,对读为"文章华国",宽郭。"文章华国"意为文章辞藻流光溢彩,广为流传;"三元"指解元、会元、状元,乡试第一名称解元,会试第一名称会元,殿试第一名称状元,分别是古代科举制度中各级考试的最高名次,当然也是古代读书人梦寐以求的最高荣誉,有"连中三元"之说。此枚钱直径2.95cm,厚0.15cm,重6.7g,质地为红铜,时代为清代(见图2-4-3)。

图2-4-3 三元

(四)"四美"花钱

该花钱面为楷书,横读为"四美",宽郭;背为楷书,对读为"忠孝传家",宽郭。四美即忠、孝、悌、信四种美德,最早在《论语》里论及,曾子曰:"吾日三省吾身:为人谋而不忠乎?与朋友交而不信乎?传不习乎?""忠",尽己之谓忠,指对人应当尽心竭力。"信",诚实之谓信,信者,诚也。善事父母曰孝,善事兄长曰悌。"孝悌也者,其为仁之本与。""孝"是子女对待父母的正确态度。"悌"即弟弟对待兄长的正确态度。孝、悌是儒家特别提倡的两个基本道德规范。忠孝是传统的儒家伦理思想,是维系封建国家安宁稳定的根基。此枚钱直径2.96cm,厚0.12cm,重5.6克,质地为红铜,时代为清代(见图2-4-4)。

图2-4-4 四美

(五)"五福"花钱

该花钱面为楷书,横读为"五福",宽郭;背为楷书,对读为"富贵寿考",宽郭。五福,据《尚书·洪范》曰:"五福:一曰寿,二曰富,三曰康宁,四曰攸好德,五曰考终命。"攸好德即所好者德也,考终命即善终、不横夭。其被用来概括人生幸福,或指福、禄、寿、喜、财。此枚钱直径2.9cm,厚0.12cm,重5.4g,质地为红铜,时代为清代(见图2-4-5)。

图2-4-5 五福

（六）"六合"花钱

该花钱面为楷书，横读为"六合"，宽郭；背为楷书，对读为"平安吉庆"，宽郭。六合指天地及东南西北四方，泛指天下。此钱直径2.97cm，厚0.15cm，重6.1g，质地为红铜，时代为清代（见图2-4-6）。

图2-4-6 六合

（七）"七贤"花钱

该花钱面为楷书，横读为"七贤"，宽郭；背为楷书，对读为"子孙千亿"，宽郭。多子多孙在我国传统里一直是福气的象征，如子孙再能知书达礼，那更是圆满。七贤原指竹林七贤，即晋代的七位名士：阮籍、嵇康、山涛、刘伶、阮咸、向秀和王戎。这七人情趣相仿，经常相约躲进山后的竹林之中抚琴吟诗，他们放荡不羁，肆意酣饮，酣歌纵酒，借酒浇愁，暂时忘却人世间的烦恼，因此，世人称之为"竹林七贤"。竹林七贤尚清淡，崇虚无，纵情狂放。这些文人，有着较为进步的政治思想，对现实的腐朽与黑暗不满，都曾有过济世扶贫，使政治清明的远大抱负。但在残酷的现实面前，不仅理想接连破灭，鲲鹏之志无从施展，而且自身安全也无保障，只好崇尚老庄思想，终日"饮酒昏酣，遗落世事"，靠自我麻醉来消极地反抗黑暗的现实社会。现"七贤"多表示知书明理的贤能之人。此钱直径2.93cm，厚0.13cm，重5.9g，质地为红铜鎏金，时代为清代（见图2-4-7）。

图2-4-7 七贤

(八)"八仙"花钱

该花钱面为楷书,横读为"八仙",宽郭;背为楷书,对读为"莆禄绵长",宽郭。莆通"福"。八仙,就是在民间广为流传的八名得道仙人,共七男一女,即汉钟离(钟离权)、张果老(张果)、韩湘子、铁拐李(李云)、曹国舅(曹景休)、吕洞宾(吕岩)、蓝采和(许坚)及何仙姑(何琼)。八仙的传说甚早,唐代已有《八仙图》与《八仙传》,但其中的人姓名尚未固定。明代吴元泰小说《东游记》问世,才将以上八人确定下来。

传说中,八仙分别代表中国人的男、女、老、少、富、贵、贫、贱等八个方面。八仙所用的法器,合称"暗八仙",都有一定的含义。张果老的鱼鼓能占卜人生;吕洞宾的宝剑可镇邪驱魔;韩湘子的笛子使万物滋生;何仙姑的荷花能修身养性;铁拐李的葫芦可救济众生;汉钟离的扇子能起死回生;曹国舅的玉板可净化环境;蓝采和的花篮能广通神明。八仙是惩恶扬善、济世扶贫的化身。

此钱直径2.97cm,厚0.13cm,重5.7g,质地为红铜,时代为清代(见图2-4-8)。

图2-4-8 八仙

(九)"九如"花钱

该花钱面为楷书,横读为"九如",宽郭;背为楷书,对读为"年年如意",宽郭。九如源于《诗经·小雅·天保》,诗中九次出现如字:如山、如阜、如冈、如陵、如川之方至如月之恒、如日之升、如南山之多寿。其意为像天地一样永恒,民间习惯用于祝贺人多寿多福。此钱直径2.88cm,厚0.12cm,重5.4g,质地为红铜,时代为清代(见图2-4-9)。

图2-4-9 九如

（十）"十全"花钱

该花钱面为楷书，横读为"十全"，宽郭；背为楷书，对读为"事事称心"，宽郭。此钱直径2.94cm，厚0.16cm，重7.7g，质地为红铜，时代为清代（见图2-4-10）。战国以后，称钱为布或泉，取传"布"流通，畅如"泉"水的意思。古代有用十个铜钱摆成一种吉祥图案，称"十泉"，而"泉"又与"全"同音，因此，十泉也就是十全，意即完美无缺，大富大贵。清乾隆皇帝亦自称"十全老人"，是大富大贵的人中之龙。

图2-4-10 十全

上述十枚数字花钱，在馆藏文物档案记录中，均被定性为红铜质地鎏金，在100倍率的超景深显微镜下，能明显地看见"鎏金"层（见图2-4-11），胎质为红铜。从肉眼的角度看，这些钱币确实很像是鎏金，但也仅仅是"很像"，工作人员通过扫描电镜等现代科技技术手段，对以往认为是金的部分进行了定性和定量无损检测分析，结果显示，这些花钱其实一点金都没有，表面看着像金的部分事实上是一层锌铜合金，铜占45.57%，锌占44.36%左右，基本上是1:1的比例，其他均为杂质（见图2-4-12）。由此可以看出，至少在清代，这种仿金的"鎏金"技术已经非常成熟，而对那些没有科学检测技术手段的普通人，或仅靠"眼学"鉴定的人来说，看走眼也是很正常的。所以，眼见不一定为实，鉴定文物时，一定要借助多学科相互印证。

图2-4-11 超景深显微镜截图

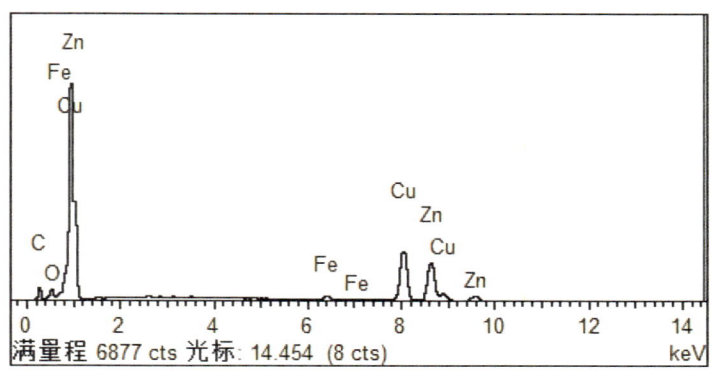

图2-4-12 扫描电镜图谱及检测点位

(十一)"百子千孙"花钱

该花钱面背皆为楷书对读,一面为"百子千孙",另一面为"三多九如",宽郭。"百子千孙"最早见于《天玉经》"一龙金位家富贵,百子千孙。……主富而且贵",比喻香火旺盛、人丁兴旺。"三多"一词出于《庄子·天地》中的"华封三祝":唐尧游于华,华封人祝其多寿、多福、多男子。后人用"三多九如"祝贺别人多寿多福。此钱直径2.78cm,厚0.17cm,重6.7g,质地为黄铜,时代为清代(见图2-4-13)。

图2-4-13 百子千孙

(十二)"千祥云集"花钱

该花钱面背皆为楷书对读,一面为"千祥云集",另一面为"百福骈臻",宽郭。"骈臻"意为纷至沓来,钱文表达了一种祈福之意。此钱直径2.77cm,厚0.17cm,重6.8g,质地为黄铜,时代为清代(见图2-4-14)。

图2-4-14 千祥云集

(十三)"万事如意"花钱。

该花钱面背皆为楷书对读,一面书"万事如意",另一面书"和合生财",字体粗壮。"和合"为两位喜神,是民间传说之爱神,主婚姻和合。人们借此来祝贺新婚夫妇白头偕老,永结同心。此钱地章浅平,表面光洁,系机铸而成,直径3.9cm,厚0.25cm,重18.3g,质地为黄铜,时代为清代(见图2-4-15)。

图2-4-15 万事如意

吉祥语语言文字简练、寓意明确、流传广泛,多源于历史典故、前贤语录、经史专著、民间俗语等。我国作为一个有几千年历史且文化底蕴极其深厚的国家,对文字艺术的追求已到了痴迷的程度,文字早已超出了文字的本义,被赋予了政治、艺术、美学、民俗、宗教等太多方面的功能。

数字吉祥语花钱只是众多花钱中一部分,它多用于春节压岁、出嫁压箱、结婚撒帐、生子洗儿、考学应试、过生祝寿、生意开张、入土陪葬、出行经商、筑屋上梁等方面。以上所选的十三枚数字吉祥语花钱,体现了中国的传统文化,概括了人们对国家、家庭、个人的美好祝愿,具有浓郁的民俗特点。小小的一枚花钱,也是我们研究古代政治、文化、宗教、民俗风情、书法艺术、铸造工艺等难得的实物佐证。

第五章
梅兰竹菊诗文花钱

诗文钱也是花钱的一种，一般在钱币上刻（铸）有用各种书法书写的诗句，有的还配以相应的图案，为文人雅士赏玩之用。

中国人对于花中四君子即梅、兰、竹、菊的称赞由来已久，这虽然是其自身的本性使然；但亦与历代的文人墨客、隐逸君子的赏识推崇不无关系。其幽芳逸致，风骨清高，不作媚世之态；千百年来以其清雅淡泊的品质，一直为世人所钟爱，成为一种人格品性的象征。

本章介绍的一套四枚清代诗文花钱，分别咏梅、兰、竹、菊，为文人雅玩之用。梅、兰、竹、菊，人称"花中四君子"，这四枚花钱的钱文分别用楷、行、草、篆四种书法体写成，使一套钱富于变化，书法有明显的晚清风格。钱背面花卉植物的安排生动巧妙，主枝在穿左，旁枝或花朵顺势向右斜生，点缀穿口空白处。整套钱制作规整，外郭圆润，内郭方正，穿口光洁，钱体厚重，文字高挺，图案深峻。质地为黄铜，直径在 4.5~4.6cm，厚度在 0.23~0.25cm，重量在 22~25g。从形制、手法和制作工艺等判断，其时代应在清中叶以后。下面就这四枚诗文花钱分别予以介绍。

（一）梅花诗文花钱

该花钱面为楷书，从右至左排列四排，读法为纵读，诗文咏梅，内容为"而今未问和美事，先向百花头上开"（见图 2-5-1）；背穿左梅花主枝，枝丫随势偏右，点缀穿口其他的空白处（见图 2-5-2），钱轮稍阔，钱币的诗文与图案相互映衬，字体图案圆润饱满，为铸造观赏币，不能流通使用，铸造时的翻痕较重。

"万花敢向雪中出，一树独先天下春"的梅花被誉为花魁，为二十四番花信之首，它冰枝嫩绿，疏影清雅，花色美秀，幽香宜人，花期独早。"遥知不是雪，为有暗香来"的崇高品格和坚贞气节，象征我们龙之传人的精神。梅花培植起于商代，距今已有近四千年历史。梅是花中寿星，我国不少地区尚有千年古梅，湖北黄梅县有株一千六百多岁的晋梅，至今还在岁岁作花。梅花斗雪吐艳、凌寒留香、铁骨冰心、高风亮节的形象，鼓励着人们自强不息、坚忍不拔地去迎接春的到来。

清代宜兴吴仲伦在题郑小僬（淳）梅册上说："王元章喜写野梅，不画官梅。"（《竹波轩梅册》）何谓野梅？凡生长在山野清绝的地方，梅干劲直，尽自然之本性的梅花，都叫野梅，有时也叫村梅。那何谓官梅呢？凡由人工造作，失却天真，干多盘曲，就叫官梅，也称宫梅。人们往往以野梅比"疏旷平远"，以官梅比"金碧庄严"，隐喻不同环境中的人的不同人格。王冕的存世名作，是他的《墨梅图》，他用单纯的水墨和清淡野逸的笔致，生动地传达出了梅花的清肌傲骨，寄托了文人雅士孤

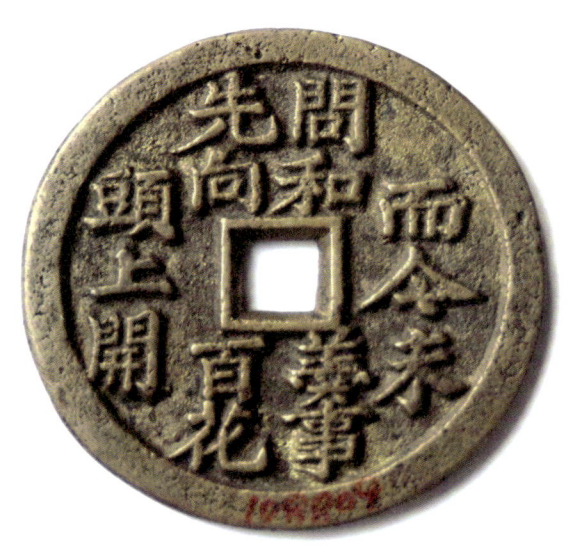

图 2-5-1 梅花诗文花钱

图 2-5-2 梅花诗文花钱（背）

高傲岸的情怀。明朝孙长真往往模仿王冕此种画法，他题诗说："梅花取直不取曲，此理世人多未推。诗人独得梅清性，不画官梅画野梅。"

南宋伟大的爱国诗人陆游，一生坚持抗金主张，虽多次遭受投降派的打击，但爱国之志始终不渝，死时还念念不忘国家的统一，他的《卜算子·咏梅》有"驿外断桥边，寂寞开无主，已是黄昏独自愁，更著风和雨，无意苦争春，一任群芳妒，零落成泥碾作尘，只有香如故"传唱古今。而毛泽东的《卜算子·咏梅》更是成为描写梅花品质的绝唱。

近代我国在国花的选择推荐上，主要集中在梅花和牡丹之争。牡丹雍容华贵，更多表现的是一种富贵之气。而梅花不论栽培历史，还是蕴含的意义，都可体现中华民族坚韧不拔的高尚品格、不畏强敌的民族气节，因此，笔者认为选择梅花更能体现符合中国人的审美情趣和民族性格。

（二）兰花诗文花钱

该花钱面为草书，从右至左排列四排，读法为纵读，诗文咏兰，内容为"欲采一枝嗟道远，露寒香冷到如今"（见图2-5-3）；背穿左兰草，花叶随势偏右，越过穿口，点缀右边空白处（见图2-5-4），钱轮稍阔，钱币的诗文与图案相互映衬，字体图案圆润饱满，为铸造观赏币，不能流通使用，铸造时的翻痕较重。

兰花的形态贤淑，花香幽远，被誉为"香祖"。她色彩淡雅，终年不凋，幽香清远，神静韵高，是我国历代文人墨客推崇备至的名花之一。兰花紫茎绿叶，四季常青，其花开于长叶披离之间，有的亭亭玉立，芳心可人，令人百看不厌；有的花香淡逸，清秀雅稚，观赏价值极高；有的色彩斑斓，绚丽夺目，婷婷袅袅，非常可爱。白色花系清香淡雅，素净端立，叶姿挺拔刚劲，每次开花皆成并蒂，堪称伉俪相得；绿色花系绽开的红唇，欲醉的媚态让人神往；黄色花系花色艳丽，极为悦目；橘红

图 2-5-3　兰花诗文花钱　　　　　　　　　图 2-5-4　兰花诗文花钱（背）

花系色彩艳丽动人；紫色花系颇具清姿，娉婷雅容。《孔子家语》中有"与人善居，如入芝兰之室，久而不闻其香，即与之化矣"之语，就是说与正人君子在一起，如在养兰花的房间里，被香气所化。据传孔子称兰花之香为王者之香。

楚国诗人屈原就以"秋兰兮清清，绿叶兮紫茎，满堂兮美人"这样的诗句来咏兰。据说苏轼就曾画过兰花，而且花中还夹杂有荆棘，寓意为子能容小人。所以我们欣赏诗文钱币或绘画时，必须了解这些图文的历史背景。如"扬州八怪"之一的郑板桥，是一个注重师法自然的人，他画过盆兰，但尤嗜好画"乱如蓬"的山中野兰，为此，他曾自种兰花数十盆，并在三春之后将其移植到野石山阴之处，使其于来年发箭成长，观其挺然直上之状态，闻其浓郁纯正之香味，因而得山中兰"叶暖花酣气候浓"的真美实质。兰花不骄不媚，气质超凡脱俗，深受人们的钟爱，尤其在我国人民心中，兰花更是真诚、美好的象征。

（三）竹子诗文花钱

该花钱面为篆书，从右至左排列四排，读法为纵读，诗文笔法用的是清代确立的"新篆隶"书法，诗意咏竹，内容为"明季再有新生笋，十大龙孙绕凤池"（见图2-5-5）；背竹枝三根，由下而升，竹叶似有风吹而向右飘（见图2-5-6），整个构图饱满，轮稍阔。钱币的诗文与图案相互映衬，字体图案圆润清晰，为铸造观赏币，不能流通使用，铸造时的翻痕较重。笋是孙的借音，借竹子年年生发，喻儿孙满堂，个个高官厚禄、封侯拜相。

严格来说，竹不属于花卉，但文人雅士出于对竹的喜爱，而将其异化并与梅、兰、菊归在一起。竹枝叶茂盛，色气刚烈，躯干瘦削，好像与繁茂的枝叶不相配合，但其气色旺盛并且光泽鲜亮。"临临兮其高其可仰也，挺挺兮其直其不可枉也，毅毅兮其群而不其不为党也。其立自树而不倚，其长绝众而不离。恬不盛衰，以听四时，置身尝安，视物死生。"竹子之高节使人仰视，其挺直不屈，

图 2-5-5　竹子诗文花钱　　　　　　图 2-5-6　竹子诗文花钱（背）

刚毅不为私党，自立不倚权势，出类拔萃而不离众，四时变化而无盛衰，恬淡安身，与万物同生死。

历代文人墨客，咏竹的诗文不计其数。赏竹、咏竹、写竹、慕竹，成为长盛不衰的高雅风尚。他们或以竹喻品质气节，或以竹喻事明理，或以竹抒情言志。宋代大文豪苏东坡喜竹成癖，留下"宁可食无肉，不可居无竹"的名句。在竹子的画法上，苏轼放弃了以前的画家们的双勾着色法，发展出把枝干、叶均用水墨来画的手法，深墨为叶面，淡墨为叶背。元明清时代，画竹名家辈出，只要是山水或花鸟画家，没有不画竹的，而且开始强调竹的整体气势。历代以竹为题的画家数不胜数。这无数的竹诗、竹画，展示了人们由竹而产生的丰富的联想。不过，在众多的画家中，郑板桥画的竹堪称一绝。对于竹子，郑板桥曾有这样的描述："江馆清秋，晨起看竹，烟光日影露气，皆浮动于疏枝密叶之间。胸中勃勃遂有画意。其实胸中之竹，并不是眼中之竹也。因而磨墨展纸，落笔倏作变相，手中之竹又不是胸中之竹也。总之，意在笔先者，定则也；趣在法外者，此机也。独画云乎哉！"因此，从竹子千姿百态的自然景象中得到启示，激发情感，将"眼中之竹"转化为"胸中之竹"，借助笔墨，挥洒成"手中之竹"即"画中之竹"。这也成就了"胸有成竹"的一段美谈。

竹，夏不畏酷暑，冬不屈霜雪，生不避贫壤，伐后可复生的顽强特点，可使人们从中得到多方面的思想启迪。

（四）菊花诗文花钱

该花钱面为隶书字体，从右至左排列四排，读法为纵读，诗文为咏菊，内容为"莫嫌老圃秋容淡，唯有黄花晚节香"（见图 2-5-7）。诗文铸造笔法用的是清代确立的"新篆隶"书法，背穿左菊花主枝，枝丫顺势偏右，菊花花朵恰好越过穿口点缀在空白处（见图 2-5-8），轮稍阔；钱币的诗文与图案相互扣合，字体图案圆润饱满，为铸造观赏币，不能流通使用，铸造时的翻痕较重。

"秋来谁作韵花主，撑住残秋是此花。"相传菊花在东晋时经朝鲜传入日本，17世纪初入欧洲，

图2-5-7　菊花诗文花钱

图2-5-8　菊花诗文花钱（背）

现已遍布世界，成了驰名中外的观赏花。陶渊明的"采菊东篱下，悠然见南山"，使菊花由此得了"花中隐士"的封号。杜牧也有"尘世难逢开口笑，菊花须插满头归"的诗句。而宋代词人李清照"东篱把酒黄昏后，有暗香盈袖，莫道不消魂，帘卷西风，人比黄花瘦"中通过把人比作菊花，将一位不堪忍受离别之苦的少妇形象活脱脱地展现在我们眼前。杜牧所著《孙子注》，满篇珠玑，其臧否政事，议论人物，俱能切中时弊。杜牧尚有显赫家世为荫，他的人生筹谋、仕途腾达，本应无往而不利。然而，正如他文中所云，晚唐的藩镇割据，巨宦当政，朋党倾轧，有何政事可为？士人或趋炎附势，作墙头草；或噤若寒蝉，行事放诞，杜牧终不能免。《泊秦淮》中的"商女不知亡国恨，隔江犹唱《后庭花》"，有多少国之将亡的士人为之翻唱？正是由此，他才被称为情致豪迈、恃才疏直的君子，在那寒山水瘦、万花凋零之际，只有菊花傲骨凌霜、经历风霜、抱香枝头，其具有顽强的生命力，以不同凡响的清雅高洁，唤起人们的肃然情思；她那艳丽多彩、迎风傲立的风采，高雅清脱、坚贞不屈的气节，得到了人们的赞美。

梅、兰、竹、菊这四种花，与其说是花中"四君子"，不如说是我国历史上君子的气质凝结和精神寄托。正是因为如此，人们才常常会对它们充满敬畏，好比蛮荒古人之于图腾，虔诚善人之于神灵。古今文人雅士用梅、兰、竹、菊来以物托志、明志，表现出清高脱俗的情趣、正直的气节、虚心的品质和纯洁的思想感情。

将梅、兰、竹、菊诗文铸造雕刻在一枚小小钱币上，使这枚钱币体现出诗中有画、画中藏诗，相互映衬、相映成趣的韵味，丰富了美术题材，扩大了审美领域和内涵，它们不但本身富于形式美感，便于携带和随时把握赏玩，而且可以令人联想起做人应有的品格，以物托志。所以，它既便于文人雅士们充分发挥笔墨情趣，又便于文人借物寓意，抒发情感。它们象征高贵、纯洁，代表了儒家提倡的知识分子的一种精神境界。

第六章
象牙雕刻艺术及鉴赏

象牙雕刻因其材料高贵，工艺精湛，在艺术领域里独树一帜，与中国传统雕刻工艺中的竹雕、木雕并称为三大门类，又有竹、木、牙(象牙)、角(犀角)四大雕刻艺术一说。

象牙的主要成分是一种似骨的质料，称为象牙质，由磷酸钙和有机体构成，颜色有白、黄、浅棕等色，硬度为莫氏1.5~2.5，密度约在 $1.7g/cm^3$~$1.9g/cm^3$ 之间，其表面没有珐琅质覆盖，怕酸，强酸可以将其腐蚀，弱酸亦可使其软化；如果将象牙放在醋酸中浸泡，可使之变软，再以雕刻工具进行加工，往往能达到事半功倍的效果。象牙质地细腻，硬度适中，光泽柔和，牙纹细洁，自然是制作高档工艺品的天然好材料。

中国象牙雕刻有着悠久的历史，距今6000~7000年的河姆渡遗址和距今4600~6100多年的大汶口遗址，都出土有象牙器皿和象牙雕刻。1978年，河姆渡遗址第二期发掘出了一件象牙雕鸟形匕，匕长17cm，扁平形，匕端为椭圆形，端部中间磨光，柄部正面用阴线雕刻两组双头禽鸟，形态逼真，线条流畅。柄下阴刻绳纹与线纹，刻工精细，设计奇巧，想象力丰富（见图2-6-1）。

商代以后，考古出土的象牙雕刻和象牙制品，更是层出不穷。1976年，在河南安阳的殷墟遗迹中，不仅发现了专门的制作场所和大量的骨制品，而且发现了一些用象牙制作的杯、筒、梳子、尺子和

图2-6-1　象牙雕鸟形匕

祭祀用的礼品。商王武丁的妻子妇好的墓出土了两件象牙酒器，从造型上看是青铜器的仿制品，上面镂刻有浮雕、兽面纹和方雷纹，还镶嵌了许多绿松石作为装饰（见图2-6-2）。《战国策·齐策》有"孟尝君出行国至楚，献象床"的记载。1978年，在山东曲阜鲁国故城出土的战国时代的象牙雕云龙纹金座牌，长14.8cm，宽7.3cm，呈长方丁字形，下以金座支撑，象牙板通体雕刻云龙纹，纹饰线条流畅自如，云龙彼此呼应，充满神奇的气势，云龙纹浮雕的图案，与同时期青铜器纹样风格一致。这些早期牙雕制品的雕刻技艺，为象牙雕刻艺术的全面发展奠定了基础。而四川广汉三星堆和成都金沙遗址出土的大量象牙，基本上还是象牙的原始形态（见图2-6-3）。

汉以后，王公贵族等统治阶级更是崇尚奢侈，牙雕制品成了财富的象征。在唐代只有五品以上的官员上朝见皇帝时才可以手持象牙笏，由此可见象牙的珍贵。元、明、清时期的牙雕有较大的发展，至清代达到鼎盛。下面选取几件四川博物院馆藏的象牙雕刻进行简单介绍。

图2-6-2 象牙酒器

图2-6-3 象牙的原始形态

一、象牙的雕刻艺术

按照雕刻内容，象牙雕刻可分为人物、动物、花卉及风景四个种类，按照雕刻技法主要分为浮雕、圆雕、阴刻、镂空雕等四种技法，按照雕刻流派又大致分为南北两派；北派一般指的是北京牙雕，主要是皇宫制品，象牙雕刻的鼎盛时期为清代的康熙、雍正、乾隆三朝，当时宫中就有专制象牙制品的作坊。这类宫廷雕刻的牙雕做工细腻，人物、花鸟纹饰多仿照绘画笔意，着色填彩均有一定的章法，形成了华丽、庄严、纤细、富贵、典雅的风格。南派主要指广州牙雕，由于广州是一个沿海口岸，外来的象牙首先抵达广州，广州的象牙雕刻遂逐渐兴盛。广州象牙制作侧重雕工，讲究雕刻和漂白色彩的装饰，多以质白莹润、精镂细刻、玲珑剔透见长。

（一）圆雕

象牙圆雕一般将整段象牙雕刻成立体的造型，这种表现手法要求雕刻者有娴熟的技艺和丰富的想象力及创造力。一般桌案摆件和人物类雕像会采用这种表现手法。清代的圆雕人物，风格稍显烦琐，已比较注重对衣褶的刻画，凸显了质感。

清牙雕仕女像高29cm，为典型的圆雕作品。在雕刻上，象牙天然弯曲的造型，与仕女婀娜多姿的腰身自然结合，给人以浑然天成的感觉，人物雕刻细腻传神，刀法流畅，表现了一个云鬓高髻、面容姣好而饱满，双手丰腴修长的贵妇人形象。在该仕女像中，象牙光洁细腻的质感得到了充分体现（见图2-6-4），褶刻划流畅自如，人物整体形象端庄、典雅、安详。

图2-6-4　清牙雕仕女像

莲蓬牙雕为小件圆雕雕品，高约4cm，以整朵莲蓬为蓝本雕刻而成（见图2-6-5）。莲蓬中的莲子可以自由移动，莲蓬朝上时，莲子藏在莲蓬里，暴露出一个个整齐有序的空腔；莲蓬朝下时，一个个莲子露出尖尖角（见图2-6-6），由此可见设计者的匠心。这应是一件随身挂件，平时可以在手上把玩，因而其表面光洁圆润。

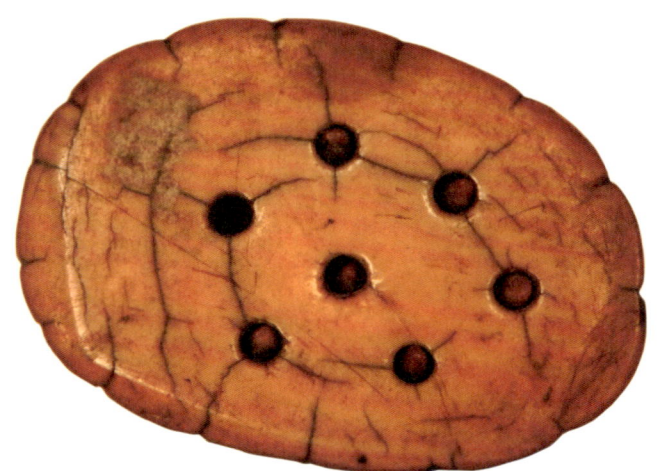

图2-6-5　莲蓬牙雕　　　　　　　　　　　　图2-6-6　莲蓬牙雕底部

（二）浮雕

浮雕雕刻，是在平板材料的表面上，进行立体层次的雕刻方法，其造型有明显的前后层次关系和半立体效果。浮雕是一种应用范围较广的造型艺术，分为浅浮雕和高浮雕。浅浮雕是阳纹雕刻，低于高浮雕而又与线条阴刻不同，有明显的层次感。大多数的象牙雕刻都采用此法。高浮雕介于圆雕和浅浮雕之间，属半立体的雕刻形式，有较强的空间感，象牙雕刻中，往往在同一件作品里，浅浮雕、高浮雕都有应用，没有严格的界限。

清臂搁牙雕（见图2-6-7）：选用了象牙的中前段，避开后段可能出现的空腔，剥分后由牙内向里雕刻，使所有的构图不超出平面，在长31cm，宽6.3cm的空间里，运用浮雕及镂空雕的手法，雕刻出楼台亭阁、假山树木及三十多个人物形象，五个故事场景自然分割有序，零而不乱，使《西厢记》中的故事情节跃然其上。

清牙雕仙人板（见图2-6-8）：该牙雕也是一块浮雕作品，高为20.4cm，宽10.5cm，二十二个人物以云相隔，层层叠叠分为九层，给人以升天之感。

清牙雕人物花卉板（见图2-6-9）：该牙雕采用了高浮雕和镂空雕的技法，构图简练明快，七个人物在菊花丛中嬉戏玩耍，两只家雀在花枝上鸣叫飞翔，两朵菊花盛开，似乎展现出"采菊东篱下，悠然见南山"的世外桃源般的情景，设计精巧，刀工流畅。

图 2-6-7　清臂搁牙雕

图 2-6-8　清牙雕仙人板

图 2-6-9　清牙雕人物花卉板

（三）镂空云龙套球牙雕

套球雕刻最早出现在宋代，是一种以一块完整的象牙为材，巧妙地将其从内至外逐层镂雕成一层套一层的同心薄壳球的雕刻艺术。在当时，套球已有三层，各层可自由转动，称为鬼工球。明曹昭的《格古要论》对套球描述道："尝有象牙球一个，中直一通一窍，内车数重，皆可转动，谓之鬼工球。"

此件云龙镂空套球含座总高25.8cm，套球镂雕五层，最外一层为两条云龙相互盘绕，龙的眼睛用生漆点睛，内层以铜钱纹和几何花卉等纹式镂雕，用手可以自由拨动，底座为镂空缠枝叶，中段支架为镂空雕的两条云龙缠绕形成柱状，顶部为套球的托盘。整个牙雕作品采用镂空雕技法，构思奇巧，工艺精湛（见图2-6-10）。

（四）阴刻清玄女尺

该牙雕为阴线雕刻的实用器具，尺长32cm，宽4cm，上刻占卦算命之文（见图2-6-11）。整把尺子的正反面和侧面都阴刻了占卜吉凶祸福的文字，这些文字以线条等距布置排列。文字用红黑色填充，红色文字代表吉祥，出现黑色文字是凶兆。由于该牙雕是用于算命占卦的是实用物品，因此其未表现出太多雕刻技艺。

图2-6-10 镂空云龙套球牙雕

图2-6-11 阴刻清玄女尺

二、象牙文物的鉴赏

我们在鉴赏象牙文物时，首先应对象牙有一个初步的认识。

大象主要生活在非洲与亚洲的印度、泰国、缅甸等地。象牙通常指象的上颚门牙，质地细腻，硬度适中，光泽柔和，牙纹细洁。非洲的公象、母象都生牙，也较长，非洲象牙一般呈淡黄色，质地细密，光泽好，硬度高，但在气温变化显著的情况下易产生裂纹。亚洲各地所产的象牙颜色比较白，但过段时间后会逐渐老化，色泽泛黄，光泽亦较差，其牙质的硬度低于非洲象牙。此外，象牙表面没有珐琅质覆盖，非常怕酸。

象牙自牙尖开始，有一小黑点，一直延伸到空心的管口部位，称之为心，切开象牙尖就可以发现这个"心"。象牙的牙心，大致可分为三种，即太阳心、芝麻心和糟心；太阳心最好，芝麻心次之，糟心最差。象牙还有其自然的纹路，以牙心为中心向四周扩展，牙纹也变得越来越粗。天然的牙纹一般为"人"字形和网状。

象牙文物由于典雅名贵，稀少难得，因而出现了很多的仿制品，这些仿制品主要为人造牙，它采用化学材料加工合成，比较容易辨认。人造牙的质量轻，光泽差，无牙纹。现在市面上有很多采用环氧树脂混合石粉等化工材料，大量套模制成的仿象牙工艺品出售，这些仿制品很好辨认，由于加了石粉等敷料，拎在手上比较沉，颜色极不自然，翻模和打磨痕迹清晰可见，凑在鼻子下闻一闻，强烈的环氧树脂味刺激鼻黏膜。还有的人造牙故意做出牙纹，其纹路死板呆滞，呈规则的平行线条，和象牙的自然人字纹、网状纹相差甚远，且人造牙易老化、发黄、变脆。

其他仿制象牙的原材料有鱼牙、骨、角等。鱼牙为海洋里的大鱼牙齿，弯曲，呈月牙形，但与象牙相比要短得多。鱼牙的表面有一层珐琅质，比象牙稍硬且带脆性，光泽也不及象牙柔和；鱼牙亦有心，都为杂乱无章的糟心。鱼牙的材料和形状，决定了用它雕成的雕刻品多为小件或中件，不可能是大件。骨一般指牛角和骆驼骨，经过漂白加工、磨光上蜡等工艺后的骨，色泽也白净，好似象牙。但骨含钙量高，性脆质轻且松，有细小的黑点和棕眼；由于骨壁较薄，骨雕产品不可能雕成实心的大件和中件产品。鹿角、羚羊角之类的雕刻文物和象牙雕刻文物比较容易混淆，这类角有皮，无象牙天然的纹路和心，如细小的树杈，色泛黄，性脆，所刻多为小件，由于这些仿制品形小，特征少，鉴别时务必特别小心。

象牙文物的雕刻工艺流程主要有选择牙料、凿粗坯、雕刻细部、修光、打磨等工序。

首先，根据作品需要选择牙料。如，牙料下端的中空部分，多用于雕刻笔筒；中段和上端的实心部分多用于雕刻艺术品。凿粗坯是用木棒捶打凿刀的方式雕刻粗坯。在粗坯的基础上，用刻刀雕刻细部，然后修光、打磨，使其外表光泽滋润，充分显示出象牙美丽的质地。

象牙细腻的质感和天然的纹路，只有通过多与文物真品接触，多上手揣摩才能体会得到，特别是在放大镜下细细观察后，再看仿制伪品，就很容易辨认出真象牙文物来。对于历代雕刻风格的鉴赏、把握，也只有通过接触各个时代的实物资料来进行，只有把握同时代的总体艺术风格，结合各类雕刻技法的时代脉络，才能真正提高我们对象牙文物的艺术鉴赏水平。

第七章
馆藏明清犀角杯赏析

犀牛，我国古代称兕，犀角就是长在犀牛头盖骨结节上的角，又叫奴角，因为天生下凹而呈圆锥状，故常被做成饮器使用，还被制成装饰品，如带、钗、簪等。传说犀角中有白纹如线直通两头，感应灵敏，故唐代诗人李商隐写有"心有灵犀一点通"的诗句，用以比喻两心相通。

早在殷商时期的甲骨文中就有猎犀、获犀的记载。《韩诗外传》有："太公使南宫适至义渠，得骇鸡犀，以献纣。"骇鸡犀指的是通天犀。《抱朴子·登陟》中也有："通天犀，其角一尺以上，刻为鱼而衔以入水，水常为开。"从商周时期始，人们就曾"以兕（雌犀）角为觥"。觥是古代的一种饮酒器或礼器。这说明古人很早就知道酒性燥热，犀角性寒、凉，有凉血、解毒、镇惊、滋补的作用，因而就用犀角制成的器皿饮酒，以祛病延年，这可能也是我们如今看到的犀角制品多为酒杯的主要原因。宋以前的犀角器皿只见记载而未见实物，1981 年在浙江诸暨南宋董康祠的合葬墓中，发现一套文房用品，内有犀角镇纸两件，这可能是现在能见到的最早的犀角制品了。

犀角有亚洲犀与非洲犀之分，亚洲犀角的底盘为马蹄形，非洲犀角为马鞍形。通常亚洲犀角质优于非洲犀角，因而其所雕之物也珍贵于非洲犀角制品。犀角雕刻在竹、木、牙、角四大雕刻中居首要地位，就在于其材料的珍贵难得和药用价值。

犀角杯的雕刻内容大致分为花卉动物、仿古题材、人物风景和素面四个大类，其中，雕花卉动物的犀角杯最多，仿古题材和人物风景次之；造型主要分平底与锥底两种，前者适合置于桌面，后者则更适于手握。明到清乾隆时期，是犀角杯迅速发展的兴盛时期，能工巧匠辈出，其中著名的犀角雕刻大师有鲍天成、濮仲谦、尤通等，他们雕刻的犀角杯设计奇巧，精妙绝伦，其各自运用了深浮雕、浅浮雕、镂空雕及线刻等技法，在小小的一件犀角表面，甚至内壁上，疏密有致地雕琢出了山水、松石、人物等纹饰，他们的作品意境幽远，是当时世人追捧的艺术珍品。据说乾隆皇帝曾厌倦了精雕细琢、纹饰繁缛的玉器，而对古色古香的犀角杯特别偏爱，情有独钟。

现选取藏于四川博物院和眉山三苏祠博物馆馆藏的犀角杯进行简单介绍。明代到晚清，在这数百年间，犀角杯由简而繁，经历了由质朴到奢华，再到对艺术境界的捕捉与探寻的蜕变，它们不仅是工艺大师艺术灵感的再现，更记载着犀角雕刻艺术的发展历程。犀角杯珍贵的材质，精美的雕工，充满深意的文化内涵，使其成为牙角类文物中的精品。

图 2-7-1　蟠螭纹犀角杯

（一）明蟠螭纹犀角杯

蟠螭纹在春秋战国时期的青铜器、玉器上常出现，早先无角，后逐渐演变，且形态独特，造型较为多样。现藏四川博物院的这件明代犀角杯（见图 2-7-1），高 9.4cm，最大口径 14.5cm，呈褐红色，椭圆花瓣形，敞口，假圈足，似喇叭状，杯身分上中下三部，上部为花瓣纹，口沿饰回纹一周，近口沿处内外壁各饰雷纹一周，以两螭镂空雕饰为耳，鸟喙螭身，形态相同，相互对望，上下肢体交缠在一起；外壁各饰一侧身站立独角虬龙；中部鸟、兽纹叠压在八圈线刻小回纹之上；下部四螭，跷足卷尾，两两相视。与耳相对的另一侧，是一排纵向排列的凸棱，叠压在云头纹之上，正面分别饰花瓣纹和回纹等。整个杯身用高浮雕等手法雕满十余个小蟠螭，有象首的，也有鸟头的，还有独角虬龙和双角兽头等，有的昂首张望，有的相互追逐撕咬（见图 2-7-2）。地纹用浅浮雕和线刻花瓣纹、兽纹以

图 2-7-2　蟠螭纹犀角杯局部

及回纹等纹饰作为装饰，足部整齐地排列 11 个头朝上的线刻螭纹。杯的底部篆书阴刻"白也"二字，两字呈上下排列；白也，李白也，喻斗酒诗篇之意。

明代曹昭在《格古要论》中对犀角材质有如下描述："凡器皿要滋润，粟纹绽花者好，其色黑如漆、黄如粟，上下相透，云头雨脚分明者为佳。"整体来看，这件犀角杯造型上遵循了犀角的自然形态，其瑰丽神秘的纹饰充满了动感，精湛细致的雕刻工艺让人叹为观止，器身纹饰有疏密、繁简、动静，以及大小深浅的对比，主次分明，形象生动，线条流畅，色泽光亮油润，晶莹剔透，不论是雕工还是沁色，都难得一见，属犀角雕中的珍品。

图 2-7-3　葡萄山茶花纹犀角杯

（二）明葡萄山茶花纹犀角杯

该杯呈褐红色，口径最大处 18.1cm，高 8.5cm，平底。口为椭圆花瓣形，敞口，似喇叭状。内壁雕葡萄叶，外壁高浮雕葡萄、葡萄叶和山茶花及枝蔓等（见图 2-7-3）。

此器保存完好，未曾虫蛀，犀角质地坚硬而细腻红润，似宝玉般莹润欲透。整器雕刻精细，刀法圆润光滑，没有雕刻痕迹，构图雅致、饱满，果木、花卉活灵活现，连葡萄叶上细细的叶脉也清晰可见。不论从材质还是雕工来看，该杯都堪称犀角雕中的精品。此杯现藏于四川博物院。

（三）明八仙过海纹犀角杯

现藏于眉山三苏祠博物馆的这件八仙过海犀角杯，高15cm，口径18cm，底径6cm，敞口，中空（见图2-7-4、图2-7-5）。杯的外侧纹饰取材于八仙过海的民间传说，角杯下部饰海水，中部雕神态各异的八仙及仙鹿，上部为云雾淞石，采用高浮雕和镂空雕的雕刻手法，细腻，构图丰满，人物、松木、山石、云水栩栩如生，刀法犀利，具有较高的艺术价值，实为难得一见的犀角雕精品。

图2-7-4 明八仙过海犀角杯　　　　　　图2-7-5 明八仙过海犀角杯

（四）明骢马犀角杯

该犀角杯形体较大，高14.1cm，口径19.2cm，侈口，器身分上下两层，上雕膘肥体健的四马，作嬉戏休闲之态，下饰一人在河边为二马擦洗，另一人在一旁扬鞭牧马（见图2-7-6）；角杯后饰一对母子马，小马驹依偎在母马身边吮乳，母马昂头回首作嘶鸣状（见图2-7-7）；口沿饰松木及山石，口沿内阳刻草书两行诗句："昼洗须腾泾渭深，朝趋可刷幽并夜。"此诗句出自杜甫《骢马行》。角杯座处是用楠木雕刻成盘根错节的老松，在色彩和纹饰雕刻上，与角杯体浑然天成。

该犀角杯角质坚硬，构图饱满，在山石、树木、人物、动物的编排上，整器显得错落有致而井然有序，诗词与纹饰相映成趣，意境幽远。其运用了深浅浮雕和镂空雕的雕刻技法，苍劲有力。关于该角杯的时代，原馆藏记录为清代，但从其纹饰风格和雕刻工艺看，该角杯有明万历时期的著名雕刻大师濮仲谦的艺术风格，整件物品雕刻大气，刀工老到深厚，题材与明末清初时惯用的题材相近，因此其时代定为明代较为合适。

该杯现藏于四川博物院。

图2-7-6 骢马犀角杯

图2-7-7 局部

（五）清海棠纹犀角杯

该杯杯口呈荷叶卷曲敞口状，杯高6.9cm，最大处宽14.2cm，杯里底心线刻五星纹花芯，外壁雕刻海棠花及枝蔓（见图2-7-8）。整器呈枝蔓状，如手掌般托举荷叶，荷叶自然卷曲为杯形，造型自然流畅，构思奇巧，可惜杯上多处有虫蛀。

犀角雕刻易损难求，材质属有机质，不耐腐蚀，特别怕虫蛀，表面开裂、缺损或虫蛀，都会影响其收藏价值，因此，日常的保养维护至关重要，防潮、防蛀、防尘和防日光暴晒是有效延长其寿命的重要方式。

该杯现藏于四川博物院。

图 2-7-8　海棠纹犀角杯

图 2-7-9　兽面纹犀角杯

（六）清兽面纹犀角杯

此杯高 4.4cm，最大口径 11.2cm。口沿内外壁阳刻回纹，腰部线刻雕一兽面纹，两面纹饰均一样（见图 2-7-9）。弧形手柄耳，口沿与手柄处雕一蟠螭口衔杯沿，该犀角杯小巧玲珑，用它来把盏饮酒应很是惬意。不论是造型还是杯身的纹饰，均与青铜器相似，杯底有方形阳刻铭文，从右至左旋读为"刘名震制"四篆字。此犀角杯现藏于四川博物院。

第八章
石中之王田黄石

田黄石是我国特有的"软宝石"，产于福州市寿山乡寿山溪两旁的水稻田底，历经数百万年之久，在特殊的环境和条件下，田黄石逐渐改变了它原来的形态、色彩和质地，出现了其独特的外观特征，由于材质呈现黄色而得名，是寿山石系中的珍品，素有"石中之王"的尊号。又因它含有"福"（福建）、"寿"（寿山）、"田"（财富）、"黄"（富贵色）的寓意，具备细、洁、润、温、凝、腻之六德，故又称为"帝石"。其色泽温润可爱，肌理细密，自明清以来就被视为"石中之王"，俗语有"黄金易得，田黄难求""一寸田黄一寸金"之说，田黄石的珍贵稀有由此可见一斑。

田黄石的硬度为摩氏 2～3，密度 $2.5g/cm^3$～$2.7\ g/cm^3$。

田黄石的鉴定主要从细、结、温、润、凝、腻等六个方面入手，看质地是否细密幼嫩，结构是否紧密均匀，虽然田黄石质较软松，但也较坚实；有无老旧感，色泽沉着而不轻浮，具有很强的亲和力，是否滋润，如有"水色"的玉一般，饱满，晶莹润泽，不干涩。再就是在光的照射下，其反射出的光不像珠宝钻石那样直接，而是好像再透过一层"水晶蜡"折射出来一样，有一种内向收敛的感觉，光芒内敛；稍作摩挲，石头的光滑处就会有油光之感。

石中之王的田黄石，历来价格不菲。文人学士都认为收藏或使用田黄章，比使用珠宝、翡翠更高雅。

以下选择几方形态各异的清代馆藏田黄石印章进行简单介绍，以飨读者。

（一）狮纽田黄冻石印章

寿山石大致分为田坑石、水坑石与山坑石三种类别。田黄石因产于寿山溪边的水田中，属田坑石，其具体产地分上坂、中坂和下坂三个地段。

上坂靠近溪水上游地区，这里出产的田黄石透明度高，有通灵感，颜色以略显微黄的白色调为主。由于上游的水源好，这里出产的田黄石犹似玻璃一样光泽明亮。田黄石中的上品，如"银裹金"和"田白石"等，一般出自上坂区。中坂位于溪河的中间部分，所产之石大多标准而规范，石质洁净湿润，色泽浓重，石中的萝卜纹理清晰，田黄石中的"田黄冻石""金裹银""桔皮红""黄金黄""枇杷黄""鸡油黄"等极品，大多产于此坂。下坂因处坑头一带，缺乏水冲性，故石质透明度较差，多为桐油色、暗赭色，纹理较粗。

此印为正方形狮纽印章，高 3.2cm，印纽雕成卷曲卧伏的狮子形，嘴唇紧闭，隆鼻、头自然向后平视，双目圆睁，两耳下垂，肥硕的前爪粗壮有力，身上的毛发雕刻细腻，顺着身躯呈流线型，未制印（见图 2-8-1）。此印章材质为田黄石中的上品——田黄冻石，全石通体明透，光芒内敛，似凝固的蜂蜜，饱满且晶莹润泽，质地细密幼嫩，上手稍作摩挲，摩擦处即感油光水滑，给人以一种油腻的触觉。

另一素面未雕琢的冻石田黄，在质感上与之相同，光润嫩滑（见图 2-8-2），当为田黄石中的珍品。

自然形态的田黄石一般呈鹅卵状，此印为方形，应是后期加工锯成的，谓之"解石"，前人有"解石之难难于上青天"之说。这是因为田黄石很难从外表看出其色调是否表里如一，锯开后也许数倍增值，也许价落万丈，该石印之珍贵，由此可见一斑。

（二）田黄方章一对

中国印章的美学表现在篆刻、印钮装饰和印材的品质三方面，将名贵的田黄石雕成印章，不仅丰富了印章的审美价值，同时也使田黄自身的价值倍增。由于田黄的珍稀和昂贵，成为独立的一类印章石品种。

这对印章均为方形，其中一方章高 6.1cm，上以浅浮雕刻有山水树木，一人斜靠在树旁小歇；另一方章高 6cm，以浅浮雕刻山路溪流，一老翁持杖立于半山坡远眺；均未刻字（见图 2-8-3）。

图 2-8-1 狮纽田黄冻石印章

图 2-8-2 素面冻石田黄

图 2-8-3 田黄方章

图 2-8-4　田黄扁章

图 2-8-5　田黄根扁章

（三）田黄扁章

在雕刻田黄石时，往往为了不减少分量，多以自然随形为主，以浅浮雕技法，这样可以尽量减少石材的分量，同时也满足了艺术上的要求。这方田黄扁章（见图 2-8-4），高 5cm，工匠就其材料的自然形态，以浅浮雕的技法，雕刻出山石、房舍、草木。

田黄石从山上的母矿中分离出来，经历漫长的雨水和溪水冲击，沿沟溪经无数次滚落，最后流至田中，在运动过程中，外表难免会受到损伤，出现一些裂纹。而这些裂纹在埋藏土壤里，受氧化铁渗透形成了特有的格纹，格纹是田黄石特征之一。

（四）田黄根扁章

下坂一带的田黄石，因处坑末，缺乏水冲性，故石质透明度较差，多为桐油色、暗赭色，纹理较粗，色泽暗淡。此枚田黄根扁章，高 7.3cm，石材质地是田黄石中的下品，工匠以石材的自然形态，用浅浮雕的技法，雕刻了山石、树木、茅舍和人物等（见图 2-8-5），石上雕刻的三个人物，各具特色：一人在树下打果，身边已堆满了果实，另有一老翁持杖在半山腰缓慢前行，还有一渔翁在柳树下，头戴斗笠，坐在小船上垂钓，好一幅充满乡村野趣的画卷。

第九章
名家鼻烟壶鉴赏

顾名思义，鼻烟壶是盛装鼻烟的容器，始于明，盛于清，集雕刻、绘画、书法、烧瓷、镶嵌、剔漆等工艺美术之大成，其巧夺天工的制作技艺，在收藏领域独树一帜。

中国素有"烟壶之乡"的称誉。鼻烟壶自明末清初从欧洲传入中国后，就迅速地融合了中国的艺术风格。独具匠心的各式鼻烟壶，在清代工艺美术史上大放异彩，成为清代艺术的重要代表之一。

鼻烟壶的材质分为金属、玉石、翡翠、水晶、有机物、陶瓷、料器（玻璃）、珊瑚、玛瑙、琥珀、木、竹、漆器、葫芦、果核等。在造型上，除以扁瓶式样居多以外，还有各种动植物造型，如象、狮、鱼、鸡、荷花、蝉、茄子、灵芝以及人物等。在纹饰方面，有珍禽瑞兽、花鸟鱼虫、山水草木、亭台楼榭等，很多的纹饰图案寓意深刻吉祥，如喜鹊报春、猫蝶连年、凤穿牡丹、榴开百子、马上平安、鲤鱼龙门等。有的还配有文字，如"喜""福禄寿"等。其工艺有绘画、书法、雕刻、镶嵌、内画、珐琅等。

鼻烟壶艺术几乎涵盖了中国传统的各类雕刻、绘画艺术，内画艺术是其中之一，也是鼻烟壶艺术的独有特征。内画出现于清代中晚期，是用特制的微小勾形画笔，在透明的料器（玻璃）或水晶质地壶内绘制图画的艺术。最初的内画鼻烟壶内壁是没有磨砂的，因为内壁光滑不易附着墨色，只能画一些简单的图案，如龙、凤、蝈蝈、白菜和简笔的山水、人物等，后来，艺人们用铁砂和金刚砂加水在鼻烟壶的内里来回摇磨，使鼻烟壶的内壁呈乳白色磨砂玻璃状，细腻而不光滑，容易附着墨色，效果就像宣纸一样。在这种前提下，内画鼻烟壶后来出现了一些比较精致的作品，逐渐发展为集诗、书、画为一体的艺术精品，其笔触精妙、格调典雅、细致入微的内画，为世人所称道。

一、馆藏名家内画鼻烟壶

（一）马少宣内画八破鼻烟壶

马少宣为清末极负盛名的"京派"鼻烟壶内画高手，也是清代京派内画四大画师之首，以"一面诗一面画"的内画技艺见长。其内画鼻烟壶书画并茂、笔法精湛，曾有"登堂入室马少宣"之誉，其内画技艺闻名全国，据说他创作的内画鼻烟壶曾于1915年获得巴拿马万国博览会名誉奖。

"八破"是清末民初典型的鼻烟壶内画题材，特指将书斋中的破字帖、破画、破信封、破扇面、破书、破请柬、破经文、破砚台，分正反两面集于壶上，并刻意突出虫蛀、火烧、水蚀的残破痕迹。

图 2-9-1　马少宣内画八破鼻烟壶

图 2-9-2　周乐元松枝人物内画鼻烟壶

该玻璃质鼻烟壶（见图 2-9-1）为直口，圆颈溜肩，壶腹扁圆丰盈，椭圆形圈足。椭圆形圈足大方稳重，小口直挺，高 6.8cm。

（二）周乐元松枝人物内画鼻烟壶

周乐元原是宫廷内的一位宫灯、纱灯画师，无论是他的书法还是绘画作品都给人以高雅俊逸的艺术享受，所绘作品无论一丘一壑、一草一木，皆生机盎然。江南景色学王石谷笔法，以皴染为主，方寸之中，气象万千。花鸟画学新罗山人笔意，以写意为主。草虫、博古则是工写结合，色彩淡雅宜人。他的行书，笔法清秀而刚劲，墨色饱满圆润。

周乐元的内画作品题材很广泛，山水、人物、花鸟、鱼虫、书法等，无不精美，尤其擅长山水画。他的山水画，多表现旖旎的江南景色，设色以墨色为主，以淡彩作点缀，景物格调高雅；画面古朴精致，淡雅俊逸；画中多有题跋，内容与画面协调一致。他凭借其扎实的绘画功底，将中国传统绘画逼真地浓缩在寸天厘地的鼻烟壶内。

馆藏的这件玻璃质地的内画鼻烟壶（见图 2-9-2），高 6.5cm，为胆型，小口，秀气雅丽，两面绘有松枝人物，绘画手法细腻逼真，画面栩栩如生，有"壬辰秋月京师周乐元"题款及钤印。

（三）丁二仲两件内画鼻烟壶

丁二仲，原名丁尚庚，亦作上庚，艺作均署二仲，晚清著名的艺术家，京派内画鼻烟壶大师之一，是继马少宣、周乐元之后又一位出类拔萃的内画艺人。他不但对内画（鼻烟壶）艺术精通，而且对金石、篆刻、竹刻颇有研究。其擅长山水、人物、花鸟各类画作，多数绘画是仿宋、元、明、清绘，画风博雅深邃，别具一格。

山水人物内画鼻烟壶（见图 2-9-3），壶直口，圆颈溜肩，腹扁圆丰盈，椭圆形圈足，通高 7.1cm。所绘山水人物，飘逸清雅，栩栩如生，并有二仲题跋。

延年益寿内画鼻烟壶（见图 2-9-4），壶同样为直口、圆颈溜肩，腹扁圆丰盈，椭圆形圈足，壶内绘老树、红梅，有"延年益寿"及"二仲"题款。

图 2-9-3　山水人物内画鼻烟壶

图 2-9-4　延年益寿内画鼻烟壶

（四）阎玉田山水花鸟内画鼻烟壶

阎玉田也是京派内画大师之一。该件作品为玻璃质地（见图 2-9-5），通高 7.1cm，小口，绘山水花鸟画，造型别致，制作精美，玲珑秀丽，为掌中之物，有阎玉田题跋。

（五）张葆田山水人物内画鼻烟壶

张葆田为清光绪年间人，是京派著名的内画鼻烟壶大师。他所绘的这件山水人物鼻烟壶（见图 2-9-6），为小口、直颈、溜肩、扁腹、椭圆圈足。人物、山水浓淡适宜、笔触雄浑飘逸，有"癸巳初秋京师张葆田作"题款及钤印。

图 2-9-5　阎玉田山水花鸟内画鼻烟壶

图 2-9-6　张葆田山水人物内画鼻烟壶

二、馆藏其他材质的鼻烟壶

清代的鼻烟壶产地主要集中在北京、广州、辽宁、西藏、内蒙古等地，其制作工艺经历了由简到繁、由粗到细、由素面到彩色而雕刻的变化历程。鼻烟壶一般分为大、中、小三类，以满把抓，体轻壳薄者为上品。除了上述的名家内画玻璃质鼻烟壶之外，还有其他材质制作的鼻烟壶，现略选几件其他材质的鼻烟壶，以飨读者。

（一）清乾隆粉彩鼻烟壶

该壶（见图2-9-7）为圆形扁腹，椭圆圈足，壶正面用金线开窗，窗内用青花色绘山石，山石中绘牡丹花卉，壶背面同样用金线开窗，内书六排文字，壶两肩侧用粉彩勾绘蔓草花卉，显得富丽华贵。

（二）清彩石鼻烟壶

该壶（见图2-9-8）为直颈、溜肩、扁腹、平底圈足，为整块石料掏挖而成，巧妙地以石材的天然花纹为装饰，显得活泼雅致。

（三）清螺钿龙纹鼻烟壶

此壶（见图2-9-9）以螺钿为材料，为小口直颈溜肩扁腹平足造型，采用剔地阳刻的手法，在壶正面雕刻了一幅云龙吐水图。

图2-9-7　清乾隆粉彩鼻烟壶

图2-9-8　清彩石鼻烟壶　　图2-9-9　清螺钿龙纹鼻烟壶

（四）清玛瑙人物骑马图鼻烟壶

该壶（见图2-9-10）为直颈、溜肩、扁腹，平地圈足造型，巧妙地利用材料上的一块色皮，用剔地浮雕加线刻的技法，雕一清代扛旗官，其正骑着马回头微笑，马四蹄飞扬，呈奔跑状。

（五）清玛瑙松枝人物鼻烟壶

该壶（见图2-19-11）为圆腹直颈平底圈足，玛瑙质地红润，壶面用浮雕的形式，雕一老者和一书童站在一棵松树下。

（六）清墨玉人物双狮鼻烟壶

该壶（见图2-9-12）为平足圆腹直颈，壶面雕一人挥舞彩球，正在戏耍两狮子，应为戏狮图。

图 2-9-10　清玛瑙人物骑马图鼻烟壶　　图 2-9-11　清玛瑙松枝人物鼻烟壶　　图 2-9-12　清墨玉人物双狮鼻烟壶

（七）清乾隆白玉长茄鼻烟壶

该壶（见图 2-9-13）为玉质，利用玉的不同色彩，将整个壶雕刻为茄子造型，白玉质地细腻温润，茄叶碧绿欲滴，茄干（壶帽）敦厚，浑然天成。

图 2-9-13　清乾隆白玉长茄鼻烟壶

图 2-9-14　清乾隆铜胎珐琅人物故事鼻烟壶

（八）清乾隆铜胎珐琅人物故事鼻烟壶

该壶（见图 2-9-14）为铜胎珐琅彩绘，说是壶，其实更像瓷瓶，壶全身饰珐琅彩绘，方寸大小的鼻烟壶上，绘满了山石、竹木、花卉、人物等图案纹饰，色彩浓艳，笔触清晰，人物饱满俊秀，画面布局疏朗有致。

鼻烟壶的发展贯穿了整个清朝历史，真实地浓缩了中国的传统文化。在清代每个时期，鼻烟壶都有其独特的闪光点，其早已跳出实用物的范畴，成为集各类艺术为一炉的珍藏品。

第十章
巴蜀精品文物鉴赏

在先秦时代，四川地区生活着巴、蜀两大部族，蜀人以今天的成都为中心，巴人以川东（包括现在的重庆）一带为活动范围，他们在这片土地上创造了灿烂的巴蜀文明，尤其是青铜器和玉器，以神秘奇异、制作精美的独特艺术魅力和地方特色闻名于世。

早期的巴蜀青铜器以广汉三星堆、新繁水观音及彭县竹瓦街等地出土的文物为代表。如，广汉三星堆两个商代祭祀坑出土的各类文物达千余件，其中有中国目前形体最大的青铜雕像群，最大的青铜立人像连座高达260cm以上，该像头戴高冠，身着华丽的"燕尾服"，浓眉大眼，尖耳宽唇，双手握成圆桶状，赤足而立；而最大的青铜面具高65cm，宽138cm，双眼瞳孔呈柱状外突，长度达16cm。笔者第一次见到该面具，就感觉到其是"千里眼，顺风耳"的真实再现。一、二号祭祀坑出土七十余尊铜人像、铜面具和人面像，造型生动，神态各异；高约384cm的青铜神树，枝干挺拔，树上硕果累累，并装饰有各种奇特的飞禽走兽及铃、牌、瑗等饰件，基座上还有跪着的人像，已具有早期"摇钱树"的雏形。又如，彭县竹瓦街窖藏出土的两批青铜器，计有罍、尊、觯、戈、钺、矛、锛等，特别是几件大青铜罍，铸造精巧，纹饰华美，堪称国之重宝。

战国中期以后的青铜器以新都马家乡和涪陵小田溪等地方出土的文物为代表，如新都马家乡出土的戈、剑、钺、削、凿、壶、罍、刀、锯、曲头斤、雕刀等，各以五件为一组，而敦、甗、盘、甑、豆等各为两件成组，反映了"但以五色为主，故其庙称青赤黄黑白帝也"的观念。

在巴蜀青铜器中，以各种青铜兵器、生产工具比较普遍，且最富有地方特点，常见的有短叶和长叶直箭有系环的矛、柳叶形剑，圆刃钺以及多种样式的戈等。在纹饰上，多以虎、蝉、虫、鸟等动物纹饰为主，有的表面常呈现不同颜色和形态的"虎斑纹"；很多青铜器上还铸有特殊的文字、手心、花蒂等纹饰符号的"巴蜀图语"，这也是其一大特点。在器形的组合上，巴蜀地区的青铜器也有自己的特点，其以各具特色的罍为代表，罍成了身份、地位、权力的象征，不似中原地区的青铜器以鼎、簋、尊、扁、壶、爵、角、觯等青铜礼器为代表。这些器物造型庄重、纹饰繁缛，具有威严、神秘之感，以动物和人像为题材的较少；而三星堆出土的青铜人像、人头像、人面具以及青铜神树造型的雕像群及制品在中原地区的青铜器中则几乎看不见。这些以祭祀为主体的青铜器，无疑更加丰富了中国青铜文明的内容，说明古蜀文明与中原文明是并行发展的，二者的文化有着各自的特点。

巴蜀地区出土的玉器，以大溪遗址、三星堆遗址和金沙遗址等地出土的玉器为代表，种类非常丰富，计有琮、璧、璋、瑗、圭、环、镯、矛、戈、钺、斧、凿、锛、斤、铲、戚、动物及人面像等等，其中琮、璧、璋、瑗、圭、环、戈之类，大都与祭祀活动有关；斧、凿、锛、斤、铲等玉石器又具有实用性；而玉石珠、管状等玉器起到装饰的作用。这些玉石器制作精美，加工技术精湛娴熟，打磨细腻规整，用料多样，不拘一格，与青铜器一样，都是巴蜀先民留给我们的非常珍贵的遗存。

公元前316年，巴和蜀这两个部族先后被秦所灭，巴蜀文化渐渐融入了中华民族的大家庭。古代巴蜀的历史，就是巴蜀先民认识、适应及改造自然，发展生产的历史，这段历史，既有本民族地域文化自身的特点，又有民族迁徙及与周围其他文化相互交流、影响与融合的印记。

为迎接2008年8月北京的奥运盛会，在奥运期间充分展示中华民族悠久灿烂的历史文化，首都博物馆推出了"长江文明展"和"中国记忆——5000年文明瑰宝展"，中国科技博物馆也推出了"奇迹天工——中国古代科技发明创造展"。为举办好这些展览，全国相关主要博物馆的精品都汇集于此。

四川作为文物大省，当然不能缺席这些展览。四川博物院作为巴蜀地区文物收藏数量最多、品种最全的大型博物馆，为此次展览提供了8件(套)馆藏的文物精品；三星堆博物馆选送了11件文物，而绵阳博物馆及遂宁博物馆则各提供了1件藏品。这些藏品是巴蜀青铜器、玉器、瓷器的代表，这些精品文物充分展示了巴蜀文化独特的魅力，为此次盛大的文物展览增加了一道亮丽的色彩。

一、在中国科技博物馆展览中的巴蜀文物

"奇迹天工——中国古代科技发明创造展"选中的巴蜀文物主要包括以下两件文物。[①]

（一）战国时期的水陆攻战铜壶

该藏品在1965年于成都百花潭出土，壶高40cm，口径13.4cm，腹径28cm，足高2cm（见图2-10-1），为战国时期的铜壶。壶是古人盛酒或粮食的器皿。商周时期的壶多为铜质，到汉代，方形的壶叫钫，圆形的壶叫钟。该壶为敞口，短颈，双兽形环耳，圆（深）腹，圈足。盖上有三个鸭形动物钮。

此壶最精美之处在于它的纹饰，壶身用三条凸纹从上往下分成四层图案：

第一层图案底部正中饰兽面纹，将图案分为左右两组。左边图有13人，三行列，上两行8人，面向右，手持弓，有的腰间佩有短剑，为"弓矢图舞"；下一层，人均跽坐，置鼎、案、觚等物，一人往鼎底加薪，作添火状。右图有14人，1人或2人一组，为"采桑图"，画面有桑树两棵，枝繁叶茂，采桑者皆穿长袍，有的戴帻，有的梳长辫，有的提篮上树采摘，有的在树下传递。其中有一个身材高大者，摆动腰肢，以舞蹈助兴（见图2-10-2）。人物虽然仅具轮廓，没有什么细部刻画，但通过人物的动态，我们可以看到一幅繁忙而欢乐的劳动场景，了解当时四川的农耕文化。

第二层主要表现宴乐喜庆的场面。左边为宴乐武舞图，分上下两层，上为宴饮，下层图挂有编钟和编磬，有4名乐师作举槌敲击状，旁有4人持矛，矛柄有3条饰带，作跳舞状。右边为弋射图，天空中飞行有群雁，有的已中箭落下，一部分人正忙于拾雁，另一部分人仍在张弓欲射。

[①] 遂宁博物馆提供的1件宋代龙泉青瓷罐也在中国科技馆展出，但由于该件文物系宋代瓷器，这里就不再赘述。

图 2-10-1 战国水陆攻战铜壶

图 2-10-2 水陆攻战铜壶局部

第三层为主图案，表现古代水陆攻防之战，也分左右两组，并分上下两层。右边上层为两军对垒，战旗猎猎，士兵手执长兵器，一人已被刺中倒下；下层为舟战，两条船似要撞上，一人已落水，可双方却还在全力划桨，表现战争的激烈和残酷。而左边的图案，为"步战仰攻图"，表现短兵相接的格斗场面。

第四层为狩猎图及相背的双兽组成的桃形图案。

在造型上，这件铜壶没有什么出奇之处，但壶身的精美嵌错纹饰，内容丰富，构图细腻，人物动态逼真，故事情节跌宕起伏、扣人心弦，是我们研究当时生产、生活、军事、兵器、舟楫、礼器、礼俗、服饰、建筑和工艺美术等方面情况的珍贵的实物资料。

该铜壶现藏于四川博物院。

（二）战国时期的虎纹斑铜戈

该铜戈为 1980 年新都马家乡出土，馆藏名称为兽面纹三角形戈，虎纹斑戈为俗称，主要是指该铜戈器身上布满了斑斑点点的银色花纹，像虎纹一样（见图 2-10-3）。《中国工艺美术词典》对铜戈是这样描述的：古代兵器中的一种"勾兵"，用于钩杀。由铜制的戈头、木或竹柲，柲上端的柲冒和下端的铜鐏四部分构成。此件铜戈只有戈头，戈头的每一部分都有专用名，如刃部称"援"，援末转折而下的部分称"胡"，嵌入木柲的部分称"内"，援末和胡上穿绳缠柲的小孔称"穿"等。戈的流行时间比较长，从新石器时代开始出现，一直到战国时期都作为主要兵器被使用。商代戈有三种形式：直内戈、曲内戈、有銎可以插柲的戈，一般没有胡。商末出现有胡的戈。西周的戈多短胡，有一穿至二穿。春秋战国的戈多有三至四穿，更便于固定在柲上，同时援变得狭长而扬起。该铜戈长 29.4cm，栏宽 13.2cm，厚约 1cm，援基有二穿，脊一圆穿，内一长穿，装上木柄后，以便捆扎固定；戈的两面铸造有饕餮纹，内首有虎口纹。至今该铜戈依然锋利无比，从该戈的尺寸、分量来看，应为实用兵器；戈身上的银白色亮斑俗称虎纹斑，应是采用了一种淬火工艺后形成的，它保证了该铜戈历两千多年而不锈蚀，让我

图 2-10-3　虎纹斑铜戈

们不得不惊叹我们的祖先在科学技术上的伟大创造。

该铜戈现藏于四川博物院。

二、在首都博物馆展览中的巴蜀文物

首都博物馆举办的"中国记忆——5000 年文明瑰宝展"和"长江文明展"展出的巴蜀文物包括以下几件。

（一）西周时期的兽面饰象首耳青铜罍

这是一件国宝级的重器，该铜罍通高 74cm，口径 21.8cm（见图 2-10-4）。罍是古代用来盛酒或盛水器皿，《诗经·卷耳》中有这样的记载："我姑酌彼金罍。"其意思是说："且先斟满酒在那青铜罍里。"金罍指的是青铜罍，说明罍是盛酒用的。《仪礼·少牢馈食礼》中有"司空设罍水于洗东，有枓"的记载，说明罍还具有盛水的用途。根据目前的资料考证，罍于商代晚期出现，流行于西周和春秋。在造型上，罍有方形和圆形两种，方形罍宽肩，两耳，有盖；圆形罍大腹，圈足，两耳，有的也有盖。两种形状的罍通常在一侧下部都有一个穿系用的鼻，方形罍一般为商代器，圆形罍在商和西周都有。

在青铜器铸造工艺方面，古蜀人主要采用了两类方法：一是浑铸法，即多范合铸，一次成型；二是分铸法，对大型铜像和器物分步浇铸成型；蜀人对这两类技术的掌握和运用都达到了非常娴熟的程度。此外，还采用了热补、焊接等技术。在运用这些铸造技术的过程中，有匠心独运之举，如在处理范的合模时，常巧妙地将两范合缝处留在扉棱的中部，这样既遮盖了合范时出现的缝隙，又增加了器物的美观度。这种纹饰的制作处理是非常高明的，达到了很好的艺术效果。

该青铜罍器身的肩部、腹部之间饰有两个立体的长鼻象头耳，两耳之间和一面腹下各饰一立体象首。自颈部至圈足，由四道高耸的扉棱将器体分为四等份，其间分别饰四组相同的纹饰。盖部顶端装饰有四道与器体相对应的鸟形扉棱，扉棱之间装饰有蜷身夔龙，以扉棱为鼻，云雷纹为地。整件器物纹饰繁缛、华丽而神秘，青铜绿锈（俗称绿漆古）坚硬光洁，给人以强烈的视觉震撼。

图 2-10-4　西周象首耳青铜罍

（二）西周时期的兽面纹羊头环耳青铜罍

该罍通高 50cm，口径 17.5cm，腹径 23.9，足径 18.8cm，直口，敛颈，腹身鼓圆，下收接于圈足，肩上饰怪兽，头形双耳，各加系一扁环。双耳间饰有立体羊头（见图 2-10-5）。腹下另饰一兽形小耳，全器花纹对称，腹部为大兽面纹，空白处亦以雷纹为地。器盖呈复置深盘，盘上饰一条立体怪龙。

图 2-10-5　羊头环耳罍

（三）西周时期的人面牛纹大铜罍

西周时期的人面牛纹大铜罍，通高79cm，腹径41cm，牛首环，腹饰羊头（见图2-10-6）。罍盖顶端浮雕四面人形面容，造型纹饰犹如头上戴冠的人面，与广汉三星堆青铜大立人的头饰有几分相像（见图2-10-7），使人猜测它们之间是否存在某种联系。盖身逆时针饰前蹄下跪、侧面同向的四个牛纹，罍双耳为圆雕牛头形，而牛身一分为二饰于肩两侧，两牛尾之间再饰一牛头，腹下另饰一小牛头形耳。所有的牛纹都采用比较写实的圆雕或高浮雕塑造；值得一提的是，从牛角造型特点看，所饰之牛，有一对弯曲的大牛角，当为四川地区耕田的水牛。由于该罍装饰的牛纹较多，因而可将该罍称作牛纹罍。全器除主图外，没有其他纹饰，器身素洁，翠绿亮润，如翡翠一般，整件器物制作精美，简洁大气，不愧是巴蜀青铜器的代表，国之重器。

图2-10-6　人面牛纹大铜罍

图2-10-7　人面牛纹大铜罍

（四）西周时期的羊首六涡纹青铜罍

该罍高69.5cm，口径24cm，腹径36，圈足径26cm，直口敛颈，腹身鼓圆，下收接于圈足，器身四面皆有立棱，肩上有立体羊头饰的对称双耳，腹下有一兽头形小耳，肩上环列六个圆涡纹凸泡，泡上凸饰着四合旋涡纹。盖作半圆球形，盖顶为圈足形把手，盖四面亦有立棱，形似复豆形，盖上亦饰着凸四合旋涡纹（见图2-10-8）。

以上四件铜罍均于1959年在彭县竹瓦街出土，现均藏于四川博物院。

图2-10-8 六涡纹青铜罍

（五）战国时期的错金银编钟一组

该编钟为1972年涪陵小田溪一号墓出土。编钟由大小不一的十四枚铜钟和十八件铜附件组成。（见图2-10-9）

成组编制的乐钟称编钟，出土的编钟数量一般从三枚到数十枚一组不等，最多的是十六枚一组的编钟。《周礼·春官·小胥》记有："凡县钟磬，半为堵，全为肆。"郑玄注释："钟磬者，编县之，二八十六枚而在一虡谓之堵。钟一堵，磬一堵，谓之肆。"四川地区出土或文献记载的编钟有多种编制，如1945年新津曾出土的虎纹铜钟为三枚；酉阳、彭水（现为重庆市管辖）出土的绳纹扁钟也是三枚；成都百花潭出土的宴饮武舞铜壶图像上的编钟为四枚制；新都马家乡战国土坑墓出土的编钟为五枚制；会理黎溪出土圆肩式编钟为六枚制；绵阳永兴镇汉墓出土明器编钟为七枚制，而同样是涪陵文庙遗存的编钟是九枚制。当然，最珍贵精美的当属此次展出的涪陵小田溪出土的十四枚制编钟。

图 2-10-9　战国铜编钟

宋代的陈旸在其《乐书》中描述:"古者编钟大小异制,有倍十二律而为二十四者,大架所用也;有倍七奇而为十四者,小架所用也。"该组编钟应是陈旸所说的"小架所用者"。它由十四个大小递减的错金银铜钟组成,每个铜钟用一个单独的穿钉插销固定在长方体木架上,安装编钟的木架在出土时已腐烂,所幸的是组合木架的四个虎头铜构件仍在。该钟体成合瓦状,采用浑铸法而成,长方形环钮,乳钉按三层三行排列,每行三枚,共 36 枚,通体刻有花纹,纹饰精美,特别是其中的八件钟,在于部、钲部、鼓部有错金纹饰,鼓部蟠龙纹、旋涡纹、绳纹作地纹,钲部饰旋涡纹、三角纹等(见图 2-10-10),造型纹饰颇具巴族风格。虎头饰件的虎眼镶嵌黑色宝石,至今仍光亮夺目(见图 2-10-11),虎头全身以错银装饰,显示出我们的祖先早在三千多年前就拥有的很高的制造工艺水平。

该编钟现藏于四川博物院。

图 2-10-10　编钟

图 2-10-11　编钟附件

（六）商青铜人首鸟身像

该青铜像于1986年在三星堆二号祭祀坑出土，像高12.2cm，宽4.5cm，（见图2-10-12）整个铜像右边残缺，头戴竖耳冠，中空；大眼大耳，耳有一孔，隆鼻阔嘴，身躯前部用内外两条深圆形凹线刻划，外圆线上端收成尖，下身为鸟形爪，站立在花瓣上，肩侧有云纹状饰物，该像威严神秘，应是神树上的饰物。

三星堆遗址是古蜀国都邑的所在地，它的发现将蜀国的历史前推了两千多年，填补了中国考古学、青铜文化、青铜艺术的诸多空白。三星堆遗址的发现是一次考古史上的重要发现，它昭示了长江流域与黄河流域一样，可被誉为"长江文明之源"。特别是在其中两个祭祀坑出土的青铜器中，除青铜容器具有中原殷商文化和长江中游地区的青铜文化风格外，其余器物的种类和造型都具有极为强烈的本地特征，是以往所没有发现的，这些青铜器的出土首次向世人展示了商代中晚期蜀国青铜文明丰富多彩的面貌。

该青铜像现藏于三星堆博物馆。

图2-10-12　铜人首鸟身像

(七)商代青铜鸟

该青铜鸟高27.7cm,宽16.2cm(见图2-10-13),圆筒形座上立一鸟形物,尖啄,嘴尖有一孔,大眼,翘尾,鸟背有一片屈曲向上的三叉羽,同人首鸟身像一样,应是神树上的附件。

该青铜鸟现藏于三星堆博物馆。

图2-10-13 青铜鸟

（八）商青铜人面具

该面具高 25.5cm、宽 40.2cm、纵深 45.5cm（见图 2-10-14），粗眉大眼、杏叶形眼，直鼻梁、蒜头鼻，嘴微翘，而嘴角下勾，面具侧面上下各有一方孔，可能是祭祀时用作固定之用，两耳下垂且有一小凹圆。

该面具现藏于三星堆博物馆。

（九）商代青铜跪坐人像

该跪坐人像通高 12cm，宽 5.9cm（见图 2-10-15），头戴竖耳帽，面部造型与其他人面具相仿，为宽眉、大眼、直鼻、阔嘴；上身着对襟长袖衣，腰系两周腰带，双膝相靠跪地，两手抚于腹部前。根据该铜像的衣着打扮和造型姿态来推断，其可能是一个奴隶的形象。

该跪坐人像现藏于三星堆博物馆。

图 2-10-14　青铜人面具

图 2-10-15　青铜跪坐人像

（十）四尊商代青铜人头像

这四尊青铜人头像均为二号祭祀坑出土，其中一件戴金面罩青铜人头像（见图 2-10-16），高 41cm，宽 18.8cm，进深 12.8cm。另一件像（见图 2-10-17）高 51.6cm，宽 23.8cm，为圆头顶，头上盘辫在后脑左上成月字形，发际线至耳根，两耳垂各有一小孔，宽眉大眼，直鼻梁，阔嘴，两嘴角向下勾；另外两件一个通高 42.5cm，宽 19.8cm（见图 2-10-18），一个通高 36.6cm，宽 17.3cm（见图 2-10-19），均为平顶头，宽眉杏叶形大眼，直鼻阔嘴，两耳垂同样有一小孔，长发梳成辫垂直贴于脑后直达颈部。三星堆出土的青铜人头像数量较多，光二号祭祀坑就出土了 54 尊，很多头像的造型、发式都不一样，可能是在表现当时的社会成员之间身份和社会地位的不同。

这四尊青铜人头像现均藏于三星堆博物馆。

图 2-10-16 金面青铜人头像

图 2-10-17 青铜人头像

图 2-10-18 青铜人头像

图 2-10-19 青铜人头像

（十一）新石器时期的人面形石雕

该人面形石雕于1959年在现重庆巫山大溪新石器文化遗址出土，年代约为公元前4400年—公元前3300年。石雕高6cm，宽3.6cm，厚1cm，整个石雕为黑色椭圆形火山灰岩，上端有两穿，其中一穿有缺，两穿的作用应是方便穿绳用以佩戴，石雕中部的两面各以人的面部外轮廓线雕刻凸出，嘴、鼻凸出而脸部凹陷，眼眶挖成圆形，留出眼仁，雕刻手法拙朴，人面神情恬静含蓄（见图2-10-20）。

大溪文化遗址主要位于长江瞿塘峡南侧，1959年和1975年曾进行了3次发掘。而分布在长江中上游一带，东起鄂中南，西至川东，南抵洞庭湖北岸，北达汉水中游的文化遗存，与大溪遗址出土的遗物具有相同的特征，这种有别于其他文化的考古学文化，被称为大溪文化。大溪文化的发现，揭示了长江中上游的一种以红陶为主，并含彩陶的地区性新石器时代文化遗存。

这里有个问题可提出来讨论，就是这件石雕到底是"人面"还是"狮面"。由于该石雕尺寸较小，目前的命名源于该雕刻初看恰似一张"人的面部"，认为是小孩的玩耍之物，所以，石雕上才有很多小孩玩耍留下的"划痕"。将其放大仔细观察后，我们发现人面周围看似杂乱无章的"划痕"，其实是有规律的波浪线，其围绕整个面部一圈，明显是有意刻划上去的，也恰恰是这些看似不起眼的划痕，与面部组合后整体来看，很像狮子的头部正面，划痕线条表现的可能是狮子头部周围蓬松的毛发，因此，这件藏品可能是狮面石雕或"兽面石雕"。一家之言，仅供讨论。

该石雕现藏于四川博物院。

图2-10-20　人面形石雕

图 2-10-21　玉泡形器

图 2-10-22　玉矛

图 2-10-23　玉斧

（十二）新石器时代晚期玉器三件

这三件玉器均于 1997 年在广汉仁胜村出土，其中玉泡形器（似为玉璧）直径 6.14cm，厚 1.1cm，（见图 2-10-21）；玉矛，长 9.4cm，宽 2.2cm（见图 2-10-22）；玉斧，残长 8cm，宽 3.9cm，厚 0.9cm（见图 2-10-23）。这三件玉器，器形都不大，没有雕刻花纹，但磨制得比较光滑精细。

许慎在《说文解字》中载："玉，石之美。""玉"字最早见于商代甲骨文和钟鼎文中。巴蜀地区出土的玉器，除前面谈到的巫山大溪文化遗址出土的外，成都金沙遗址和广汉三星堆等地出土的玉器也极富鲜明的地域特点，其材料有的来源于汶川龙门山一带，有的是就地取材，表明了其用料的多样性。其材质种类广泛，经过岩矿型鉴定，除有软玉、碧玉、琥珀、玛瑙外，还有阳起石蛇纹石岩、阳起石角岩、阳起石透闪石岩、蚀变白云大理岩、白云质板岩、硅技板岩、蚀变灰绿岩、蚀变基性岩、陂嵝石岩、片麻岩、安山玢岩、石英片岩、角砾岩、石灰岩、灰长岩等数十种岩矿。在器物造型上，其既有本地域的文化特点，也应与周围地区文化有相互影响。

这三件玉器现均藏于三星堆博物馆。

图 2-10-24　绵阳博物馆藏摇钱树

（十三）东汉摇钱树

到了汉代，巴蜀青铜器除部分造型、纹饰还保留有一些地域特点外，绝大部分已融入了华夏文明。该摇钱树于1990年在绵阳何家山汉墓出土，通高198cm，整体由红陶座和青铜树身等共二十九个部件衔接扣挂而成（见图2-10-24）。摇钱树可分七层，顶层饰凤鸟；其下二层的干与叶合为一体，饰有西王母、力士和璧等图案；下部四层插接二十四片枝叶，向四方伸出，饰有飞龙、朱雀与犬、象与象奴、朱雀与鹿以及成串的钱币等图案。树干直径约1cm，叶片最长约15cm，最短为10cm，每片树叶厚约2mm，树高度在100cm左右，为三向八枝。所谓三向，即摇钱树枝干被分为三层共八片枝叶，呈对称分布。

摇钱树的树座多数为山型座，上塑神仙瑞兽，称为"宇宙山"或"仙山"，是众神仙活动的地方。摇钱树是由汉代早期西南地区的人们对宇宙、生命等的认识演变而来的。在汉代人的心目中，要想进入天堂仙界，就必须借助仙人的力量，通过仙山、神树抵达仙界。摇钱树上的西王母及众神表明了摇钱树是以一种宗教崇拜出现的。西王母的传说相当古老，西汉时，西王母已成为能赐人长寿的美貌女王；东汉时，西王母传说在民间广泛流传，其发展成

图2-10-25 四川博物院藏摇钱树

了一位慈祥的女神,成为昆仑山的主人,秦始皇求仙于海,而汉武帝求仙于山,其一心奢望能羽化成仙。受此影响,社会上层把昆仑山一切美好的景物糅合为自己崇拜的偶像,塑造出稳重大方、玲珑剔透、工艺精湛、造型独特的青铜摇钱树,表现出人们对平安幸福的神仙生活的向往,包含长生不老、羽化成仙、辟邪祛灾、生殖繁衍、灵魂归宿的思想观念。

四川博物院也藏有一件东汉时期的摇钱树,虽然该摇钱树只有五层,但因树冠朱雀衔珠的造型及叶片纹饰的丰富内容,更显精美华丽(见图2-10-25)。该摇钱树现已被国家文物局列为禁止出国展览文物。

第十一章
龙桥与龙文化

龙是中华民族的图腾，早在仰韶文化时期龙的造型就已经大量出现。关于龙的故事与传说一直伴随着我们这个民族的发展，我们自诩为龙的传人，这个在自然界中找不到的虚拟"动物"，已经深深地渗入这个民族的生活与文化之中。

四川南部的一隅，有一个盛产美酒的地方，其中有一个县叫泸县，面积不过1500余平方公里，却散落着大大小小170余座古代的石板梁桥和石拱桥。这些石桥中现存最早的为明代所建，晚的可到清末。所有的桥都是用当地的一种砂岩石雕砌而成的，所用材料大的近十吨，小的也有一两吨重。按道理，明清时期遗留下来的石桥国内还是比较多的，没有什么值得惊奇的，但这一地区的桥比较特别，主要体现在桥墩两端雕刻了大量巨型的石龙、石狮、石象和石麒麟等动物，以石龙的造型居多，且数量庞大，因此，当地人把这些雕有龙的形象的石桥统统称为"龙桥"。

该地最有名的"龙桥"应该是"龙脑桥"（见图2-11-1）。该桥建于明洪武年间，因河中有一天然龙形石和桥的附近以前建有龙脑寺而得名。1986年，第一次全国文物普查时其被发现，旋

图2-11-1　泸县龙脑桥全景

即列为国保单位。该桥为石板桥，由十二个桥墩组成（不含桥头），其中的八个桥墩上，圆雕了龙、狮、象和麒麟等四种动物，个个体量巨大，雕工精美，气势恢宏，无一雷同，如此规模的古代石桥，在国内较少见。尤其是其中石龙的造型，体量最大，隆鼻凸眼，曲颈卧云，临于水上，雕刻细腻生动，手法娴熟，整尊石雕成的龙头显得厚重而威猛（见图2-11-2）。有人把龙脑桥与河北的赵州桥、北京的卢沟桥相媲美，就是因为该桥有如此众多而精美的龙头石雕。

其他的龙桥各有特点，如建于明万历年间、清宣统时期又维修过的"顺对大桥"，为十一孔石板桥，桥中部的四个桥墩上雕刻有龙头及龙尾，四个龙的造型基本一致，只是在细部的花纹上略有不同，龙头保存完好，雕工精湛，体现了明万历时期的典型艺术风格（见图2-11-3）。桥的正中，在石板梁侧还阴刻有"龙藏蛟伏"的文字及宝剑一把。

图2-11-2　龙脑桥的龙头

图2-11-3　顺对大桥的龙头

"永济桥"和"江安桥"分别建于清康熙年间和清同治年间，桥墩上雕的龙头很有特点，前者隆鼻突凸上翘，大嘴微张，显得温文尔雅；后者龙头微抬，嘴咬合而唇翻翘，鼻梁成凸脊状，并与额头连成一体，显得奇特怪异，与我们平常所见龙头区别较大，但含蓄中透出威严之势（见图2-11-4、图2-11-5）。这两座桥上雕刻的龙头都略显温顺安静，与另外一座"龙灯桥"上的龙雕（见图2-11-6）相比，其风格大相径庭。龙灯桥的石龙，雄健而威猛，造型上，张口怒目，身躯弯曲成"S"状，动态十足，给人以其可随时腾云驾雾而去的感觉。

图2-11-4 永济桥的龙头

图2-11-5 江安桥的龙头

图2-11-6 龙灯桥上威猛的龙头

其他还有"苦桥子桥""万寿桥""龙洞桥""鸿雁桥""白鹤桥"等，其上的石龙雕刻各有特色，就不再一一赘述了。

泸县这个地方为什么会出现如此之多的龙雕石桥呢？这与泸县的历史和文化分不开。泸县，至今已有2200多年的历史，西汉在此设置了江阳郡，所以，泸县古时称江阳。从当地出土的东汉时期的石棺上,能看到大量龙的形象(见图2-11-7)。而当地出土的宋代石刻,数量之庞大,雕刻之精美,内容之丰富,让人目不暇接,仿佛是一部宋代风俗画卷。这些宋代石刻中,有各种造型、式样的龙,或矫健或威猛,或蛰伏或奔腾,在雕刻艺术的表现上,有高浮雕、浅浮雕,也有线刻的,但不论是哪一种,其艺术表现力都非常强,显示出高超的石雕技术(见图2-11-8、图2-11-9),是研究宋代社会、经济、军事、民俗、历史和艺术的宝库。泸县不愧为"石雕之乡"。

有意思的是,当地民间还流行一种"龙舞",这种龙舞中的龙头的造型与"龙脑桥"上的龙头极其相似,只不过这个龙头是彩绘的。这种龙舞被当地人称为"雨坛彩龙",

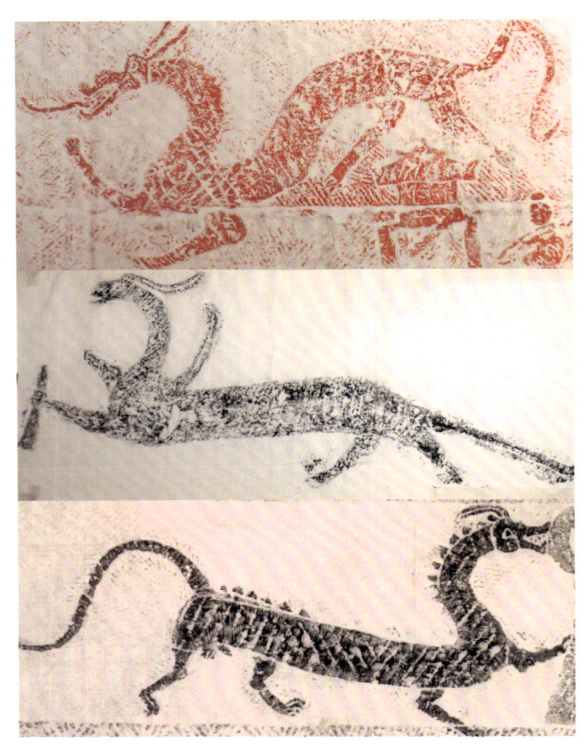

图2-11-7　东汉画像石棺上的青龙拓片

图2-11-8　泸县宋墓石刻上的青龙浮雕

图2-11-9　泸县宋墓石刻上的青龙浮雕

在明清时期就已经很流行，主要是为了祈祷风调雨顺、吉祥如意（见图2-11-10）。龙舞主要表现龙的性格，是人文情感的传达，讲究的是人与龙的情感交融，表演时气势磅礴，有"东方活龙"之称，已被列入中国非物质文化遗产。

除了上述人文景观以外，该县城不远处还有一座玉蟾山，山岩石壁上雕凿有四百余尊明代摩崖造像，其中，就有佛教传说中的"九龙浴太子"的形象。在自然景观上，此地还有川南第一湖之称的"玉龙湖"等。由此可见，泸县这个地方出现如此多与龙有关的文物和文化现象，说明这里的龙文化是有其历史渊源和群众基础的。而且这些龙大多都是用当地产的一种砂岩石雕刻而成，这种材料易获取、好雕刻，是比较理想的建筑材料和雕刻用料。难怪泸县的龙文化延绵传承上千年，享有"中国龙文化之乡"的美誉。

图2-11-10　雨坛彩龙

第十二章
康熙十二月花卉杯研究

　　创烧于清康熙年间的青花五彩十二月花卉诗句杯，每个酒杯上分别绘制有一种花、一句诗，代表一年十二个月中的某个月，组成一套十二只的仰钟式酒杯。这种花卉杯集诗、书、画、印等为一体，制作精细，胎薄瓷白，晶莹欲透，绘图雅致，色彩淡雅，烧造技术高超，后世多有仿制，是研究和了解康熙时期制瓷、绘画、题诗、钤印等难得的实物资料。十二月花卉杯历来有不同的排序，个别月份还有不同的花卉定名。本文以实物为依据，结合花卉杯上的诗句内容等其他资料重新考证，提出新的定名和排序，并从烧制工艺、后世仿制等多方面进行较为系统的考证研究。

　　康熙年间烧制的十二月花卉杯，因每种花相对应一个花神，也称十二月花神杯，是一套十二只仰钟式青花五彩薄胎白瓷酒杯，其制作精细，杯体轻巧，胎薄如纸，晶莹欲透，制作技术要求很高，烧造难度大，达到了只见其釉而不见其胎的程度。其表面绘图雅致，色彩淡雅，每个杯都用青花料题有一句诗，并钤一青花"赏"字方印，流传于世且能成组成套的花卉杯已不多见。

　　说到十二月花卉杯的创烧，不得不提一下清代汪灏编写的《广群芳谱》和郎廷极这个人。康熙四十七年（1708），汪灏等人奉康熙帝之命，以明人王象晋编的《群芳谱》为蓝本，编撰出《广群芳谱》一书，全书共100卷，主要记载有关植物栽培方面的内容，在花卉类中不但记述了每种花卉的形态特征，还附有与之有关的历代传记、题跋和诗词等内容。这部书为以花卉诗句组合的五彩瓷十二月花卉杯这一新品种的出现奠定了理论基础。而在康熙四十四年（1705），康熙任命郎廷极为江西巡抚兼任景德镇御窑督陶官，郎廷极在任时，仿古创新，创烧了很多风格各异的新品种，使康熙官窑的烧造达到一个顶峰，习惯上将这一时期御窑烧制的瓷器称为"郎窑"瓷。"郎窑"瓷除了著名的瓷器品种"郎窑红"外，还有郎窑仿成化的脱胎白釉器和青花瓷等成功之作，为十二月花卉杯这种体轻胎薄、造型俊秀的瓷品奠定了技术基础。郎廷极不仅熟悉制瓷技艺，同时也是一个对酒文化颇有研究的专家，著有《胜饮编》等书，在书中他对饮酒器、酒令及饮酒习俗等，都进行了较为详细的记载。因此，《广群芳谱》一书的出现，加之同时代有既是烧瓷高手又对酒颇有研究的郎廷极，在机缘巧合下，促成了十二月花卉诗句杯的烧制成功。

　　从现存的花卉杯来看，康熙年间在景德镇窑烧造的十二月花卉杯，除了北京故宫博物院有几套外，在20世纪50至80年代，曾由故宫博物院调拨一批给地方博物馆，湖北省博物馆、天津博物馆、河南博物院、云南省博物馆和开封博物馆等都有成套或部分的五彩十二月花卉杯，南京博物院还有一套青花的十二月花卉杯。而四川博物院现藏的一套完整的十二月花卉诗句杯，就是20世纪50年代故宫博物院所调拨的。

一、十二月花卉杯的排序和纹饰、题诗

十二月花卉杯中个别花卉的名称和排序,因南北气候、地域等的差别而有所不同,如有的称十二月花神杯;针对迎春花、杏花等,有的文章里把这两种花介绍成玉兰花和芙蓉花;在月份上,有把水仙花或梅花排在一月的,把杏花排在十一月的。现根据花卉杯上的题诗内容,按照乾隆时期承德避暑山庄内所建的花神庙里供奉的十二花神排序,以及农历纪年法等因素,笔者认为十二月花卉的名称和与之相对应的每个月,应以下列排序较符合实际;此外,对每个花卉杯上的纹饰、诗句等做一简要描述考证。

(一)一月迎春花

迎春花也称报春花,把该花卉杯列为十二花卉杯之首,主要理由有三:第一,杯上的题诗选自白居易的《玩迎春花赠杨郎中》,诗的标题已经点明了"迎春花"三字,而非别的花,因此,十二种花卉杯里至少"迎春花"应占一席之地;第二,按照承德避暑山庄花神庙里供奉的十二花神排序,迎春花为第一位;第三,从农历纪年和花期来看,正月(春节)是迎春花的花季,迎春花此时开放符合该植物的自然生长规律,现实生活中,我们有谁在春节前看见过迎春花开放?所以,把迎春花排在第一位是最合适的。

该杯纹饰以青花或绿茵覆地,并有黄花叶作饰,两株盘根错节的花枝斜上而出,以黑彩线勾出树干,内填棕彩,树上几朵黄花点缀,预示春的到来(见图2-12-1)。题诗为白居易《玩迎春花赠杨郎中》的前两句:"金英翠萼带春寒,黄色花中有几般。"

(二)二月杏花

该杏花花卉杯以青花和绿釉在树根处绘出草茵、山石,用黑色勾勒出呈"S"形的树干,内填棕色,老干新枝上已有花朵盛开,还有的含苞待放,全树花叶稀少,略施淡绿,红花绿叶,给人以清新、淡雅的感觉(见图2-12-2)。题诗为钱起的《酬长孙绎蓝溪寄杏》中的两句:"清香和宿雨,佳色出晴烟。"

图2-12-1 迎春花花卉杯

图2-12-2 杏花花卉杯

有的文章里将杯上的杏花称作芙蓉花，其实，只要看一下该诗的诗名，也就不会出现误把杏花当芙蓉的情况了。

（三）三月桃花

"人面桃花相映红"的桃花杯，主题纹饰为一株粗壮的桃树，树干、树叶用黑色勾出边线，用细密的短线画表现树皮的纹路，线条硬朗，树节采用粗线条勾画，浑朴拙厚，树干弯曲伸展向上，自然流畅（见图2-12-3）。树身用赭石色平涂，用色浓淡有致，表现出嫩枝与老干的色泽和质感，桃叶细长且尖，填色准确自然并有色泽变化；桃花勾线填色，花蕊用红线勾出，没有任何漫溢，树根处用青花覆地，几片落下的桃花瓣点缀其间，更显脱俗，体现出"落花流水春去也"的意境。在纯白的釉面上，昂首怒放的花朵和含苞欲放的花蕾，在绿叶的陪衬下相映成趣，整幅画面色调淡雅，线条细腻流畅，真实地再现出自然界的勃勃生机。题诗为唐代薛能《桃花》诗中的两句："风光新社燕，时节旧春农。"

现藏于河南博物院的五彩十二月花卉杯，以及部分文献资料记载的一些十二月花卉杯，有把"风光"写成"风花"、"社燕"写成"杜燕"或"社莺"的情况。

（四）四月牡丹花

富贵逼人的花中之王牡丹花，以国色天香著称。该牡丹花杯的纹饰以覆地绿茵，青花绘成山石，用黑彩画花的主干，内填棕彩，青花绘枝干，以红、黄、青花三种色调绘制盛开的牡丹花，绿叶扶疏，花团锦簇，给人以繁花似锦之感（见图2-12-4）。所题诗句为唐代诗人韩琮的《牡丹》里的"晓艳远分金掌露，暮香深惹玉堂风"两句诗。

从目前发表的有关资料看，也有个别牡丹花杯把"晓艳"写成"晓月"、"暮香"写成"暮夜"、"玉堂风"写成"玉堂春"的情况。

（五）五月石榴花

寓意多子多福的石榴花杯，以青花覆地，配几株棕、绿和黄色的小花草，主图绘一棵黑色树干

图2-12-3　桃花花卉杯

图2-12-4　牡丹花花卉杯

的石榴树，树上花果累累，红花绿叶相映成趣（见图2-13-5）。杯上所用题诗为孙逖的《同和咏楼前海石榴二首》之中的"露色珠帘映，香风粉壁遮"两句诗。

（六）六月莲花

寓意出淤泥而不染的"清水芙蓉"莲花杯，以青花描绘出水纹，以绿釉绘荷叶、水草，荷叶有的在水面漂浮，有的挺立水面之上，荷花用红彩描绘；左上用红、黑、青花、绿釉四色绘制的一飞鸟作向下俯冲状，水中一对水鸟（水鸭或鸳鸯）作追逐状；一支莲蓬高高斜出，画面清新雅致（见图2-12-6）。所配题诗为唐代李群玉《莲叶》诗中的"根是泥中玉，心承露下珠"两句。

（七）七月兰花

寓意君子的兰花杯，以青花作地饰，黑色勾勒花叶边线，内填黄、绿彩，开放的兰花有绿有黄，自然典雅，几簇兰草中有青花枝条突出在花叶之上，显得清香淡雅（见图2-12-7）。杯上题诗为唐代李峤所作《兰》中的两句："广殿清香发，高台远吹吟。"在以后烧制的杯上的题诗有把"清"写成"轻"，把"吟"写成"饮"的情况。故意把"清"改为"轻"，有可能是避讳大清的"清"字。

（八）八月桂花

有沁人心脾之感的桂花杯，以青花、绿草作地饰，草旁用黑色勾绘一只两耳竖立的兔子（见图2-12-8）。黑色线勾勒树干，棕色晕染，以黑线绘出叶片、花朵，绿叶中夹杂一簇簇小点的淡黄色桂花，

图2-12-5　石榴花花卉杯

图2-12-6　莲花花卉杯

图2-12-7　兰花花卉杯

图2-12-8　桂花花卉杯

花心用黑点作饰。杯上题诗为唐仅李峤所作《桂》中的"枝生无限月，花满自然秋"两句。

（九）九月菊花

《瓶史月表》把菊花列为九月花之盟主，把山茶、秋海棠当作它的"奴婢"。此杯以菊花为主题纹饰，点缀以山石、蝴蝶，构图疏朗，富有层次感；菊花主干细长且枝条挺立富有弹性，菊叶绘制细腻，花瓣层层叠叠，花朵饱满，以红、黄、褐色和青花填色（见图2-12-9）。用青花绘有两只在半空翩翩起舞的蝴蝶，一只用黑线勾勒、黄色填彩的蝴蝶似要降落在青色的花朵上，一青花枝条贯穿其间；画面生动自然、惟妙惟肖。杯上诗句为唐代罗隐所作的《菊》中的两句诗："千载白衣酒，一生青女霜。"

有的菊花杯上，把"千载白衣酒，一生青女霜"两句中的"千载"写成"千岁"，"一生"写成"一身"，"霜"写成"香"或"衣"。诗中"白衣"为平民之意，"青女"则是神话中的霜雪之神，原文"青女霜"被写成"青女香"，可能是制作者误解了"青女"本意。另外"千载"有时也会被误写作"千岁"。

（十）十月月季花

月季花卉杯，以青花、黑点覆地，施淡淡的浅绿色，山石以青花绘就，浓淡适宜，沉郁秀浑，黑线勾勒成花枝、花叶，细细的花茎委婉有力（见图2-12-10）。其枝叶上填绘绿彩，花朵形态各异，两只蝴蝶左右环绕着一朵盛开的红色月季，一只青花绘就的蝴蝶在半空中翩翩起舞，平添了画面的自然与动感。题诗为："不随千种尽，独放一年红。"诗句出处不详，有可能是汪灏自撰，待考。

（十一）十一月梅花

对于"梅花香自苦寒来"的梅花，自古以来文人雅士便不吝赞美之词；对梅花品格的认同与钟爱，已经深入中国文人的骨髓。该杯画面中的树干、花枝、草叶轮廓以黑彩勾勒，以褐彩或绿、黄色填绘；近底处以青花覆地和描绘山石，梅花树后及树旁，配以葱郁的翠竹和兰花，以竹之节、兰之香、

图2-12-9　菊花花卉杯

图2-12-10　月季花花卉杯

梅之傲，表现物以类聚，君子之风（见图 2-12-11）。其构图疏朗大方，画面自然淡雅，仿佛有暗香浮动，颇有文人画的风骨。题诗为唐代许浑所作《闻薛先辈陪大夫看早梅因寄》中的"素艳雪凝树，清香风满枝"两句诗。

有的文章把梅花杯排在一月或十二月，在称呼上有的直接写成蜡梅花，一看便知是没有仔细看过酒杯上的诗句。此处笔者把梅花排在十一月，主要原因是该花卉杯上的题诗咏的是"早梅"，而非"腊梅"。在季节上，农历十一月应是梅花刚刚开放的时节。农历的十一月比公历 11 月要晚一个月左右，一般情况下，在 12 月（公历）的时候，街上已经能看见卖梅花的了，所卖的梅花应是早梅。再一个理由是，如果把一月的迎春花放在十一月或十二月都早了点，花期不对，而把十二月才开花的水仙花放到十一月早了点，花期也不合适。由于梅花的品种较多，花期也就相对较长，在这三个月里都能观赏到，诗中既然称"早梅"，另两个月又"名花有主"，也就只有"委屈"梅花排在十一月了，这也符合杯上所题的诗。

（十二）十二月水仙花

在水仙花花卉杯中，作为花中雅客的水仙花，生长在青花绘成的山石旁，青花发色艳丽，体现出浓淡深浅的层次感；用黑线先勾勒水仙边线，水仙的叶片细长飘逸，花朵或开或闭点缀其间，再涂以绿、黄釉料，倍显雅致；一朵四季开放的红色月季花从青花山石后斜出，线条流畅自如，清淡素雅的一点红，似为神来之笔，更加衬托出凌波仙子的典雅素洁（见图 2-12-12）。

春节的时候，很多家庭都会在屋里摆放一盆盛开的水仙花，清新脱俗，暗香浮动，殊不知此时的水仙花，在十二月的时候就已经含苞待放了，所以，把水仙花定在十二月是符合自然规律的。

杯上题诗为"春风弄玉来清画，夜月凌波上大堤"，从报道和著录十二花卉杯的有关资料来看，有的把诗句中的"画"，写成了"书"。书、画二字的繁体字比较接近，这可能是画工书写时将"画"误写而成了"书"，或把二者相混所致。再者"清书"一词在古代诗词中很少作为一个名词出现，而"清画"一词在明代唐寅的《落花图咏》和《濂溪图》中都有记载，其诗句分别为"匡床自拂眠

图 2-12-11　梅花花卉杯

图 2-12-12　水仙花花卉杯

清画，一缕茶烟扬鬓丝"和"方床石枕眠清画，荷叶荷花互送香"，且从词意上也是一致的。在这里，也不排除是画工故意而为，将"画"写成"书"，"书"与"输"同音，"清书"暗示"清输"，试想，御窑烧制的瓷器，要求何等之严，难道能出这种错误？当然，故意这样写的后果是在那个年代都有杀头的危险。此杯题诗出处不详，有可能是汪灏自撰，待考。

康熙年制的十二月花卉杯，在所有的杯上都用青花料书写诗句和钤篆书"赏"字方印（见图2-12-13），杯的底部也钤"大清康熙年制"原型底款（见图2-12-14）。杯上所采用的十二首咏花诗词中，可以确认其中的十首均摘选于《全唐诗》。又，《全唐诗》为康熙年间编纂，由此可见康熙皇帝对唐诗的喜爱。

图2-12-13　花卉杯诗句、钤印

图2-12-14　花卉杯杯底

二、花卉杯的烧制工艺

十二月花卉杯为青花五彩烧制的五彩瓷。所谓五彩瓷，就是在烧制的瓷器上，用彩色釉料作画，再经过二次低温烧制成的瓷器。因为其基本色调以红、黄、绿、蓝、紫五色为主，故称"五彩"。

（一）青花五彩瓷

其一，釉下五彩的基础颜料是用各种金属氧化物掺和一定量的硅酸盐原料所制成。这种颜料不需用低温熔剂为结合剂便可固着在器物上，也不像釉上颜料那样需要采用含铅的熔剂来帮助发色和降低焙烧温度。釉下彩料之所以能牢固地附着在瓷器釉层的下面，是因为在高温烧造的过程中，彩料中的熔融物与已熔融的坯釉互相黏合，同时起到覆盖釉层的作用。这样不仅不会产生铅毒和其他对人体有危害的毒性物，而且由于釉层的保护作用，瓷器还能抵抗自然酸碱的侵蚀，同时在使用中又能耐磨损。只要瓷器的釉层不受到强力破坏，花色就能保持清晰、鲜艳和明亮。故釉下彩瓷是一种理想的日用瓷器，具有无毒、耐酸、耐碱、耐磨损且不褪色的特点。

其二，表面平滑光亮、晶莹润泽、清雅明快，具有饱满的水分感。除彩饰技巧外，覆盖在纹饰上的这层釉，通过高温烧造后，变成了一种玻璃质薄层，由于这个薄层具有光洁、莹润、透明的特点，色彩斑斓的画面就能通过它而呈现出来。得益于釉层的作用，其平坦光滑的纹饰有玉一般的润泽和光亮，给人以美的享受。

其三，纹饰缤纷斑斓，色彩变化丰富，艳而不俗，浓淡适宜，形神兼备，是青花釉下五彩瓷器在色彩上的独特效果，也是这种瓷器适应性最好的主要因素。出于不同的客观要求和造型、纹饰的需要，它既可以清雅明快，也可以古朴深沉；它既可绘制色彩斑斓的纹样，又能表现各种效果；既瑰丽，又淡雅；淡妆浓抹，无不相宜。作为日常生活用品，它能满足不同人的爱好；而进入收藏等领域后，又能表现出独特的色彩效果。构成这一特点的因素是多方面的，诸如色料品种繁多，构图色不拘一格，装饰方法各不相同，装饰效果就必然多彩多姿；而各种颜料的组成和釉层的覆盖，则是其"艳而不俗，淡而有神"的主要因素。如上所述，釉下五彩颜料（尤其是复合色料）的成分，除着色金属化合物外，还有大量的无色氧化物（如石英、长石等），这就提高了彩料的明亮度，降低了它的饱和度，经釉层覆盖和高温烧成的彩料，其色彩就显得格外调和、雅致、温柔。因此即使用红与绿等量相配，也不会产生强烈的刺激；运用淡彩或多色的装饰，可获得清雅、富丽、和谐的艺术效果。

（二）烧造工艺

清康熙青花瓷达到了中国青花工艺发展的新高峰，达到了远山近水、奇山怪石的自然景观，能在瓷器上呈现出浅深、明暗不同的层次。康熙青花五彩十二月花卉杯的烧造工艺主要体现在以下方面。

1. 胎质

清康熙时期制瓷胎料淘洗精细，所含杂质很少，制坯分工的精密和烧成温度的适宜，使得瓷胎精细、质白缜密、均匀、坚硬纯净、细腻滋润，上手时有了一种沉重感，有"胎薄分量重"的感觉。

2. 施釉

清康熙杯施釉相对较薄，釉面平滑干净，细腻滋润，呈莹润的粉白色，发出深沉、含蓄的自然光泽；由于釉料配制纯净，因而釉面能和胎体紧密地结合为一体，称为"贴骨釉"；因在杯口施有含粉的白釉，用手触摸时外沿有细微的厚唇凸起的感觉，但眼睛又看不出。

3. 造型

清康熙杯制作精致，形如仰钟，形体曲线的转折、交接都处理得一丝不苟，杯的内底平坦、厚实宽大，圈足内壁挖成直角，拿取时不会轻易滑脱，足部制坯旋削认真、精细，用手摩挲时，有一种柔软、润滑之感。

4. 纹饰

清康熙杯制瓷画师技艺高超，不惜工本，不计时间，可完美地体现纹饰蓝本的绘画风格。在画法上，先匀挺有力地勾勒出纹饰的轮廓，再以圆润柔和的笔触，涂以各种颜色的彩料，彩料不会四处流淌，也不会漫出勾勒的轮廓线，运笔自然、流畅，画面活灵活现，生动传神。烧制后的彩料有一种坚硬的感觉，光泽柔和明快，还能把黑线隐藏在下面。

清康熙青花五彩十二月花卉杯的线条、色彩与造型相辅相成，结合在一个完美的整体之上，体现出高超的造型艺术水平和制瓷工艺。

三、后世仿制的十二月花卉杯

十二月花卉杯为康熙年间创烧，因其"只恐风吹去，还愁日炙销"的雅致，后世多有仿制。雍正时期已有同类仿品出现，成组现存于世的很少，器形上比康熙时期的花卉杯要显得俊俏，所绘花卉纹饰清晰，色彩浓淡有致，精细程度与康熙时相比有青出于蓝之感。乾隆时期的花卉杯很少有成套的存在，基本上只有梅花或兰花的花卉杯，品种单一。嘉庆、道光时期虽有粉彩十二花卉杯，但器形较大，比较粗糙，与康、雍之物相去甚远。这些仿制品都书本朝款，因而比较好辨认。

至民国时，十二花卉杯仿品增多，而且在纹饰、款识上全面模仿。民国仿制的十二花卉杯尽管制作技艺不错，但与康熙时期的花卉杯相比，还是有很大的差距，具体表现在以下方面：第一，民国杯的胎质虽然细白，但不够坚致，上手后的分量比康熙杯轻一些。第二，民国杯外观虽然洁白润滑，但是釉的表面有新品的浮光感，胎釉结合疏松，杯口没有厚唇凸起的感觉。第三，造型不同。民国杯整个造型给人以柔弱的感觉，线条交接不够顺畅，内壁呈圆弧形，用手拿取时容易滑脱，足部的底面用手摩挲时有轻微的拉手感。第四，民国十二月花卉杯的纹饰也没有了康熙杯的细腻，细部不再注意修饰，如梅花、杏花、月季等花朵没有了花蕊，菊花花瓣不是逐瓣勾勒填彩，而是勾出大致的花形后，整个涂上一团彩料，全然不管是否漫出线外。树干上没有了树结，树叶没有叶脉与阴阳向背之分，青花画就的山石没有了深浅的变化。康熙杯上的蝴蝶纹形象生动自然，民国杯的蝴蝶纹只有一个粗略的轮廓，所有纹饰的线条都没有了丰富多彩的变化，变得单调而呆滞，由于五彩颜色清淡，因而施彩后，勾勒的线条几乎全都会显露出来。

晶莹剔透的康熙青花五彩十二月花卉杯，流光溢彩，集诗、书、画、印等为一体，制作精美，文饰雅致，烧造技术高超，标志着中国彩绘瓷的制作技术达到了一个新的高度，对后世影响深远，是研究和了解康熙时期制瓷、绘画、题诗、钤印等难得的实物资料。而以杯上的题诗为主要依据的花卉排序，还十二月花卉杯以本来面目，为进一步的研究提供了参考借鉴。

第十三章
五代龙纹玉大带

　　1942年9月，我国著名的人类学家、考古学专家冯汉骥先生主持成都王建墓（今称永陵）的发掘。1943年3月，著名的考古学家吴金鼎先生主持王建墓的发掘。这两次历时共计九个多月的考古发掘，出土了一批珍贵的文物，获得了研究唐五代时期的政治、经济、文化和艺术等方面非常重要的实物资料。这些出土的文物，现绝大部分保存在四川博物院，其中有一件龙纹玉大带特别引人注目，堪称镇馆之宝。

　　这件龙纹玉大带为白玉质地，由七块玉銙，一块铊尾和银扣组成，其上的鞓在出土时已经腐烂，现在的鞓是仿制新做的（见图2-13-1）。玉銙长7.4cm，宽8.2cm，铊尾（也称獭尾）长19.5cm，宽6.9cm，厚0.9cm左右。每一块玉的正面上，均浮雕一团龙戏珠。龙为三爪龙，构图饱满，比例匀称，雕工极为精细。特别是铊尾上的龙，因铊尾呈长方圭形，所雕龙纹为满雕，龙爪刚劲有力，龙身腾挪张弛有度，尾部高悬在上，整个龙看上去灵动自然、姿态异常优美矫健，为典型的五代龙纹形象（见图2-13-2、图2-13-3）。

图2-13-1　龙纹玉大带

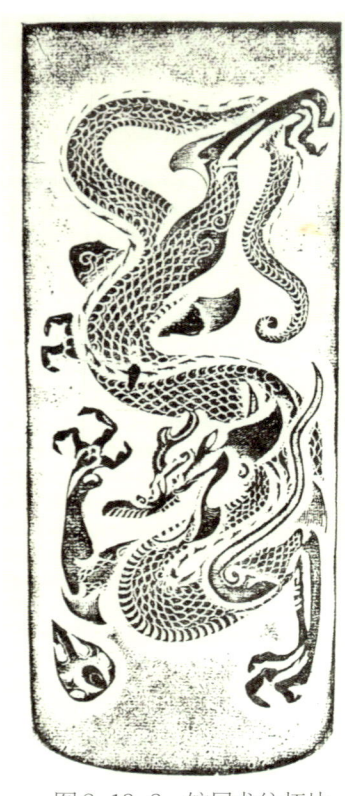

图2-13-2 铊尾龙纹拓片

图2-13-3 铊尾

依据铊尾背面的阴刻文字记载，这件龙纹玉大带所用之玉是有来历的。铊尾背面阴刻有八排文字："永平五年乙亥，孟冬下旬之七日，荧惑次尾宿。尾主后宫，是夜火作，翌日于烈焰中得所宝玉一团。工人皆曰：此经大火不堪矣。上曰：天生神物，又安能损乎！遂命解之，其温润洁白异常，虽良工目所未睹。制成大带，其胯方阔二寸，獭尾六寸有二分。夫火炎崑岗，玉石俱焚，向非圣德所感，则何以臻此焉！谨记"。

从铭文可知，这个龙纹玉大带所用的玉料是一场大火的遗留物。根据史书记载，永平五年（公元915年）"十一月大火，焚其宫室"（《新五代史·前蜀世家》），"十一月己未夜，蜀宫火"（《资治通鉴·后梁纪》）等，均记载火灾在十一月份，而龙纹玉大带铊尾上的铭文却为"孟冬下旬之七日"，也就是十月二十七日，与史书的记载有出入，笔者认为应以龙纹玉大带上的记载为准，道理很简单，这场大火是玉带雕刻艺人亲身经历的事，他们目睹了失火的过程；此外，他们也不敢在皇帝所用的玉带上胡乱雕刻记载。这说明考古发掘的文物，有时候可以印证史书记载的谬误。

在未出土这件馆藏的龙纹玉大带之前，有关玉带的描述只停留在文献的记载里，玉带的具体式样还没有实物印证，因此，这件玉大带是迄今所知唐五代时期唯一一件完整的成套龙纹玉大带，也是唯一一件能够确定为帝王所使用的玉大带。

有意思的是，这件龙纹玉大带上只雕刻了八条龙纹，而銙也只有七方。按道理，王建已称帝，其御用的腰带应该是九方銙，雕刻的龙也应是九条龙。但这条玉大带上为什么会少了一条龙？其中有什么含义？这已经成了千古之谜。也许，王建虽然自称皇帝，但在其内心深处，他仍认为自己是唐朝册立的蜀王，皇帝是自封的，无人承认，离真正的皇帝还有距离。若不是大唐衰弱，他敢自称皇帝吗？所以，他还多少有点心虚，也就在自己的玉大带上少用了两块銙，少雕了一条龙，暗示自己其实还是王，而不是皇帝。

不是所有的藏品都可以被称为所在博物馆的镇馆之宝，只有那些在历史、文献、艺术和稀有程度等方面具有很高价值的文物，才能被称为镇馆之宝，该龙纹玉大带为国家一级（甲等）文物，现藏于四川博物院，是五件镇馆之宝中的其中一件。

第十四章
文房四宝之名砚鉴赏

作为"文房四宝"之一，砚台曾经有着辉煌的历史和庞大的使用人群，由于近代硬笔和方便墨水的普及，砚台的使用场合逐渐缩小；到今天，电脑打印机等数码产品进入千家万户，连笔都有被淘汰的趋势。因此，除了少数书法爱好者还在使用砚台，其已基本淡出了人们的生活，但作为一种独特的雕刻艺术，其承载的文化价值、文物价值依然为世人所称道，并越来越受到爱好者的追捧。

砚台又称研，是一种研墨的工具，按照《说文解字》的解释："砚，石滑也。"汉代刘熙在《释名》中解释："砚，研也，可研墨使之濡也。"砚的起源最早可以追溯到新石器时代的研磨器，人工制墨出现后，真正意义上的砚台才出现和发展起来。一方砚台，随着社会历史的发展而演变，浓缩了中国各个历史时期的文化、经济乃至审美意识等各种信息，作为一种时尚的载体，早已不限于最初单纯的文房实用用具，而成为集雕刻工艺、造型艺术、诗词绘画等为一体的艺术作品。

制作砚台的材料非常丰富，除石砚外，其他材质的砚台还有玉砚、铜砚、陶砚、银砚、瓷砚、瓦砚、铁砚、锡砚、象牙砚、竹砚、玉杂石砚、木砚、水晶砚等。在众多的砚台中，端砚、歙砚、洮河砚、澄泥砚为四大名砚。

一、端 砚

端砚产于广东肇庆东南部端溪的烂柯山和肇庆市七星岩北面（西起小湘峡，东到鼎湖山）的北岭山一带，兴起于初唐。当时的端砚纯粹是文人墨客书写的实用工具，粗陋、简朴，石面上无任何图案花纹装饰，唐代李肇在《唐国史补》中云："内邱白瓷瓯，端溪紫石砚，天下无贵贱通用之。"可见端砚在当时的普及程度。自唐代问世以来，端砚便颇受文人学士青睐。随着加工技艺的不断提高，其地位越来越高，以至成为砚台之首，且长盛不衰。宋朝著名诗人张九成在诗中也赞道："端溪古砚天下奇，紫花夜半吐虹霓。"端砚又具有"体重而轻，质刚而柔，唐之寂寞无纤响，按之如小儿肌肤，温软嫩而不滑"及不损毫、宜发墨的特点。

端砚名贵，在于其石质优良，石品丰富，为其他砚材所不能相比。历代文人墨客曾这样评价端砚的质地，"细润如玉""温软嫩而不滑""赛过孩儿面，美人肤""叩之无声""贮水不耗，发墨而不损毫"且"久用锋芒不退"。好的端砚，无论是酷暑还是严冬，用手按其砚心，砚心湛蓝墨绿，水汽久久不干,有所谓"哈气研墨"一说。

端砚石品常见的有鱼脑冻、荡青花、蕉叶白、天青、翡翠、金星点、水纹、金钱线和石眼等。砚石多为青紫色、猪肝色、天青色,其上有凤眼者属上品。端砚的制作过程十分艰辛,从探察、开凿、运输、选材、整璞、雕刻、打磨、洗涤到装盒,工序繁复,制作精巧细致。

1974年,四川简阳东溪园艺场宋墓出土的三方南宋端石抄手砚,品相完好,造型古朴端庄大气,呈玫瑰紫色(见图2-14-1~图2-14-3)。而其他端砚,要么简洁明快、质朴大方,要么雕工细腻、巧夺天工(见图2-14-4~图2-14-25)。

图2-14-1　南宋端石抄手砚

图2-14-2　南宋端石抄手砚

图2-14-3　南宋端石抄手砚

图2-14-4　宋端溪龙筋砚

图2-14-5　宋端条方砚

图 2-14-6 宋端砚

图 2-14-7 大西洞青花端砚

图 2-14-8 明端溪蕉白紫石砚

图 2-14-9 明端溪胭脂砚

图 2-14-10 明端溪钟形砚

图 2-14-11　清端溪蟠龙石砚

图 2-14-12　清端溪石砚

图 2-14-13　清端溪紫石三凤砚

图 2-14-14　清端溪紫石砚

图 2-14-15　清端溪紫石砚

图 2-14-16　清端溪紫石砚

图 2-14-17　清乾隆马荃款端砚

图 2-14-18　清嵌螺钿葫芦端砚

图 2-14-19　清嵌螺钿朱漆长方端砚

图 2-14-20　清黑漆长方形端砚

图 2-14-21　清胭脂晕端砚

图 2-14-22　清相廉夫端砚

图 2-14-24　清绿端满月砚

图 2-14-23　清胭脂晕端溪砚

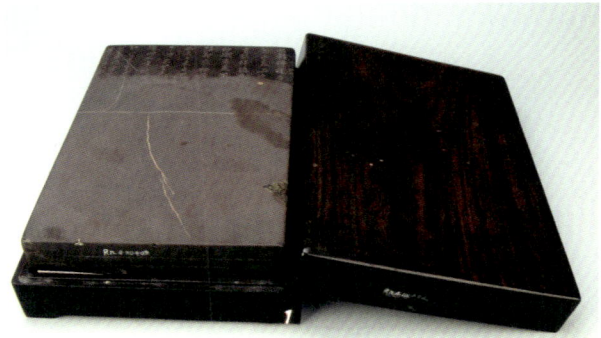

图 2-14-25　清长方形端砚

二、歙 砚

歙砚产于江西婺源县（唐代属歙州）龙尾山一带溪涧中，故又被称为龙尾砚。《砚谱》中记载："所用澄心堂纸、李廷珪墨、龙尾石砚三者，为天下之冠。"其特点是石质坚润，抚之如肌，磨之有锋，涩水留笔，滑不拒墨，墨小易干，涤之立净。自唐以来，其一直保持名砚的地位。

歙砚始于易砚。据史料记载，易砚始于春秋时代的燕下都。到唐晚期，易州的奚超父子继承松烟制墨的技艺，并在易水河畔的津水峪创制了"易水砚"。后来奚超之子奚庭圭受到南唐李后主的赏识，被授予"墨官"，并赐姓李；后其因避乱，移居安徽歙州，成为"徽墨""歙砚"的创始人。

歙砚天然的纹理有金星、眉子、细罗纹、水浪纹等。"金星"融结在砚石之中，形如谷粒，多如秋夜星星，闪闪发光；"眉子"似眉毛，粗、细、疏、密，各具神采；"水浪纹"如水的波纹，变化无穷。歙砚的雕刻艺术受徽州砖雕和木雕的影响，艺术风格独特，造型浑朴，大方匀称。

1974年，四川简阳东溪园艺场宋墓出土了一方南宋歙石抄手砚，长27cm，宽13cm，高7cm，造型简洁规整，是早期歙砚的"标准器"（见图2-14-26）。

目前所见的其他歙砚也质朴雅致，古意盎然（见图2-14-27～图2-14-36）。

图2-14-26　南宋歙石抄手砚

 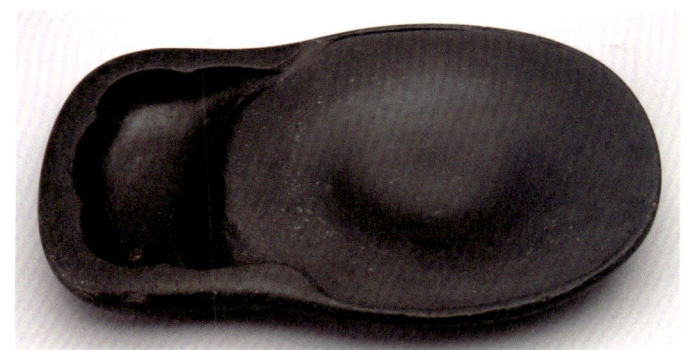

图 2-14-27　五代罗文歙石砚　　　　图 2-14-28　宋歙砚

图 2-14-29　宋歙石眉子砚　　　　图 2-14-30　宋歙砚

图 2-14-31　宋歙石眉子砚　　　　图 2-14-32　明旧坑眉子歙砚

图 2-14-33　明歙石砚

图 2-14-34　清歙砚

图 2-14-35　清歙石驴坑砚

图 2-14-36　清歙砚

三、洮河砚

洮河砚全称"洮河绿石砚"，简称"洮砚"，产于甘肃甘南藏族自治州卓尼县洮河一带，亦称"洮河石"。因其石质细腻坚润，色泽碧绿，纹理如丝般优美，气色秀润，发墨细快，被誉为"绿漪石"。

洮河砚的所在地卓尼县，唐代属洮州，宋代赵希鹄《洞天清禄集·古砚辨》载："除端、歙二石外，惟洮河绿石，北方最贵重。绿如蓝，润如玉，发墨不减端溪下岩。然石在临洮大河深水之底，非人力所致，得之为无价之宝。"唐代的著名书法家柳公权所著《论砚》记道："蓄砚以青州为第一，绛州次之，后始重端、歙、临洮。"孙敦秀曾说："唐时洮砚制作较盛，当时和端、歙、澄泥砚并称为四大名砚。"由此可知，不但洮河砚始于唐代，而且四大名砚的排序在唐代就已有了。

洮河砚石以碧绿色为主，称"鸭头绿"；另有少量紫红色砚石，称为"鹧鸪血"。洮河石有黄膘和金星等石品，"黄膘绿漪石""金星雪浪石"是洮河石中的珍品。洮河砚石质坚润，发墨快细不损毫，储墨不涸不腐，为历代文人墨客所称道。

清代的一方洮河砚，长 15cm 宽 10cm 厚 1.8cm，呈长方体，规矩方正，石质细腻油润，砚底为清代诗人袁枚题款，隶书阴刻："取之洮河之渊，贡之翰苑之仙，分竹箭之筠而四时不改色兮，君子曰惟以永年。"钤阴刻篆书袁枚的"简斋"号款。（见图 2-14-37、图 2-14-38）

图 2-14-37　清洮河砚

图 2-14-38　清洮河砚

四、澄泥砚

澄泥砚，属陶瓷砚，是一种非石质的砚台，产于山西省的新绛县，新绛县古称"绛州"，与端、歙、洮砚合称为"三石一陶"。澄泥砚的制作始于汉晋时代，兴盛于唐宋时期，根据宋代《贾氏谈录》和《文房四谱》的记载，早期的澄泥砚制作方法是：先缝绢袋抛于汾水中，迎浪张开袋口，过滤水中泥沙，两三年后袋内泥满，取出风干，掺进黄丹团后用力揉搓，制成砚坯，再放入模具成型，用竹刀雕琢修饰，再裹上黑蜡烧制成质地似陶的砚台，最后经过整璞、雕刻、打磨等一系列工序而成。

澄泥砚质地细腻、光润且坚硬耐磨，易发墨，且不耗墨，可与石砚媲美。在唐宋时还是贡品，历代的帝王和文人墨客都对其喜爱有加,如中国历史上唯一的女皇武则天、明代开国皇帝朱元璋、大文豪苏轼、书画家米芾等,清代乾隆帝也称其"抚如石,呵生津"。澄泥砚的颜色以鳝鱼黄、蟹壳青和玫瑰紫为主,以朱砂红、鳝鱼黄、蟹壳青、豆绿砂、檀香紫为上乘颜色,尤以朱砂红、鳝鱼黄最为名贵。在现代,澄泥砚的产地除了山西新绛县外,在河南洛阳、河北钜鹿、山东青州、湖北鄂州、四川通州和江苏宝山等地也有出产。

图2-14-39～图2-14-44的几方澄泥砚,造型简洁,端庄厚重,质地坚硬细腻,呈色纯正,曾为名家所藏,是澄泥砚中的上品之作。

图2-14-40　明澄泥砚

图2-14-39　元梅花道人款澄泥砚

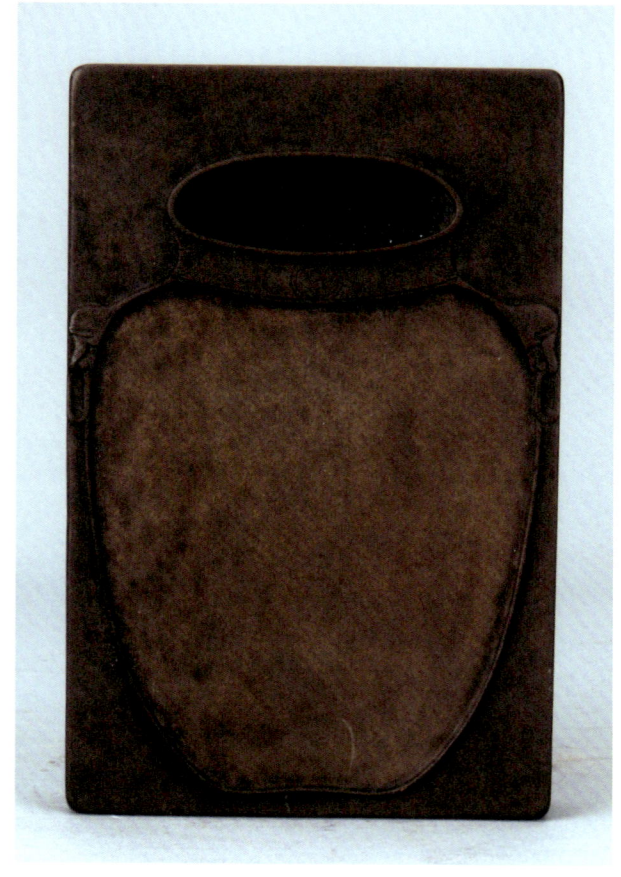

图2-14-41　清澄泥太平砚

图 2-14-42 清达受紫澄泥砚

图 2-14-43 清达受紫澄泥砚

图 2-14-44 清垢道人款澄泥砚

五、其 他

除了上述的四大名砚外，还有其他一些材质、品种的砚台，如石砚、玉砚、铁砚、砖瓦砚、暖砚、漆木胎砚等，这些砚取材各异，其质料甚至能满足一些特有功能的需要（见图 2-14-45～图 2-14-53），这反映了砚台选料的多样性。

图 2-14-45　南宋青石抄手砚

图 2-14-46　汉铁砚

图 2-14-47　汉砖砚

图 2-14-48　元大风字铁砚

图 2-14-49　清碧玉砚

图 2-14-50　清木胎漆砚

一方方小小的砚台，不但凝结了历史的信息，而且折射出中华独有的文化和艺术情趣。现如今的砚台已超越了最初单纯的文房实用工具，而巧妙地把艺术和实用结合在一起，更多地赋予其人文的审美意趣，既保持了传统工艺的民族特色和地方特色，同时在造型、构图、题材、立意上又有新的突破，创造了砚台实用性之外的新艺术意境。

图 2-14-51　明王铎款抄手石砚

图 2-14-52　清镂空暖砚

图 2-14-53　清朱野云刻字石砚

第十五章
最后的云彩——蜀锦

一、概 述

四川的成都平原地区，古称蜀，织锦因产于此地而得名蜀锦，成都也因蜀锦而别称"锦城"。蜀锦为我国四大名锦之首，从考古发掘资料来看，至少在汉代其已发展成熟。而蜀锦的起源可上溯到春秋战国时期，甚至更早。

从考古发现或文献历史的记载来看，蜀锦兴于汉而盛于唐。在汉代的遗存中，就有许多著名的蜀锦纹样，如"富昌""长乐明光""万年益寿""登高明望四海"锦等。蜀锦的图案纹样，在汉代多为各种珍禽瑞兽的动物图案；唐代则以缠枝花和团窠、连窠纹样为主要流派，运用旋转自如的藤蔓卷草花叶等植物纹样（即"唐花"和"唐草纹"）作为主要装饰。唐代蜀锦继承了汉代奔放夸张的传统，进而又丰富了纹样的主题内容，从而演变发展，达到更接近完美的新阶段。宋代蜀锦继承唐代遗风，且宋人重写生折枝（又称"生色花"），反映在蜀锦装饰上，即织物花纹由图案式的布列发展成散装遍地的"散答花"，四方连续纹样也从蜀锦开始，着重于艺术上的花样翻新，至此风格又为之一变。它既不像汉代织物那么古朴，也不似唐代的艳丽，而是更见活泼飘逸，清新而又富于变化。蜀锦因其历史悠久，风格独特，成为中国四大名锦之首，早于苏州的宋锦、南京的云锦、广西的壮锦千余年，有"天下母锦"的美誉。

纺织品中的织锦代表着丝织品织造技术的最高水平，蜀锦的特点在于织造精致，质地细密，具有古老的民族传统风格和浓郁的四川地方特色。其以经线彩条起彩，彩条添花，经纬都起花，方形、条形几何骨架添花，图案循环小，多对称纹样，四方连续，色调鲜艳，对比性强。

二、蜀锦的图案

蜀锦是我国染织传统工艺的重要组成部分，蜀锦图案在我国工艺美术图案中，谱写了十分瑰丽的篇章，对我国后世锦缎染织图案的发展，具有承先启后的巨大而深刻的影响。

蜀锦图案的取材十分广泛、丰富，诸如神话传说、历史故事、吉祥铭文、山水人物、花鸟禽兽等，千百年来不断发展、提炼，具有高度的概括性，达到了很高的艺术水平，其中寓合纹、龙凤纹、团花纹、花鸟纹、卷草纹、几何纹、对禽对兽纹以及方方、晕裥、彩条锦群等传统纹样至今仍为广大人民群众喜闻乐见。蜀锦图案经历了2000多年的发展变化，在不同的历史时期具有不同的时代特征。

蜀锦图案有一个贯穿始终的特征，就是广泛而巧妙地应用寓合纹样。蜀锦艺人善于巧妙选用动物、植物、器物、字纹、几何纹、自然景物以及各种祥禽瑞兽作题材，用其形、择其义、取其音组合成含有一定寓意或象征意义的纹样图案，这就是寓合纹。

寓合纹样（又称吉祥图案），常常含有吉祥、如意、顺利、喜庆、颂祝、长寿、多福、富贵、昌盛等美好吉利的寓意。寓合吉祥纹在我国民间艺术中的应用越来越广泛，不仅成为我国民族锦缎图案的一个重要特征，亦是我国民族传统工艺美术的宝贵文化遗产。

先秦时期的织锦丝绸图案主要以简单的几何纹为主体，战国时已出现了在几何骨架中相向对称排列的人物、动物图案。秦汉时期的织锦图案突破了我国自西周以来装饰图案的单调格式，把简单的、静态的菱形几何纹、回纹、云雷纹和云气纹发展为在云气之间自由奔驰的各种祥禽瑞兽等动物图案，统称为云气动物纹，其线条比较粗犷、生动、简练，造型奔放活泼，主要取材于当时人们在日常生活中普遍接触到的云彩鸟兽、狩猎骑射等内容，在锦纹图案中还常常配以各种吉祥的文饰，如"富且昌""大宜子孙""万年益寿""长生无极""长乐明光""登高明望四海"等，这些铭文与当时的社会风俗和宫廷活动都有密切的关系。如"万年益寿""长生无极"等是当时的生活用语，"登高明望四海"可能是在颂祝汉武帝刘彻登泰山封禅。登高明望四海锦，在锦面上呈现风云流动，祥兽奔腾的生动气象，云纹、祥兽纹彼此穿插自如，汉隶作文饰点缀其中，构成一幅完整的艺术画面。在我国新疆和北方丝绸之路沿线先后出土了为数不少的汉代云气动物纹锦，它们都是利用彩条经线的颜色来显现花纹的"彩条经锦"，被称为"汉式锦"，体现了早期古代蜀锦的基本组织和工艺特征。云气纹在汉代的流行主要是社会和上层阶级受道家思想的影响的产物。汉代成都青城山是中国道教的发源地，道家崇尚自然，信仰阴阳乾坤、五行八卦，追求长生不老。云气即仙气，云气清风仙人出入之所，神秘莫测，变幻无常。祥云与瑞兽是人们喜闻乐见的题材，这种与汉字文饰组合成的吉祥云气动物图案，具有独特的艺术风格和很高的艺术水平，流传很广。

三、历代蜀锦纹样及织造技术

1995年10月，在新疆和田地区尼雅遗址一处汉墓地出土了一块"五星出东方利中国"蜀锦护膊，长18.5cm，宽12.5cm，采用经线提花的织造方法制作，以宝蓝、绛红、草绿、明黄和白色等五组色经织出星纹、云纹、孔雀、仙鹤、辟邪和虎纹。此种织法称为"五重平纹经锦"，为典型的蜀锦织法。（见图2-15-1）

"五重平纹经锦"，是指这件织锦上面的经线有五种颜色，有五层，很厚。经线和纬线构成的一上一下的组织结构为平纹；经线起主导作用，纬线起固定作用，称为经锦，花纹里面的颜色图案都是靠经线的变化来完成的。目前出土的经锦中，绝大部分都是两重或是三重锦。这件蜀锦的经线密度非常高，每根达220cm，是我们现在常见丝绸的二到四倍。这件蜀锦的工艺非常复杂，当经线织好后，第一根纬线打过去时需要穿过上万根的经线，而且不能出错，难度之大可想而知。再者，经线有五层，比如当上面需要出现红色的时候，红色的这根线就要盖住其他四根颜色的线；需要绿色的时候，这根绿色的线就要盖住其余的四种颜色的经线。用一根经线盖住四根经线，就是放到现在也是非常困难的，这代表了汉代织锦技术的最高水平。在2012年7月，成都天回镇老官山出土

图 2-15-1 "五星出东方利中国"蜀锦

了 4 台蜀锦提花机的模型,是我国第一次出土完整的西汉织机模型,可以看出,早在西汉时期,成都的织造技术已发展到相当高的水平,这也证明了汉代蜀地织造业的发达和工艺技术的高超(见图 2-15-2)。

图 2-15-2 成都博物馆展出中的成都老官山出土织机

在三国和魏晋南北朝时期，蜀锦的生产有很大发展。东汉以来，丝织物加金技术，首先用于蜀锦，但其基本图案和织造方法仍然沿袭汉代。南北朝时期，一些动物图案以安详的静态为主，如方格兽纹锦。在方形彩色格子中，排列着卧狮、奶牛、大象等静态的动物，采用两组彩条经线来衬托主体图案，形成一种新颖的风格。这段时期还出现了带波状主轴的植物纹样，以及缠枝连理、对称纹样等。成对称排列的动植物图案装饰在一定的几何骨架之中，如新疆阿斯塔拉墓出土的北朝时期的树纹锦，树的形象采用左右规则而对称的排列，各组树纹上下之间缀以菱形点，显现出色彩明暗的层次变化，规则而不呆板，树纹采用红色的彩条经线显现，色彩效果明亮突出，这也是一种典型的彩条经锦。

隋唐时期，社会政治逐渐趋向统一和稳定，蜀锦的纹样使两晋南北朝时期已经萌芽的卷单和对称图案得到了发展和丰富。在公元7世纪左右，随着汉代张骞出使西域，"丝绸之路"带来了东西方文化和贸易交流的进一步发展，一方面，蜀锦大量远销南亚、西亚和地中海沿岸的许多国家和地区，同时也接受了外来文化的影响。这时期的蜀锦，大量出现了波斯萨珊王朝最流行的图案纹样——珠圈纹和球路纹样。从我国在新疆"丝绸之路"沿线出土的文物中所发现的大量蜀锦可见，这些由内地织造、受外来文化影响的联珠对禽对兽的织锦图案比同时期其他纹样的总数还要多，足可见其外销之盛。如唐代的联珠对鸡纹锦，由米黄和红色的两种彩色条子铺地，在红色的彩条上排列着相互靠拢的圆圈。圆圈周围的环内布满白色的小圆珠——即昕渭珠圈，圆圈当中配置对立的小鸡，形态活泼，栩栩如生。在新疆博物馆还珍藏了一幅新中国成立后出土的唐代经锦，地为红色，图案是圆形的二龙戏珠的珠圈纹样，上面织有"双流县织造"的字样，还有为数不少与此图案相同的黄色联珠龙纹绮。当时盛行的"球路锦"等名目的产品直到宋、明以后在四川和我国江南地区还有生产。四川博物院收藏有一块明代生产的"双狮雪花球路锦"，锦面由大小圆镜花纹联成图案，大小圆圈内均有雪花代替圆珠组成球路，小圆中缀以凤纹，大圆中配置栩栩如生的双狮戏球的纹样，色调古朴、典雅。四川大学博物馆收藏的一块凤穿牡丹二龙戏珠球路锦也属这一风格的锦纹。

唐代是我国经济文化十分繁荣的时期，宫廷和上层阶级日趋奢侈享乐，爱华美的风气反映到蜀锦图案中来，便出现了许多造型完美、章彩奇丽的锦样。唐太宗时，益州的大行台窦师纶（封陵阳公）创制的锦绫新花样最为著名。有对雉、斗羊、翔凤、盘龙、游麟、狮子、天马、对禽对兽，如花树对羊、对鹿等瑞锦宫绫，被称为陵阳公样，对唐和唐以后的织锦图案影响十分深远。

唐代蜀锦改变了自汉以来云气兽纹的主导地位，而代之以更敦厚饱满、自由活泼、色彩富丽的折枝写生花鸟图案和团窠、卷草纹样（又称为唐花或唐草）。这时期花鸟题材大量增加，植物花卉有忍冬（俗称金银花）、葡萄、牡丹、芙蓉、海棠、莲花等；鸟禽方面则出现了鸳鸯、鹭鸶、练雀、白头翁等，因此，花鸟纹样成了装饰图案的主要内容，瑞鸟衔花的织锦图案也是官服中常见的题材。根据官职的大小，官服分了很多等级，在配色上也有严格的区别，体现了封建社会中严格的章服制度和等级制度。中唐时期，纬锦织物的出现使纹样在经线方向的循环得以扩大，锦面的图案装饰和色彩应用更为灵活自如，加上晕裥彩条技术的提高和织物加金织造技术的广泛应用，唐代的蜀锦生产技术进入了一个全盛的历史时期。

1968年，在新疆吐鲁番阿斯塔拉381号古墓中出土了一批唐代8世纪（公元778年）的丝织品，其中有一双用蜀锦制作的"云头宝相花纹锦鞋"（见图2-15-3），装饰鞋面的是"花鸟纹锦"，

图 2-15-3 云头宝相花纹锦鞋

衬里用了一块"晕裥花鸟纹锦"。这块晕裥锦是我国丝绸染织工艺史上极为罕见的多彩晕裥经锦，两重经丝均为复杂的彩条，仅表经就是由 37 个彩色的经线条子组成的一个彩色循环单位，颜色有茶棕、宝蓝、浅绿、浅黄、橘红、土黄、朱红、红、湘绿、月白、牙黄、浅妃、妃色等，达到了"彩虹万道，彩云千朵，五花十色，绚丽缤纷"的壮观景象，充分体现了唐代蜀锦在图案设计、配色、排花牵经、织造提花等方面的高超技艺。

同墓中出土的"唐花鸟纹锦"则是一块斜纹纬锦，与晕裥经锦是同出一个时代和产地的蜀锦。这块花鸟斜纹纬锦的二重经丝也由复杂的彩条组成，但突破了秦汉至唐初以来传统的经锦织造方法，采用三枚斜纹作地，纬线起花。这种"彩条起彩，纬线显花"的工艺方法体现了在 8 世纪后期，即我国由经锦转向纬锦的过渡交替阶段的蜀锦的特征。其在图案与章法上采用放射对称的格式，把各种花叶组合成一簇簇团花，这种复合的团窠式的纹样在唐代的装饰图案中比较流行。这块锦面上以牡丹团花为中心，四周围护着四组对称的写生花簇，四对嘴衔花枝的凤鸟围着中心团花展翅飞翔，四对蜂蝶穿插在花丛中飞舞，呈现出一派争春的景象。在纹样排列上由近及远、闹中取静，这种以散装花鸟围护中心团花，既匀称又相对的布局也是唐代装饰艺术的特点之一。

"天蓝地牡丹锦"是唐代中期比较盛行的一种团窠纹样，用在琵琶的锦囊上。锦面纹样是由一组变形牡丹团花紧紧围护着中心的大团花牡丹，外围是花枝摇曳的串枝花卉。整个构图饱满、丰腴，气势雄浑，色彩华丽，织纹细密，形态生动，具有精巧华美的特殊风格，代表了盛唐时期蜀锦装饰艺术雍容华贵的气质和织造技术的高水平。

在唐代，莲花和宝相花开始大量出现在蜀锦装饰纹样中。莲花原是佛教崇拜的圣花，象征着高尚与纯洁。可见，宗教文化意识对蜀锦纹样的渗透和深刻影响。莲花经过发展演变，并吸取牡丹、菊花等花卉华美的特征，形成了一种"宝相花"的图案模式，寓意富贵吉祥，广为流传。在一些锦样中，莲花、莲叶、藕莲节、莲子、莲蓬等出现在图案造型之中，"莲子莲花"就是吉祥如意和多子多福的象征。此外，缠枝花卉、串枝花卉等花叶藤蔓组成的纹样也很流行，妇女衣裙多用小缠枝和写生花鸟蜂蝶等，华丽而妩媚。到宋代则扩大了使用范围，特别是幛子围屏等多采用大朵缠枝花卉。缠枝牡丹、串枝莲、缠枝菊花等，缠枝花卉图案因其枝叶舒卷自如，花枝摇曳，线条流畅，形态自然，包含着无限生机，充满着活泼与明快的热情，而为世人所喜爱。

宋代的蜀锦以纹样秀美雅致著称，一方面继承了唐代写生花鸟图案的艺术手法，另一方面发展了在几何骨架上满布规矩花纹的清秀典雅的装饰图案风格，成为一类色彩更为复杂的工艺品，较有代表性的有"铺地锦""八答晕锦""灯笼锦""樗蒲锦""落花流水锦"等。满饰纤巧秀丽的锦纹的锦面，叫"满花锦"，若再缀以大朵的装饰花纹，叫作"铺地锦"或"锦上添花锦"。"铺地锦"，在规则的地纹上饰以五彩斑斓的宝相花，在地纹衬托下，主花显得更加富丽和光彩照人。为了适应书画和装帧等文化艺术装饰的需要，宋代蜀锦产品中发展出了一类以满地小花纹作地，或以几何骨架作地再添花的产品，在图案上比较严谨、淡雅。这类装饰性较强的锦纹不如唐锦唐花那样丰腴、艳丽，而显得规整、古朴，是宋以来比较流行的新颖图案。宋代有四川"织文纤丽者穷于天下"之说。

"八答晕锦"又名"天花锦"或"宝照锦"，元代称"八搭韵"锦，是一种在圆形、菱形、方形或多边形等几何图案的骨架上搭配起来的一种组合纹样。在团窠中一般配置如意、莲花等纹饰，在骨架地上布以万字、回纹、连线、龟背、鱼肠、锁纹、盘绦等图案，用垂直线、水平线或对角斜线相连，线与线之间相互沟通，向八方辐射，有"八路通达"的美好寓意，为典型的蜀锦纹样之一。

在宋、元时代的蜀锦名目中，有大小宝照锦、八答晕或六答晕之分。这类图案在我国宫殿和寺庙建筑的彩绘装饰中有十分广泛的应用。自唐以来，在敦煌藻井图案中可以看到不少类似的风格，它是民族的装饰图案在锦缎上的艺术体现，它是在圆形、菱形、方形或多边形（多为六边形或八边形）等各类几何骨架上搭配起来的一种组合纹样，团窠中配置如意、莲花等；在骨架地上布以万字、回纹、连线、龟背、鱼肠、锁纹、盘绦等图案。

八答晕锦规则严谨、繁而不乱，色调丹碧玄黄、五光十色，呈现出庄严雄浑的气派，在锦类布色方面达到了极高的艺术效果。我们从四川大学博物馆、四川博物院收藏的不少八答晕锦文物中可以看出这类锦纹的风格和布局。

现藏于四川博物院的一块米黄地八答晕宋代蜀锦，长15.2cm，宽31.3cm。此锦为残片，以纬线起花，主图由圆形和方形几何纹组成，二条纹将其相连，成四方连续。团窠中配以如意、花瓣等纹饰，团窠外饰八宝纹、花卉、蝴蝶等吉祥物（图2-15-4）。

四川博物院有一块红地八答晕锦，其地组织为三枚经面斜纹，彩色纬线显花，图案由深红、蓝、浅蓝、绿、金黄、深绿、赭石、浅红、黑、白等色组成，锦面由大小八瓣形图案和垂直交叉的直条构成，中心饰以连环的如意纹样和莲子莲花，在八瓣形图案和直条之间的空隙中，满布青铜器上常见的"矩纹"。整个图案层次清楚，配色庄严，具有较高的艺术水平（见图2-15-5）。四川省文博单位收藏的八答晕锦较多，除宋、明两代之外，绝大多数是清代的产品，图案比较丰富。

"灯笼锦"创始于北宋，又名"庆丰年"或"天下乐"，是宋代益州知州文彦博（后任宰相，封潞国公）通过在成都织造的金线莲花中置灯笼图案加金锦首创的，发展到明清时已不下百十种图样。翔鹤灯笼锦是在四方连续方形和圆形骨架中配置灯笼，在灯旁悬结谷穗作流苏，灯旁有蜜蜂飞动，四周有云鹤飞翔，隐喻五谷丰登，其用了蜂与灯的谐音，含有结彩灯以庆丰年的寓意。

图 2-15-4 米黄地八答晕宋代蜀锦

图 2-15-5 红地八答晕纹蜀锦

这种深受群众欢迎的以灯笼为题材的图案，宋以后一直被沿袭使用，长盛不衰，图案不断被翻新，流传很广。如灯笼上画着寿星老人的称为"同登寿域"，画中配置五个童子的灯笼称为"五子登科"，灯壁垂挂吊珠，喻为"珠联璧合"；灯旁悬吊玉鱼的称为"吉庆有余（鱼）"。这些寓合纹样，生动地反映了人们喜庆丰收，追求吉祥、幸福生活的美好愿望。从宋代到近代，这类图案还发展到桌围椅靠上，西南民间刺绣的围腰、头巾、枕套也用它作题材。

宋锦中有一种奇特的樗蒲锦，在宋明时期颇为流行，以四川遂州所产最为著名，是上等的贡品。其纹样非花非兽，扁圆形而两头尖，像梭子似的佛背光的样子。"樗蒲"传说是道教祖师老子所创，又称"五木"，可以旋转，是一种占卜的道具。用它当作蜀锦图案的题材，可能是取其避邪与求吉祥之意。

宋代蜀锦中还有一种很著名的紫曲水图案，又名"落花流水"，是蜀锦艺人根据唐诗中"桃花流水窅然去，别有天地非人间""桃花流水鳜鱼肥"以及宋人诗词"花落水流红"等优美的诗句和意境，经过艺术的夸张和提炼而创造的一种锦缎图案。在这种紫曲水图案中，梅花、桃花等单朵花飘落在各种水势的流水波纹上，构成一种别具风韵的艺术意境。这种紫曲水图案在宋及宋代以后的织锦、装潢画册和镜纹等装饰艺术中得到了十分广泛的应用，到元明时代已流行于全国，花样达百种以上，意境很优美，想象力十分丰富，有超脱尘世的，有咏叹爱情的，有歌颂景物的，有颂祝顺利如意的等，富有浓郁的乡土气息和生活情趣。1979年，成都明墓出土了一块紫红地落花流水锦，在锦面闪烁的水波上，点缀着一朵朵散落飘动的桃花，正是："落花有意随流水，流水无心恋落花。""波随风动，花逐水流"，充满了浓郁的生活情趣和浪漫色彩，生动地体现了"深渊绿水涨，无风波自动，落花点水面，夜月照流萤"的诗情画意，令人浮想联翩，韵味无穷。这块蜀锦图案完整，织纹清晰，其地色为紫红，织物组织结构为五枚经面缎纹作地组织，花纹部分为五枚斜纹。织物外幅为65.5cm，内幅63cm，全幅并列六个循环单位的花纹图案，结构紧凑，织纹细密，工艺简练，艺术水平很高。四川地区气候潮湿，少有出土完好的织锦，这是成都地区第一次出土完好的蜀锦文物，十分珍贵。其锦面构图优美，线条流畅，堪称这类锦纹的代表作。

从纹样分析来看，水是源远流长的，绵延起伏的水波包含着连续不断、事业顺利、喜庆通达、事事如意的寓意，这是蜀锦艺人惯用的寓合纹样的一种艺术表现形式，既含蓄又富有诗意，体现了蜀锦图案在艺术上的杰出成就。在宋代为了扩大蜀锦生产，宋朝政府在成都设"成都锦院"，以后又增设"茶马司锦院"，可进贡皇室和官府蜀锦以交换战马，适应当时边疆战事的需要。宋代成都锦院的规模很大，在宋神宗元丰六年（公元1083年）时，成都锦院拥有一百一十七间房子，分纺绎、染色、挽综、机织等工序，工人近六百人。生产的锦样有八答晕、六答晕，天下乐、倒仙、球路、狮子、云雁、宜男百子、真红聚八仙锦、大缠枝真红被面锦等，品种和名目之多，足见其生产之盛。

历代蜀锦有不少名作传世，品种花色千变万化，极为丰富。元代费著撰写的《蜀锦谱》记载宋代成都锦院和茶马司锦院生产和留传下来的蜀锦纹样和品种达五十多种，其多为当时以及后世广为流传的部分蜀锦代表产品。直到元代仍为人们所喜闻乐见。《蜀锦谱》所记述的品种花色与图案特征，在新疆丝绸之路出土的许多蜀锦文物中，也得到了充分的印证。

元代蜀锦的产品基本上承袭了宋锦的纹样风格，在缠枝花卉的应用上，金代女真人官服制度上就有明确规定，用缠枝花朵大小定品级尊卑，三品以上的官员用大缠枝，其余用小缠枝，花朵变化很多，色调丰富。蒙古贵族爱好以织金锦作装饰，元代有一种叫"纳石矢"的金锦十分著名，贵族的官服和衣领边沿装饰使用较为普遍。元代统治阶级为了限制民众的反抗，普遍实行"火笔"，晚上不许老百姓点灯，这使成都民间的丝织生产受到很大的限制。朝廷在成都设有绫锦局，但其规模和产品远不及以往的时代。如藏于四川博物院的一幅元代"紫红地万年青织金锦"，长26.5cm，宽20.2cm，紫红色地，纬线起花，由金银线编织，主纹为万年青纹饰，间道饰卷草纹（图2-15-6）。

到了明代，蜀锦在技法上继承了唐宋以来盛行全国的卷草、串枝、散花、折枝花卉等纹样章法，创造了许多新的样式。如落花流水锦就有许多种不同纹样的产品。樗蒲锦、灯笼锦、宝照锦也得到了进一步发展，遗存均较丰富。珍藏在四川博物院的一幅明代生产的卷草蝴蝶纹锦，它以枝叶缠卷的艺术形式，用流畅自如的线条组成一个个相互串接的蝴蝶纹样，层次丰富，色调明朗，形态活泼、新颖，是一幅构思十分精巧的佳作（见图2-15-7）。藏于四川博物院的另一幅"双狮雪花球路纹锦"，长14.7cm，宽29.2cm。纬线起花，以大小彩色圆形纹构成主纹饰，大圆里饰双狮戏绣球，小圆中饰龙纹等，圆圈线以白色圆珠点缀，其余显现十字等纹饰（见图2-15-8）。而"绿地折枝团花纹蜀锦"和"金线绿地团花卍字锦"，以纬线起花，主图均为常用的折枝团花，稳重而不失典雅，显

图2-15-6　紫红地万年青织金锦

图2-15-7　卷草蝴蝶纹锦

图 2-15-8　双狮雪花球路纹锦

图 2-15-9　绿地折枝团花纹蜀锦

示出蜀锦色彩搭配的高超水平（见图 2-15-9、图 2-15-10）。

清代的蜀锦图案多以写生花鸟和团花为主，同时继承发展了宋明时代的传统纹样，如八答晕、铺地锦、遍地方胜、八仙八宝八吉祥以及龙凤、麒麟、如意、博古等。如藏于四川博物院的灰色地八达晕锦，灰色地，纬线起花，主纹为如意云头纹饰，双间道几何花卉附纹，有"卍"字回纹（见图 2-15-11）。

到清末，成都机坊约有两千处，织机数万架，机工四万多人，成都东南隅和华阳都是在民间很兴旺的织锦中心，仅双流县华阳镇就有织机三千台，几乎是"家家有织机，户户出丝绸"，蜀锦生产又来到一个短暂的黄金时代。藏于四川博物院的清同治年间的一件提花织锦机，织造时需要两人

图 2-15-10　金线绿地团花卍字锦

图 2-15-11　灰色地八达晕锦

配合，引纬织造，一人提花、一人踏杆，相互配合完成，其可以织造出各种纹样的蜀锦，是这一时期织造技术高超的证明（见图 2-15-12）。在辛亥革命前后，特别是新中国建立以来的五十年间，蜀锦艺苑中出现了一批优秀的代表品种，涌现了一批当代蜀锦的精品。如巴缎、贡缎、民族缎、通海缎、珍珠缎、芙蓉缎、浣花锦、团花锦以及雨丝、月华、方方锦、百子图、百鸟朝凤、八宝云龙被面等著名的传统产品，具有浓郁的生活气息、鲜明的民族风格和地方色彩。

图 2-15-12　展出中的清代提花织锦机

后 记

  很早就萌发要写点什么,由于一直忙于工作,忙于文保中心的建设,忙于一个接一个的本馆及省内外文物保护修复项目,一拖再拖。长久以来,我一直在想,文物鉴赏与文物鉴定,还有文物保护,它们之间的区别与关系究竟是什么,仔细想想,一路走来,所见的鉴赏和鉴定也没有传说中的那么神秘和高深莫测。诚然,鉴赏需要一定的艺术修养,而鉴定,则需要大量的实物辨识和广博的知识面。文物保护修复呢?好像与鉴赏、鉴定没有多大关系。其实文物的保护修复者,是最直接触摸这些古代艺术品的人,殊不知每一次的文物保护修复过程,就是一次潜移默化的积累,每一次化腐朽为神奇的经历,就是一次难忘的求证之旅、艺术之旅。

  经过在文保方面十多年的积累,加上早年在文物保管部工作的经历,使我有一种把多年来的所见所闻和所思所想记录下来的冲动。这仅仅是一点个人的感悟,一家之言而已。

  回头看,走过的路很曲折,接触和从事的"专业"也很杂,早年,我在当兵时,恰逢南疆战事,怀着"不想当将军的兵不是好兵"的梦想,一腔报国热情以及希望献身沙场的豪情壮志来到了军营。为此,我还从父亲那里淘来几本兵书煞有介事地翻了翻,结果却来到了一个高原汽车运输团,虽然"挣扎"着到陆军学院学了几天的战术动作,但将军的梦算是破灭了,开车就开车吧。高原的风和强烈的紫外线像刀子一样在脸上肆虐。早年的川藏线,坡陡、弯急、道窄、路烂是真实的写照,塌方、泥石流更是成了家常便饭,经常一整天也见不着一个人和一辆车,老式解放牌汽车在爬坡上山时喘着粗气,很多时候还没有人走得快。汽车的轰鸣声伴随着高原缺氧和道路颠簸,让人昏昏欲睡,一个人一辆车,没有人与你交谈,有时候吃饭只能啃一口压缩饼干,就一口路边的雪对付。遇到车辆故障抛锚时,在等待救援的过程中,望着漫无边际的茫茫荒原,孤独是唯一的伴侣。后来,我退伍回到地方工作,感觉应该再学点什么,就告诉老领导。老领导很通情达理,正好有机会,就送我到复旦大学学习,学的是文物与博物馆学专业。在随后的两年时间里,我遇到了教授古文字的裘锡圭老先生,教授青花瓷的张浦生老师,教授青铜器的陈佩芬老师,教授古钱币的孙仲汇老师,以及教授古瓷器的陈克伦老师,教授博物馆学的陆建松老师,教授民俗学的胡志祥老师等众多恩师。这段经历使我获益匪浅,没齿难忘。感谢复旦,她给了我一颗坚强、自信的心。

  花花世界的上海,让我看到了另外一个世界,整天感受着中国经济改革开放初期的蓬勃生机,风起云涌,潮起潮落。毕业后才发现,原单位一夜之间从搞文物的,一下变成搞艺术的了,而且还是艺术皇冠上的明珠——雕塑。雕塑就雕塑吧,什么事都是人学的,幸运的是,这让我直接接触、聆听和感受叶毓山、赵树桐这些雕塑大师的艺术实践,跟随毛超群老师到川内的陶瓷厂到处跑,感受老先生精湛的制陶技艺和施釉艺术，以及做人的品格。由于工作的关系，我又与留德学成归来的精密铸造大师卢重温成了好朋友，接触到青铜精密铸造的最新工艺。感谢任义伯老院长对我的信任，负责雕塑部的日常管理，使我有更多的机会直接学习和接触雕塑制作与加工。

雕塑工地真是一个"大杂院"，要学的东西太多了，从管架的搭建、泥塑放大、石膏和玻璃钢的翻制，到各种石材加工，青铜铸造，以及不锈钢锻造，甚至文物、艺术品的复仿制等，无意中，为我十年后文物保护修复积累了丰富的实践经验，这难道不是一种机缘？

至于四川雕塑展览馆综合楼的建设，完全是为了赌口气。秉持"只有想不到，没有做不到"的理念和不服气的秉性，在大家都认为"连工资都发不出来，哪来的资金搞建设"的时候，也许是年轻气盛吧，我就不信这个邪，结果只用了一年的时间，居然做成了"无米之炊"，用事实证明通往罗马的路不止一条。因独特的基建运作模式和成功建设经验，我来到了博物馆，负责新馆筹建。

还是怀着当初"不想当将军的兵不是好兵"的梦想，我把综合楼的建设经验复制到博物馆新馆的规划建设上，披星戴月，呕心沥血，只用了九个月的时间便完成了所有的拆迁、规划和手续办理，把不可能变成可能，于当年实现了新馆奠基。雕塑界不是有一句话叫"雕塑是遗憾的艺术"吗？建筑又何尝不是如此。我的小青瓦，我的穿斗结构呢？基建受制约的因素比雕塑更多，就让新馆的遗憾永远埋在心底吧。

川博真是一个大宝库，而我却不小心成了管库人，一件件历史的见证物，让我目不暇接。零距离触摸着五千年的历史，我就像一个长途跋涉、饥渴难耐的旅行者看见了绿洲。那是我人生最为平静的时期，徜徉在浩瀚的历史长河里，一切烦恼都丢之脑后，时间就这样飞快地流逝着。在别人趁着闭馆无所事事休闲娱乐的时候，我利用"职务之便"与古人留下的实物对话交流，那是一段没有人打扰的幸福时光，虽然偶有波澜，也算不了什么，也是在这个时候，在不停地触摸这些历史过程中，仿佛是一种顿悟，对文物的认识和理解，让我豁然开朗，正应了那句"艺术是相通的"，这话一点没错。

理解也好，不理解也罢，是金子，总会发光。辛苦紧张的一级文物建档工作，换来了国家文物局对我们的集体嘉奖，而30余万件文物的包装和安全搬迁，做到了万无一失，这无不得益于对每一步工作的细致安排和保管人员的高度责任感，凝结着大家共同的努力。回想搬运文物的日日夜夜，无论是每一次现场的对接和安排，还是争执，最终都成为过去，都被埋入了历史的长河，没人记得，也无须记得。

挑战自我，勇于创新，做一行，爱一行，钻一行，需要一颗坚强、自信的心，走寻常路，亦步亦趋，不是我的性格。文保中心初创之时，要钱没钱，要人没人，就只有两间清水房，怎么办？那就从抓项目开始，这既能锻炼培养人，又有资金可以解决发展中的问题。值得欣慰的是，所有的付出都得到了回报，经过十年的发展扩张，文保中心终于有了今天的规模，在省内外也终于有了自己的声音。

人们都说"曾经沧海难为水"，我却认为经历是财富。本书是多年来工作的一点感悟，也算是一段记忆的留存。感恩所有曾经帮助过我的人，特别是我的家人，因为有你们的帮助和支持，我才走到今天，感谢中国文物学会文物修复专业委员会副会长兼秘书长、青铜器修复专家贾文忠先生为本书题写书名，感谢我的老师——中国汉画学会副会长、汉画研究专家、九十高龄的高文老领导为本书作序。

2020 年 4 月于成都浣花溪畔